中国社会科学院创新工程学术出版资助项目

陈高华　陈尚胜　著

中国海外交通史

当代中国学者代表作文库

THE REPRESENTATIVE WORKS OF THE CONTEMPORARY CHINESE SCHOLARS

中国社会科学出版社

图书在版编目（CIP）数据

中国海外交通史/陈高华，陈尚胜著.—北京：中国社会科学出版社，2017.6

（当代中国学者代表作文库）

ISBN 978-7-5161-9790-5

Ⅰ.①中⋯　Ⅱ.①陈⋯②陈⋯　Ⅲ.①海上运输—交通运输史—中国—古代　Ⅳ.①F552.9

中国版本图书馆 CIP 数据核字（2017）第 018699 号

出 版 人	赵剑英
责任编辑	安　芳
责任校对	张依婧
责任印制	李寡寡

出　　版	中国社会科学出版社
社　　址	北京鼓楼西大街甲 158 号
邮　　编	100720
网　　址	http://www.csspw.cn
发 行 部	010-84083685
门 市 部	010-84029450
经　　销	新华书店及其他书店
印刷装订	北京君升印刷有限公司
版　　次	2017 年 6 月第 1 版
印　　次	2017 年 6 月第 1 次印刷
开　　本	710×1000　1/16
印　　张	17.25
字　　数	239 千字
定　　价	78.00 元

凡购买中国社会科学出版社图书，如有质量问题请与本社营销中心联系调换
电话：010-84083683
版权所有　侵权必究

西汉南越王墓出土银盒

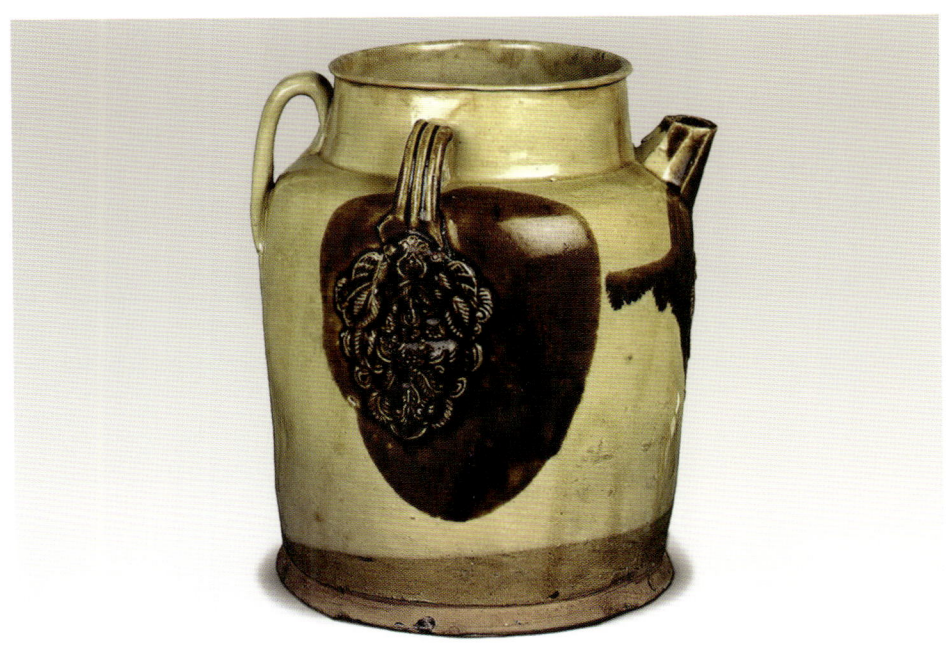

唐黑石号沉船长沙窑青釉褐斑模印贴花椰枣纹瓷壶

郑和铜钟

泉州清净寺

泉州元基督教墓碑尖拱形四翼天使石刻

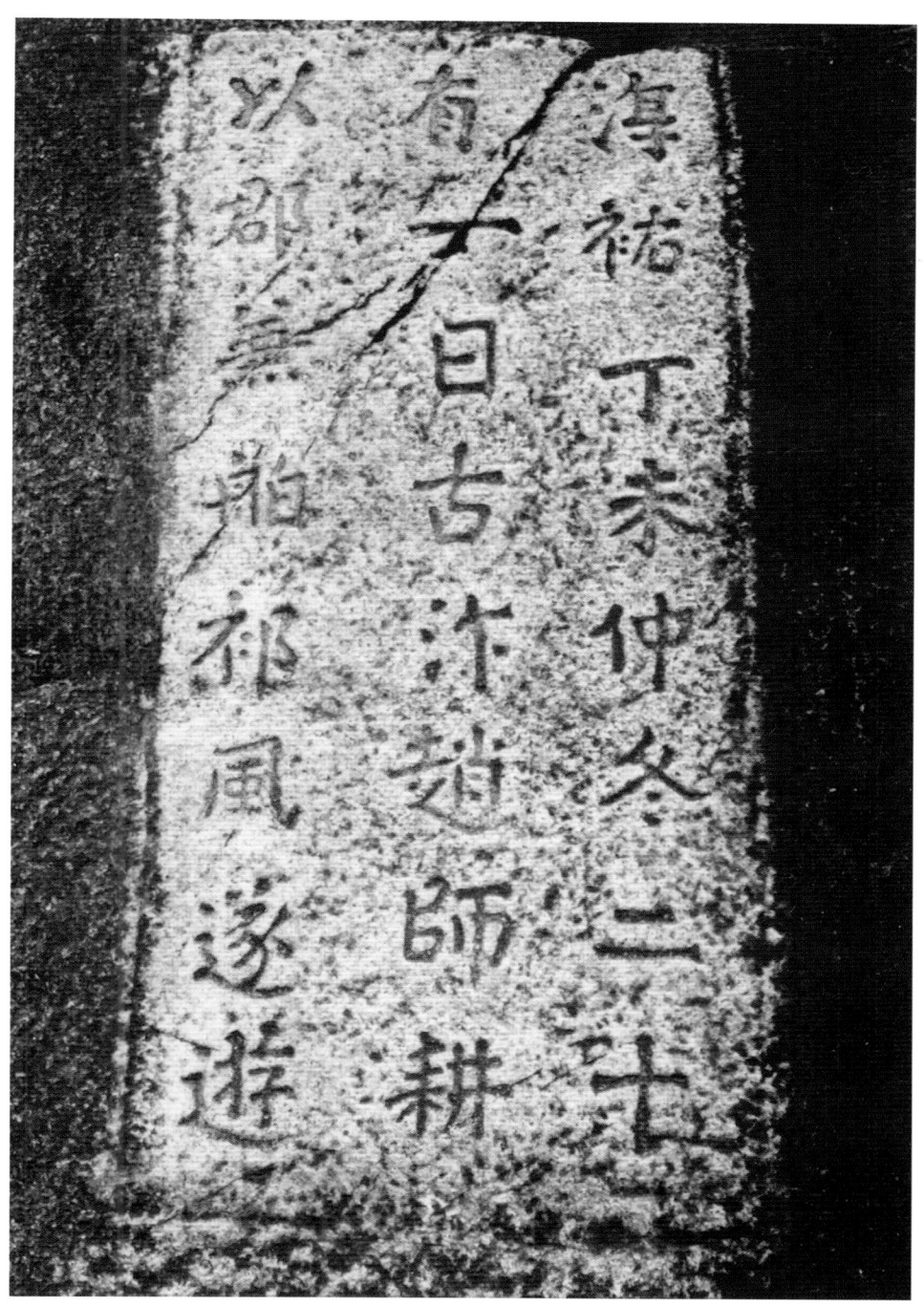

九日山祈风石刻

泉州发现印度教神像

郑和行香碑

南宋泉州海船

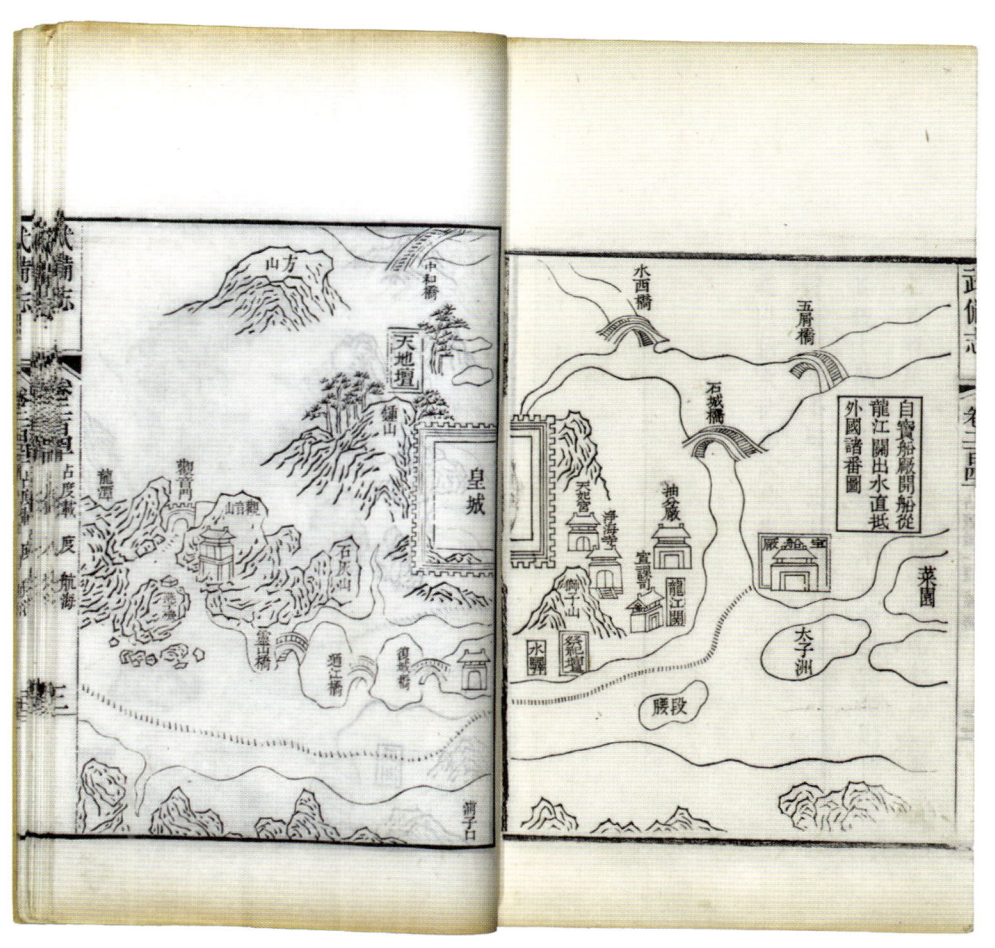

《武备志》中的《郑和航海图》

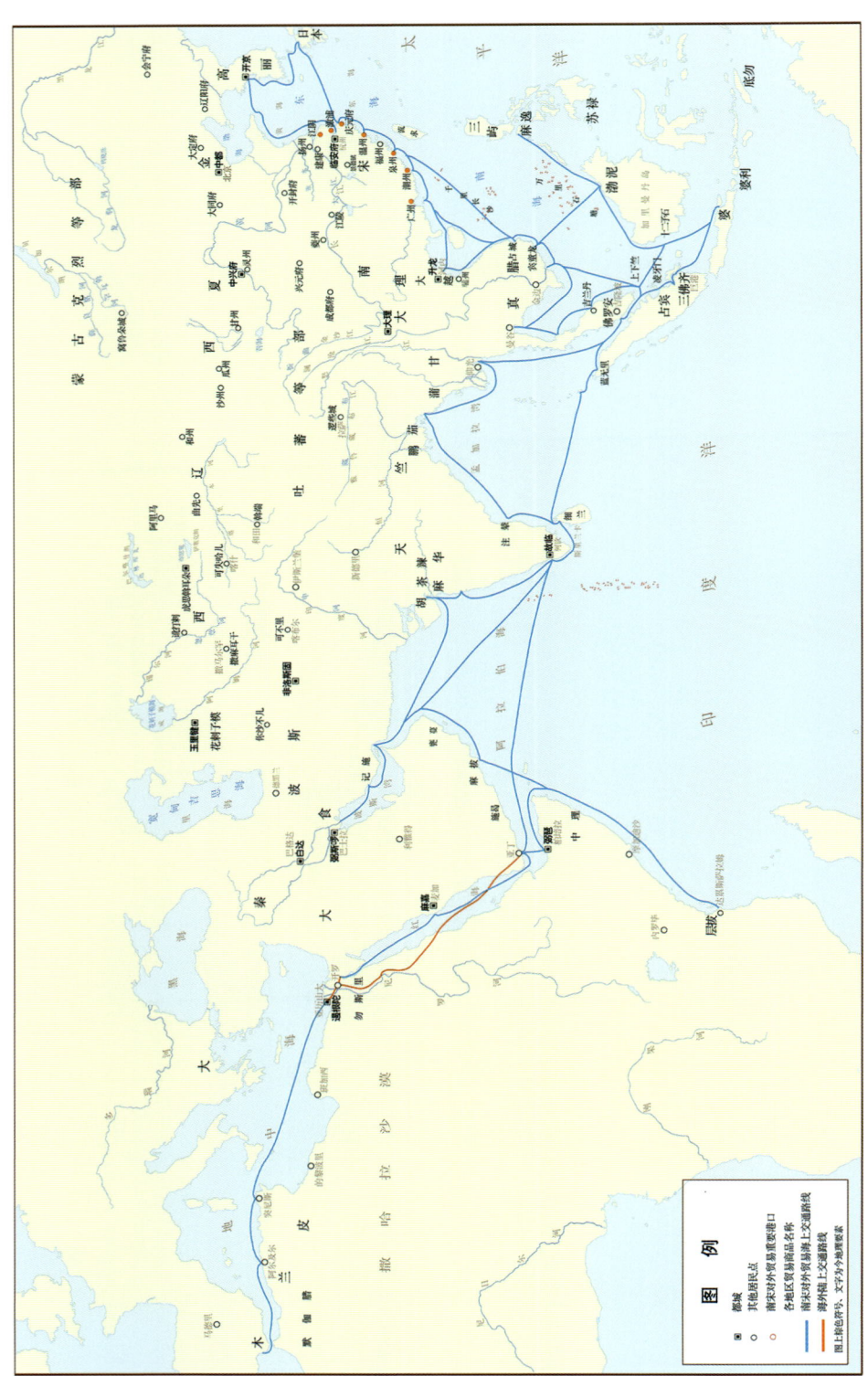
南宋海外交通贸易路线示意图

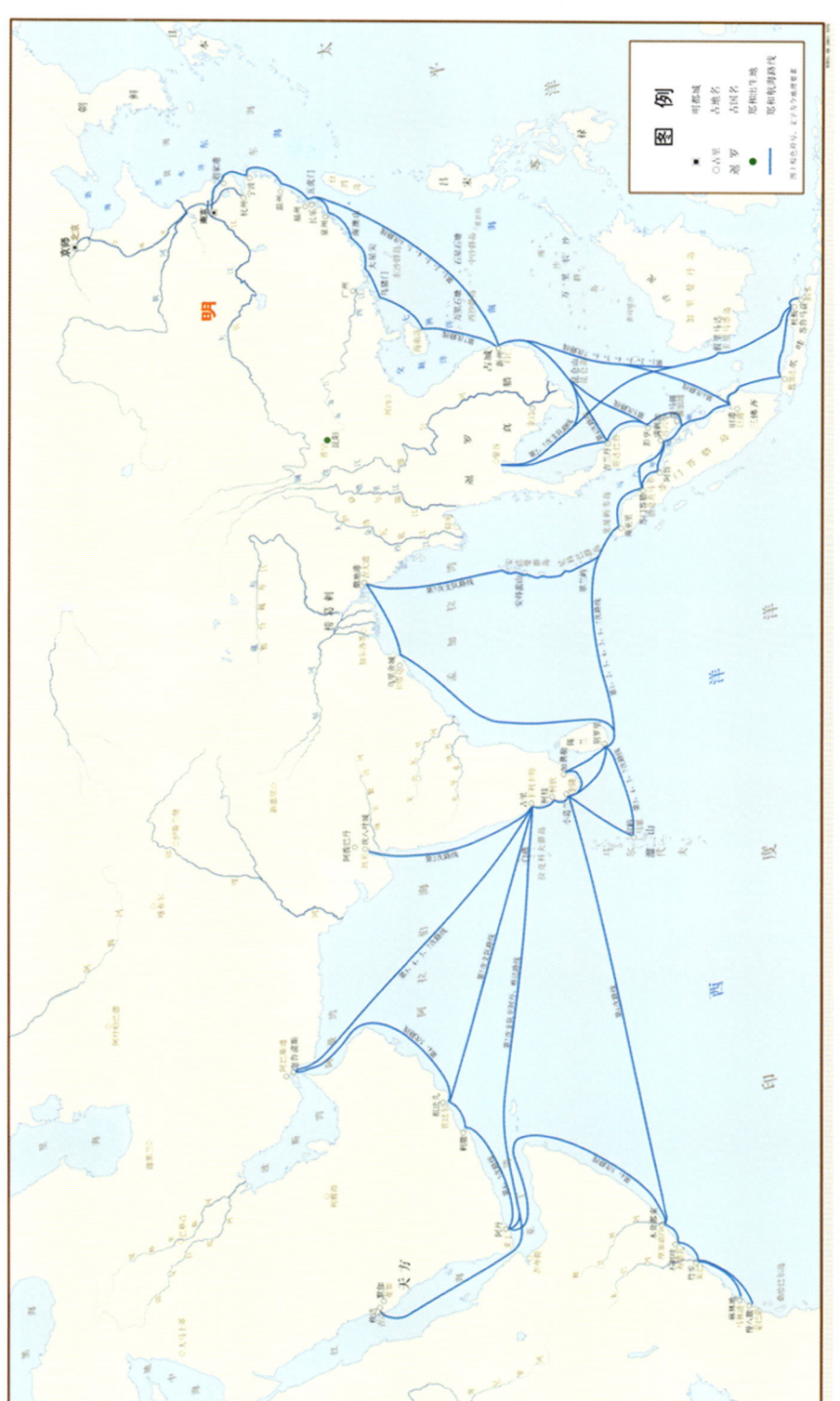

郑和七次下西洋航海路线示意图
（公元1405—1433年）

十九世纪广州佚名画家绘黄埔港

十九世纪广州外销画家新呱绘十三行

《当代中国学者代表作文库》
编 委 会

主　　任：蔡　昉

副 主 任：赵剑英

委　　员（按笔画排序）：
　　　　丁伟志　于　沛　王　浩　黄　平
　　　　冯天瑜　刘跃进　汝　信　李　扬
　　　　张卓元　张海鹏　李景源　杨　义
　　　　陈　来　陈众议　陈先达　陈祖武
　　　　卓新平　赵剑英　郝时远　周　泓
　　　　李　林　袁行霈　蔡　昉

总 策 划：赵剑英

项目统筹：王　茵　孙　萍

总　　序

中华人民共和国的成立开启了当代中国历史发展的新进程。伴随社会主义革命、建设和发展的历史，特别是改革开放以来中国特色社会主义道路的探索、开辟和中国特色社会主义理论体系的形成，全球化的深入发展以及中西文化的碰撞交汇，中国的哲学社会科学研究事业得到了显著的发展，涌现了一大批优秀的人文哲学社会科学学者及著作。这些著作体现了时代特色、民族特色和实践特色的统一，在其相应学科中具有开创性、奠基性和代表性。正是这些具有中国特色、中国气派、中国风格的作品，铸就了当代中国哲学社会科学发展的辉煌成就，形成了中国哲学社会科学理论和方法的创新体系。

作为中国社会科学院直属的专门致力于推出哲学社会科学成果的学术出版社，中国社会科学出版社三十多年来，一直秉持传播学术经典的出版理念，把追求高质量、高品位的哲学社会科学学术著作作为自己的主要出版任务。为展示当代中国哲学社会科学研究的成就，积极推动中国哲学社会科学优秀人才和优秀成果走向世界，提高中华文化的软实力，扩大中国哲学社会科学的国际话语权，增强在全球化、信息化背景下中国和平崛起所必需的文化自觉和文化自信，我社决定编辑出版《当代中国学者代表作文库》。

《当代中国学者代表作文库》收录新中国成立以来我国哲学社会科学各学科的优秀代表作，即在当代哲学社会科学学科体系中具有开创性、奠基性和代表性意义的著作。入选这一文库的著作应当是当代中国哲学社会科学的精品和珍品。因此，这一文库也应当代表当代中国哲学社会科学的最高学术水平。本文库出版的目的还在于抢救部分绝版的经典佳作。有些耄耋之年的老学者，不顾年迈体弱，对作品进行了大幅的修订。他们这种对学术孜孜以求的精神，值得后辈敬仰。

编辑出版《当代中国学者代表作文库》是一项具有重大战略意义的国家学术文化工程，对于构建中国特色哲学社会科学学科体系、学术体系、话语体系，推动中国当代学术的创新发展，加强中外学术文化交流，扩大中国文化的国际影响力，必将产生十分重要和深远的影响。我们愿与学者一道，合心勠力，共襄这一学术盛举。

赵剑英
2017 年 4 月

出版说明

本书完成以后，台北文津出版社在 1997 年出版了竖版繁体字本。此次收入《中国社会科学院当代中国学者代表作文库》，改为横版简体字本。资料重新核对，文字略有改动。不妥之处，敬请读者予以指正。

作者
2016 年 12 月

自　　序

中国是个大陆国家，也是一个海洋国家。中华民族的文明，既深深植根于大地之中，又是海洋哺育的结果。在开发海洋方面，中国人有过伟大的贡献，长期处于世界的前列。只是在西方资本主义兴起以后，中国才逐渐落后了。海外交通的活动，是海洋开发的极其重要的组成部分。中国古代的海外交通，体现了世世代代中国人开发海洋的努力，它对中国社会的发展，有着重要的影响。

由于封建统治者实行闭关锁国的政策，在相当长的一段时间内，中国人对于外部世界，漠然无知。在西方殖民列强用武力叩开中国大门以后，有识之士痛感认识外部世界的必要，同时也激发了探究历史上中外关系的热情。西域南海之学由此而生。不少前辈学者，如冯承钧、张星烺、向达等，都为研究中国古代海外交通的历史，做出了贡献。数十年来，海峡两岸的一些学者，继续前辈的事业，努力耕耘，又有许多新的成绩。

现在呈献在读者面前的这本小书，试图为中国古代的海外交通勾画一个简单的轮廓。其中所述，固然有一些是作者的研究心得，但更多的是前辈和同时代学者的成果。这是应该衷心向他们表示谢意的。当然，由于作者的学力和见闻所限，其中肯定有许多谬误和不妥之处,希望得到读者的指正。

　　本书第一、第二、第三、第四章由陈高华执笔,第五章由陈尚胜执笔。

陈高华　陈尚胜

1995年5月

目　录

第一章　海外交通的萌芽和发展 ……………………………（1）
　　第一节　海外交通的萌芽 ………………………………（1）
　　第二节　秦汉：海外交通粗具规模时期…………………（5）
　　第三节　三国两晋南北朝时期海外交通的发展…………（16）

第二章　隋唐五代十国：海外交通的繁荣 …………………（31）
　　第一节　隋唐五代十国时期海外交通概况………………（31）
　　第二节　唐代海上航线和交往的国家、地区……………（36）
　　第三节　隋唐五代十国时期的港口和贸易物品…………（48）

第三章　宋元：海外交通的鼎盛 ……………………………（63）
　　第一节　宋元时期海外交通鼎盛的社会背景……………（63）
　　第二节　宋元时期的航线和交往的国家、地区 …………（70）
　　第三节　宋元时期对外交通的港口、市舶司和市舶
　　　　　　条例………………………………………………（84）
　　第四节　宋元时期由海道进出口的物品 …………………（101）
　　第五节　"蕃客"和"唐人" ………………………………（116）

第四章　明代:海外交通由盛转衰 ……………………（127）
第一节　明代前期的海外交通政策 ………………（127）
第二节　郑和下西洋 ………………………………（139）
第三节　明代中、后期海外交通政策的变化………（155）
第四节　明代中期以后交往的海外国家、地区……（171）
第五节　明代中期以后由海道进出口的物品 ………（187）

第五章　清代:海外交通的衰落……………………（198）
第一节　清前期海外交通政策的演变 ………………（198）
第二节　清前期与亚洲国家的海上交通 ……………（211）
第三节　清前期与西方国家的海上交通 ……………（224）
第四节　鸦片战争后的条约港口与海外交通 ………（236）
第五节　清代海外交通与中外文化交流 ……………（249）

第一章 海外交通的萌芽和发展

第一节 海外交通的萌芽

中国位于亚洲大陆的东部，东、南两面都与海洋相接。中国有长达一万八千公里的大陆海岸线，海岸线外侧还有宽广的大陆架和五千多个大小不等的岛屿。中国既是一个大陆国家，也是一个海洋国家。中国的古代居民中占多数部分从事农业和畜牧业活动，还有一部分居住在沿海地区或海岛上，很早便开展了征服海洋的活动。

众多的考古发现说明，早在新石器时代，中国的古代居民已有许多发明创造，其中包括船的制作。浙江余姚的河姆渡新石器文化遗址，距今六七千年，出土有木桨和陶舟。可以推测，当时，当地的居民已会制作和使用独木舟。这种舟平面如梭，侧视如半月，尾部略翘，以小木桨为推进工具。[1] 独木舟的出现，意味着这一濒海地区的居民已经具有一定海上活动的能力，有可能进行沿海岸以及由海岸到邻近海岛之间的航海活动，而且也有可能发生

---

[1] 吴玉贤、王振镛：《史前中国东南沿海海上交通的考古学观察》，见《中国与海上丝绸之路》（联合国教科文组织海上丝绸之路综合考察泉州国际学术讨论会论文集，以下简称论文集），福建人民出版社1991年版。

远离大陆海岸的偶然性的越海飘航。

夏、商、周是中国历史上最早出现的三个王朝。关于夏朝的情况，现在所知甚少，可能开创于公元前两千年左右也许更早。夏、商的交替，大概发生在公元前17世纪。周取代商，则在公元前11世纪。人们习惯把周朝分为西周、东周。西周崩溃（前771），周室东迁，失去统治的地位，历史便进入春秋（前770—前476）、战国（前475—前221）时代。夏、商、周三代的活动，主要在黄河流域，逐步向长江流域扩展。与此同时，生活在中国东部沿海一带包括今渤海湾、山东半岛以及江苏北部的主要是东夷；生活在东南和南方沿海一带即今浙江、福建和两广地区的主要是越人，即"百越"。东夷和百越除了从事农业生产外，也在海上活动。后代的记载说，越人"水行而山处，以船为车，以楫为马，往若飘风，去则难从"①，便写出了他们生活方式的特点。东夷在商、周的打击下，消失较早；百越各部活动情况不一，多数在汉代消失，有的继续到魏晋南北朝时期。先秦时期大陆居民的海上交通，实际上主要是东夷和百越的活动。

由于文献的缺乏，现在对先秦时期东夷和百越的海上活动了解不多。考古学和民族学的研究，提供了若干有价值的信息。

近年的考古发现说明，以河姆渡文化（应是越人的文化）为代表的长江下游新石器文化，与日本的史前文化有着明显的共性因素。长江下游的新石器时代，稻作农耕得到相当广泛的发展。多数学者认为，日本的稻作农耕，是由中国长江中、下游地区传入的。日本的九州地区，距离中国最近，地理和气候条件都和中国江南比较接近，稻作农耕一经传入，很容易便发展起来，然后再传播到日本其他地区。在长江中、下游和华南的许多新石器遗址中，都有玉玦发现。日本新石器时代的代表性遗物石玦（玦状

---

① 《越绝书》卷八《外传纪地传》，《四部丛刊》本。

耳饰）可以从中国找到渊源。漆器是亚洲的特产，一般认为中国是漆的起源地，河姆渡遗址中发现有木胎漆碗。日本史前文化遗址中也有漆器发现，应与中国有关。长江下游新石器遗址中存在长脊短檐屋顶的干栏式建筑，地板架在木桩之上，适于潮湿地区居住之用。在古代日本，也有类似的建筑。以上种种，都告诉我们，早在新石器时代，中国长江下游地区和日本之间，存在一定的联系。中国的史前文化，通过海道，曾对日本产生过影响。[①]

不少考古学家和民族学家认为，中国古代南方沿海地区的居民，也就是越人和他们的祖先，与东南亚以及南太平洋地区某些海岛的古代居民，在文化特质上有许多共同之处。物质文化方面的共性因素有：刀耕火种的粗放农业，以稻米和块茎作物为主要的种植作物，绳纹、几何印纹陶的盛行，双肩、有段型磨制石器的广泛使用，以及干栏建筑等。精神文化方面的共性因素有：祖先崇拜，成年式，多禁忌，蛇、犬图腾，洗骨葬、崖葬及合棺葬，占卜、凿齿、文身等。不少学者认为，南太平洋波利尼西亚群岛的新石器文化，是一系列移民的产物，可能是中国沿海文化通过东南亚海岛再进入当地的。此外，历史语言学和体质人类学的研究，也证明中国东南沿海地区与太平洋诸海岛的古代居民，可能存在某种联系。[②] 史前石器有段石锛便是一个很好的例子。所谓有段石锛，就是把长条形石锛背面上半部做成低于下半部，形成一个台阶，即"段"，以便装把使用。这种石器，在中国的福建、江西、广东、台湾都比较常见，在菲律宾群岛、印度尼西亚群岛和南太平洋的波利尼西亚群岛也有发现。研究者认为，有段石锛起源于中国，传播到菲律宾等处，再由那里向波利尼西亚群岛推进。

[①] 安志敏：《长江下游史前文化对海东的影响》，《考古》1984年第5期；《江南文化和古代的日本》，《考古》1991年第5期。

[②] 梁钊韬、乔晓勤：《太平洋史前文化与中国沿海史前文化交流的探讨》，载《太平洋文集》，海洋出版社1988年版。

当然，这一传播经过了漫长的历史进程。① 有的学者断言，"环太平洋的古文化起源于中国大陆东岸"。"南洋土著，大部分来自中国大陆。中国古籍中记载的百越民族，便代表现代南洋土著之古代大陆上的祖先。"② 总之，种种迹象表明，我国东南沿海的古代居民，和东南亚以及南太平洋海岛的古代居民，在文化甚至种族上都存在一定的联系。

中国的历史在战国时代呈现巨大的变化。社会关系的变革导致生产力的空前进步，人们拥有比以前更强有力的征服自然的力量。战国时代不少国家都创建了庞大的船队，在海上和江河中进行活动。这一时期遗留下来的一些铜鉴、铜壶上，有战船的形象做纹饰，为我们提供了这方面的具体资料。③ 公元前485年，位于长江下游的吴国，派遣舟师进攻山东半岛上的齐国，失败而回。④ 此事足以说明，当时中国已有从事比较远距离海上活动的能力。正是在这一时期，东部和东南沿海一带流行三神山的传说，燕、齐等国君主相继派人"入海求蓬莱、方丈、瀛洲"三神山，⑤ 说明航海活动已向远处发展。但迄至此时，中国人对海外世界还是很不清楚的，交往和联系都是极其有限的，偶然发生的。当然，在交往、联系的偶然性后面，也存在着某种必然性，那便是他们不甘心屈服于自然条件的束缚，千方百计地与海洋搏斗，寻求新的发展，探索海外的未知世界。正是中国沿海地区古代居民的这

---

① 林惠祥：《中国东南区新石器文化特征之一——有段石锛》，《考古学报》1958年第3期。
② 凌纯声：《中国古代海洋文化与亚洲地中海文化》《南洋土著和百越民族》，均见《中国边疆民族与环太平洋文化》，台北联经出版事业公司1979年版。
③ 水陆攻战纹铜鉴，1935年出土于河南汲县山彪镇，见郭宝钧《山彪镇与琉璃阁》，科学出版社1959年版。宴乐渔猎攻战纹铜壶，故宫博物院收藏，见刘厚敦《青铜器舟战图像小释》，《文物天地》1988年第2期。
④ 《史记》卷三一《吴太伯世家》，中华书局点校本。
⑤ 《史记》卷二八《封禅书》。

种顽强拼搏精神，使中国与海外地区的交往有了可能，并为以后的发展奠立了基础。

第二节　秦汉：海外交通粗具规模时期

公元前221年，秦朝统一天下，结束了长期以来群雄割据的分裂局面，标志着中国历史进入一个全新的发展阶段。

秦始皇雄才大略，为巩固和加强统一的大帝国，他采取了一系列的措施，在历史上产生了深远的影响。他是西北农业社会中成长起来的帝王，却对海洋怀有极大的兴趣。统一以后，他曾四次到沿海地区巡视，到过琅邪（今山东胶南县境内）、碣石（在碣石山附近，碣石山即今河北昌黎西北仙台山）等沿海港口，经历了今天的河北、山东、江苏、浙江等地。在第一次出巡时，"齐人徐市等上书，言海中有三神山，名曰蓬莱、方丈、瀛洲，仙人居之。请得斋戒，与童男女求之"。徐市就是徐福。秦始皇听了这番话，"遣徐市发童男女数千人，入海求仙人"[①]。除了徐福，奉命入海求"不死之药"的还有其他方士。"船交海中，皆以风为解，曰未能至，望见之焉。"[②] 过了几年，秦始皇第四次出巡，"北至琅邪。方士徐市等入海求神药，数岁不得，费多恐谴，乃诈曰：蓬莱药可得，然常为大鲛鱼所苦，故不得至，愿请善射与俱，见则以连弩射之。"始皇"乃令入海者赍捕巨鱼具"[③]。但是，在这一次出巡的归途中，始皇病死，徐福出海之事也就再不见于记载了。

秦始皇派遣方士入海，无疑是追求"不死之药"的私欲所驱

[①] 《史记》卷六《秦始皇本纪》。
[②] 《史记》卷二八《封禅书》。
[③] 《史记》卷六《秦始皇本纪》。

使，但也反映出对探求海外世界的强烈愿望。多批方士入海，有的携带童男女数千，说明当时已有相当可观的海上运输能力。徐福的结局是不清楚的，但是在中国和日本都有许多关于他的传说。据说他带领童男女到了日本，在那里这些童男女成家立业，为日本带去了中国先进的文化。特别是近几年来，"徐福研究"在中国大陆出现了热潮，仅其船队出发港口即有四五种不同的说法。徐福问题有待进一步的深入研究。至少，在中国和日本流行的这些传说不能简单地视为无稽之谈，它们曲折地反映出在这一时期（或稍后）两国之间曾经有过某种形式的交流。

在出巡东部和东南沿海地区的同时，秦始皇还派遣大军，攻占岭南地区，设立郡县。其中南海郡的郡治番禺，就是今天广州的前身。番禺自此很快发展起来，成为一个重要的港口。

秦朝是个短命的王朝，代之而起的是汉朝，汉朝又分西汉（前206—公元8）、东汉（25—220）。西汉初期，统治者注意的是休养生息，恢复濒于崩溃的农业经济。经过相当一段时间的努力，到了武帝时期（前141—前87），国力鼎盛，北伐匈奴，西通西域，取得了空前的成就。历史上有名的连接东西方的陆上丝绸之路，严格来说，正是从这一时期开始的。汉武帝在开拓通向西域的道路亦即陆上丝路的同时，也致力于海上交通的开辟。他效法秦始皇，先后七次到沿海地区巡察，并派遣方士数千人出海寻求蓬莱神人。他不止一次沿海岸线航行，而且准备自己率船出海求仙，只是由于大风十余日，无法成行，方才作罢。入海求仙活动以无结果告终。

秦末动乱，赵佗在岭南建立南越国，以番禺为都城。南越国利用有利的地理条件积极发展与海外地区的交往，使这一地区的经济，迅速地发展。南越国的统治地区，包括今天的广东、广西和越南的中、北部。汉武帝乘南越国内乱，发大军水陆并进，灭南越，立南海、苍梧、郁林、合浦、交趾、九真、日南七郡。从此汉朝有了南方出海的港口。汉武帝派遣使者出海，"市明珠、璧流离、奇石、异物，赍黄金、杂缯而往"，便是从岭南出发的。①岭南地区并入版图，为汉朝开展海外交通，提供了极其重要的条件。

另一方面，汉武帝出动大军，一由辽东陆道，另一由山东越渤海，灭卫氏朝鲜国（汉初由燕人卫满建立），设立乐浪、临屯、玄菟、真番四郡。四郡的辖地包括了今朝鲜半岛的绝大部分。四郡建立后，与朝鲜半岛隔海相望的日本列岛便与中国开始了直接的交往："倭在韩东南大海中，依山岛为居，凡百余国。自武帝灭朝鲜，使译通于汉者三十余国。"②

这样，在汉武帝时代，已经初步形成了东、南两条航线。南方的航线，主要是从岭南出发，面向南海诸国。东方的航线，从渤海湾周围地区出发，面向朝鲜半岛和日本。汉武帝可以说是这两条海外航线的缔造者。由于陆上丝路和海上航线的相继出现，中国与世界的交往，开始了一个崭新的阶段。汉武帝对中国和世界的历史，做出了不可磨灭的贡献。

由于造船工艺和航海技术的限制，这一时期的航海活动主要是沿海岸线进行的。东方的航线，由日本列岛到朝鲜半岛，由朝鲜半岛到渤海湾周围的其他地区，海上航行的距离都是很短的。南方的航线则不同。南方大海，广袤无边，西汉时期（包括新莽时期）已与许多海外地区发生了联系。史书记载：

> 自日南障塞徐闻、合浦，船行可五月，有都元国。又船行可四月，有邑卢没国。又船行可二十余日，有谌离国。步行可十余日，有夫甘都卢国。自夫甘都卢国船行可二月余，

---

① 《汉书》卷二八下《地理志下》，中华书局点校本。
② 《后汉书》卷八五《倭传》，中华书局点校本。

有黄支国，民俗略与珠崖相类。其州广大，户口多，多异物。自武帝以来，皆献见。有译长，属黄门，与应募者俱入海，市明珠、璧流离、奇石、异物，赍黄金、杂缯而往。所至国皆禀食为耦，蛮夷贾船，转送致之。亦利交易，剽杀人。又苦逢风波溺死，不者，数年来还。大珠至围二寸以下。平帝元始中，王莽辅政，欲耀威德，厚遗黄支王，令遣使献生犀牛。自黄支船行可八月，到皮宗。船行可二月，到日南、象林界云。黄支之南，有已程不国，汉之译使自此还矣。

这段记载见于《汉书》卷二八下《地理志下》，是我国海外交通史的重要文献。文中历举的地名，中外历史学家曾经多次反复的讨论。在记载中，不止一次提到黄支国，可见这是一个在当时海上交通中具有重要地位的国家。黄支国进贡犀牛，常被汉人提及，它应是出产这种珍奇动物的地方。一般认为，黄支国应在印度次大陆东海岸的建志补罗（Kāñchipura）。黄支之南的已程不，应是今天的斯里兰卡。都元国应在今越南南圻一带，邑卢没为今泰国华富里（Lopbury），谌离即今暹罗的古都佛统（Nakhon Pathom），夫甘都卢在今缅甸蒲甘地区（Pagan），皮宗在今印尼苏门答腊岛北部。根据此考证，可以认为，当时的南方海上航线，又分南、北两道。北道经过都元、邑卢没、谌离后，舍海船登陆，到夫甘都卢，再乘船到黄支。南道是由黄支经皮宗，北上日南。北道是汉使南下的路线，南道则是回程的路线。[①] 印度巴利文《那先比丘经》记弥邻陀王（希腊名 Menandros，公元前125—前95）和龙军（Nāgasana）和尚问答，龙军曾举例说到运货船远至支那等地。印度南部出土中国古钱，年代最久的是公元前138年，即

---

① 参见《中国大百科全书·中国历史》卷，"南海交通"条，韩振华作。中国大百科全书出版社1992年版，第78页。

西汉时代。凡此种种,都可以和汉——黄支交通的文献记载相印证。①

从这段记载可以看出:(一)在西汉时期,中国人对于南方航线所经历的地区,以及航行所需的时间、距离,已有相当清晰的概念。这种概念的形成,只能是较长时间经验积累的结果,不是突然出现的。至少可以说,在西汉时期,南方航线上的活动是相当频繁的,而且是延续进行的。(二)从记载中开列的航行时间来看,当时海船从日南到谌离的航行速度是相当缓慢的,这主要应是沿海岸航行的缘故。自夫甘都卢到黄支,速度较快,可能与利用季候风有关。(三)汉朝政府派遣使者出海,主要是为了进行贸易活动。贸易的物品,主要是用来满足上层社会奢侈生活的需要。(四)汉朝政府的海外贸易活动,受到了海外地区居民的欢迎,这种贸易,显然对双方都是有利的。汉朝使者的航海,也是在海外地区居民、商船支持下,才得以顺利进行的。(五)海外的国家"皆献见",实际是到中国来进行贸易活动,这些国家应不在少数,但见于记载的为数寥寥,其中必有佚失。

东汉时期,中国与南方航线上的国家和地区有了较多的联系。顺帝永建六年(131)十二月"日南徼外叶调国、掸国遣使奉献"②。"叶调"一名源自梵文 yavadhipa,位于今印度尼西亚爪哇岛(也有人认为在苏门答腊岛,或兼有二岛)。掸国一般认为在今缅甸东北部。日南是汉取南越后建立的七郡之一,在今越南中部。这一次掸国、叶调来自日南徼(边境)之外,无疑来自海路。③在此以前,章帝元和元年(84),"日南徼外蛮夷究不事人邑豪献

---

① 饶宗颐:《蜀市与 Canapatta》,载台北《历史语言研究所集刊》第四十五本第四分。

② 《后汉书》卷六《顺帝纪》。

③ 掸国与东汉王朝的交往,有陆路,也有海路。凡由陆路则称"永昌徼外",永昌郡在今云南。

生犀、白雉"①。"究不事"据考证就是柬埔寨。② 近年来，学术界对江苏连云港市孔望山摩崖造像进行了研究，比较一致的看法是，这些摩崖造像中有大量佛教的内容，可以大致确定为公元2世纪下半期的作品。③ 这就是说，当佛教由中亚传入中国内地，在河南、陕西一带开始发展时，东南沿海地区也有佛教流传。这只能使人作出这样的推测：佛教传入中国的途径，除了陆道之外，还有海道，说明印度与中国之间有比我们通过文献所知的更多的海道联系。

大秦这个名称，是东汉时期才出现的。强大的罗马帝国，统治着欧洲、非洲和亚洲的许多土地。中国的丝绸，经过漫长的陆路，辗转运到了罗马，引起罗马人的强烈兴趣。他们希望与中国建立直接的联系，从而得到更多的丝绸制品。但是，活跃于陆上丝路和印度洋上的主要是天竺人和安息[今伊朗西北呼罗珊地区，安息是阿萨尔斯（Arsaces）王朝的简称]人，他们掌握了东、西方之间的转手贸易。大秦"常欲通使于汉，而安息欲以汉缯彩与之交市，故遮不得自达"。"大秦国……与安息、天竺交市于海中，利有十倍。"④ 东汉和帝永元九年（97），出镇西域的班超，派遣甘英"使大秦，抵条支，临大海欲渡。而安息西界船人谓英曰：海水广大，往来者逢善风，三月乃得渡。若遇迟风，亦有二岁者。故入海人皆赍三岁粮。海中善使人思土恋慕，数有死亡者。英闻之乃止"⑤。条支即波斯湾幼发拉底河与底格里斯河汇合入海处的安提阿克城（Antioch），甘英所到达的"大海"显然就是波斯湾。他是中国历史上知名的到达波斯湾的第一人。可惜的是，由于安

---

① 《后汉书》卷八六《南蛮西南夷传》。
② 方长：《究小事考》，《文史》第六辑。
③ 俞伟超等：《孔望山摩崖造像的年代考察》，《文物》1981年第7期。
④ 《后汉书》卷八八《西域传》。
⑤ 同上。

息人的阻挠，他没有实现由波斯湾航行前往大秦的计划，也就丧失了直接与罗马帝国接触的机会。安帝永宁元年（120），"掸国王雍由调复遣使者诣阙朝贺，献乐及幻人，能变化吐火，自支解，易牛、马头，又善跳丸，数乃至千。自言我海西人。海西即大秦也。掸国西南通大秦"①。这条记载告诉我们，掸国西南与大秦相通，他们之间的来往只能通过海路，而这些"幻人"（杂技演员）也是第一批由海道来中国的罗马帝国居民。东汉桓帝延熹九年（166），"大秦王安敦遣使自日南徼外，献象牙、犀角、玳瑁。始乃一通焉。其所表贡，并无珍异，疑传者过焉"②。古代世界两大帝国发生正式联系，这件事曾激起许多国内外历史学家的强烈兴趣，进行过反复的讨论。一般认为，记载中大秦王安敦，即罗马皇帝马可·奥勒留·安东尼（Marcus Aurelieus Antinus）这条记载是见于正式历史文献的罗马与汉朝之间交往的最早记录，这件事却不见于有关罗马历史的西方文献，而所献礼品又是东南亚和印度洋地区的产物，所以不少研究者认为应是罗马商人借用皇帝的名义。即使如此，也足以说明在罗马帝国与汉朝之间，通过海道，已有了某种程度的联系。

在汉代，特别是到了东汉时期，一条由中国出发，经过南中国海，到达印度洋地区的海上交通线，已经粗具规模。也正是东汉时期，中国人已把南方的广大海域，统称为"南海"。我们以后叙述南方海上航行路线时，将之称为南海航线。③ 南海又名涨海，涨海一名也曾被广泛使用。④ 涨海就是大海的意思。值得注意的是，作于公元1世纪末，出于亚历山大城商人之手的《厄立特里

---

① 《后汉书》卷八六《南蛮西南夷传》。
② 《后汉书》卷八八《西域传》。
③ 南海一名含义的演变，参见陈佳荣等《古代南海地名汇释》，中华书局1986年版，第579页。
④ 陈佳荣：《涨海考》，载《向达先生纪念论文集》，新疆人民出版社1986年版。

亚海航行记》，其中谈到了位于印度次大陆恒河以东的地区：经过印度东海岸以后，向东直驶，右边是大洋，左边是恒河及其附近的金洲。过了金洲，大海流到一个可能属于赛里斯国的地区，该地区有一座很大的内陆城市叫作秦尼。金洲也见于其他西方古代作家的记载，它可能相当于孟加拉湾东部地区。对于西方古代作家来说，赛里斯人泛指所有生产和贩卖丝绸的民族。《厄立特里亚海航行记》中的秦尼（Thinai）则指中国。[①] 它简略地描述了从印度洋到中国的海上航线。

  最近几十年来两广地区考古发现，为南海航线提供了很好的实物证据。在南越时期的墓葬中，经常发现熏炉、犀角、象牙、琥珀珠饰等物，犀角、象牙、熏炉所需的香料木，以及一部分琥珀，都可能是从海外输入的。特别是新近发掘的南越王墓中，发现有原支大象牙五枚，成堆叠置，经过研究，确定为非洲象齿。另外，在一个圆漆盒中，发现有酷似乳香的树脂类物质，可惜其主要成分已无法测定。还有一个圆形银盒，通体压出花瓣式纹，其造型和纹饰，与中国传统器物完全不同。[②] 广州汉墓中常有熏炉和托灯俑发现，贵县、合浦的汉墓中也有不少。熏炉必需香料，已见前述。托灯俑的形象不同于汉人，头型较短，两颧较高，宽鼻厚唇，下颌比较突出，身材不高，体型特征与印尼的土著居民"原始马来族"人近似。这种陶俑的出现，说明当时两广地区有此人种存在，应是来自南海各地的家内奴隶。东汉时期墓葬中出土的此类托灯俑、侍俑更多。[③] 此外，在广州汉墓中出土有三个属于

---

  ① ［法］戈岱司编：《希腊拉丁作家远东古文献辑录》，耿昇译，中华书局1987年版，第17—19页。按，厄立特里亚海即印度洋。

  ② 黄展岳、麦英豪：《从南越墓看南越国》，载《庆祝苏秉琦考古五十五年论文集》，文物出版社1990年版。按，圆形银盆现藏广州南越王墓博物馆。

  ③ 中国社会科学院考古研究所编：《新中国的考古发现和研究》，文物出版社1984年版，第440—442页。

西汉中期的深蓝色玻璃碗,属钠钙玻璃系统。三个碗的大小形状相同,模制成形,呈紫蓝色半透明,含有气泡。内壁润滑光洁,无锈;外壁发乌,经过打磨,口沿下的阴线纹磨出,但不很规整。这种作风很像地中海南岸的罗马玻璃中心在公元前1世纪的产品,很可能是我国出土最早的罗马玻璃器皿。[①] 此说如能成立,当然来自海上。

另一方面,东方的航线也在继续。具体来说,便是日本列岛与东汉政府之间联系的加强。东汉光武帝建武中元二年(57),"东夷倭奴国王遣使奉献"[②]。光武帝赐给印绶。"汉委奴国王"印在18世纪重新被发现,成为这一时期中、日两国友好往来的重要物证。安帝永初元年(105),倭奴国王派遣使节来中国。这一时期日本使节的往来,无疑仍是渡海到朝鲜半岛,再经过辽东,到达内地的。

秦汉时期面向南海航线的港口,主要有番禺、徐闻、合浦和卢容。番禺即今广州,当时是岭南地区的政治、经济中心。它处于珠江口,面向大海。西汉著名学者司马迁说:"番禺亦其一都会也,珠玑、犀、瑇瑁、果布之属。"[③] 东汉学者班固也说:"岭南处近海,多犀、象、瑇瑁、珠玑、银、铜、果布之凑。中国往商贾者多取富焉。番禺,其一都会也"[④]。司马迁、班固列举的主要是海外进口的货物,这正说明番禺是一个对外贸易港。番禺有比较发达的造船业。1976年在广州中山四路发现一处秦汉造船工场遗址,中心平行排列三个造船台,船台长度在88米以上。据计算,可建造体宽6—8米,长20—30米,载重十吨的船。此外,在中山五路还发现了东汉时期的造船遗址。广州汉墓中还发现十余例

---

① 安家瑶:《中国早期玻璃器皿》,《考古学报》1984年第4期。
② 《后汉书》卷一下《光武帝纪下》。
③ 《史记》卷二一九《货殖列传》。
④ 《汉书》卷二八下《地理志下》。

木船和陶船模型，显然是当地造船业发达和水上（包括内河和海上）交通便利的反映。① 汉灭南越，建七郡，其中之一为合浦郡。合浦郡辖境包括今雷州半岛和海南岛，下辖徐闻、高凉、合浦、临允、朱卢五县。西汉时郡治徐闻，东汉时郡治合浦。合浦城址在今广西合浦县范围之内，徐闻应位于雷州半岛南端，琼州海峡中部偏西的海边。② 《汉书·地理志下》说："自日南障塞，徐闻、合浦船行可五月，有都元国。"可见徐闻、合浦被视为南海航线的重要起点。自番禺出海沿岸航行，必须先经过徐闻、合浦，再到日南，然后出汉朝境界，到其他地区。在徐闻、合浦汉墓中，发现了琉璃、玛瑙、琥珀等装饰品，应该都是从海外输入的。③ 日南也是七郡之一，下辖朱吾、比景、卢容、西卷、象林五县，位于今越南中部。三国时的记载："从林邑至日南卢容浦口，可二百余里。从口南发往扶南诸国，常从此口出也。"④ 林邑、扶南，以后将会提到。从这条记载说明，三国时卢容是一个重要港口，在汉代应亦如此。卢容在今越南承天省，治所在顺化附近。一说在广治省。卢容是汉朝边境的一个港口。

　　《汉书·地理志下》中说，汉朝派遣的使节，"赍黄金、杂缯而往"。黄金是汉代的一种重要货币，具有一般等价物的职能。杂缯就是各种丝织品。中国是最早发明丝绸制作工艺的国家，中国的丝绸受到当时各国人民的喜爱，在相隔万里之外的罗马帝国，

---

　　① 广州市文物管理处等：《广州秦汉造船工场遗址试掘》，《文物》1977年第4期。麦英豪：《汉代番禺的水上交通与考古发现》，载《广州外贸二千年》，广州文化出版社1989年版。按，对于造船工场遗址，存在不同的看法，见戴开元《"广州秦汉造船工场"说质疑》，载《武汉水运工程学院学报》1982年第1期。

　　② 周连宽、张荣芳：《汉代我国与东南亚国家的海上交通和贸易关系》，载《文史》第九辑，中华书局1980年版。

　　③ 杨豪：《广东合浦发现东汉砖墓》，《考古》1958年第6期。广东省博物馆：《广东徐闻东汉墓——兼论汉代徐闻的地理位置和海上交通》，《考古》1977年第4期。

　　④ 康泰：《扶南传》，见《水经注》卷三六"温水"条，上海人民出版社1984年版。

也曾风靡一时。可以说,从南海航路开辟之日起,丝织品就是中国输出的主要商品;而其他各国商人前来中国贸易,主要也是为了得到丝绸。此外,中国出口的还有陶、瓷制品。在印度尼西亚雅加达的博物馆中保存有汉代制造的绿釉陶器和黑釉陶器[①],就是中国陶瓷外销的物证。另一方面,输入中国的货物,综合文献和考古发现的实物,则有香料、象牙、犀牛、琥珀、琉璃、玛瑙、玳瑁、珊瑚等。焚香或佩香是汉代上层社会的风尚,从上述熏炉的大量发现可见一斑。[②] 象牙、犀角都可用来制作名贵的装饰品,犀角还可作药材,犀牛则可供玩赏。黄支国不止一次以犀牛作贡品,西汉著名文学家扬雄作《交州箴》,其中说:"遂遵臻黄支,航海三万,牵来其犀。"[③] 广州南越王墓有非洲象牙出土,已见前述。广州西汉墓葬中出土陶制犀角甚多,其中一处西汉前期墓,出土陶制犀角有十五件之多。同一墓中还出土一件漆扁壶,两面各以朱漆绘一犀牛。[④] 凡此种种,都足以说明犀牛在当时是很受欢迎的。琥珀是一种有机宝石,由树脂石化而成。两广的汉墓中常有琥珀制成的工艺品发现。琥珀是当时国际贸易中的重要商品,价格昂贵。琥珀工艺品中有狮子造型,中国不产狮子,汉代始由外国贡入宫廷。两广汉墓中的琥珀狮子,无疑是外来的物品。[⑤] 琉璃即玻璃,也作陆离。两汉时期,琉璃制品被看作奢侈品,上层贵族竞相追求。但琉璃有中国本地产,也有自海外进口,两者成

---

① [日]三上次男:《陶瓷之路》,李锡经等译,文物出版社1984年版,第153页。

② 《史记》中提到番禺物产有"果布",韦昭注:"果谓龙眼、离支之属,布,葛布也。"韩槐准认为"果布"是马来语龙脑香Kapun Barus前半之音译。龙脑香是从海外进口的高级香料,见韩氏《龙脑香考》,《南洋学报》第二卷第一辑。后代记载中有"婆律香"一名,婆律即Kapus Barus的后半音译,亦是龙脑香。参看前引周、张文。

③ 《全上古三代秦汉三国六朝文·全汉文》卷五四,中华书局1958年版。

④ 周连宽、张荣芳:《汉代我国与东南亚国家的海上交通和贸易关系》,载《文史》第九辑,中华书局1980年版。

⑤ 同上。

分不同。前者是铅钡玻璃，后者是钠钙玻璃。两广地区出产的琉璃品，主要应是从海外进口的，如上面说过的深蓝色玻璃碗，以及琉璃珠等。①

相对于南海航线来说，东方航线是落后的。航线很短，规模很小，因而在中国北方也就没有出现有影响的对外交通港口。倭国进贡物品，可考的是"生口"，也就是奴隶，汉朝赐给的大概是丝织品、铜镜等物。南海航线和东方航线不同的是，前者一经形成以后，便是比较稳定的，以后的发展主要是在原有基础上的丰富和扩大；后者则经历了几次重大的变化。

第三节　三国两晋南北朝时期海外交通的发展

秦汉时期，我国海外交通的路线和对外贸易的港口，粗具规模。到了三国两晋南北朝时期，便在前代的基础上，得到了比较快的发展。

三国时期，魏、蜀、吴鼎立。吴国占有江淮以南的土地，利用有利的地理条件，开展海上的活动。在东方，吴国企图通过海道与日本、朝鲜半岛建立联系。吴黄龙二年（230），孙权派遣将军卫温、诸葛直率领甲士万人出海，寻求海外的夷洲和亶洲。夷洲就是台湾，亶洲应即日本。"亶洲在海中，长老传言，秦始皇帝遣方士徐福将童男女数千人入海，求蓬莱神山及仙药，止此洲不还，其相承有数万家。其上人民，时有至会稽货布。会稽东县人海行，亦有遭风流移至亶洲者。"② 会稽郡治今浙江绍兴。显然，

---

① 林蔚文：《先秦秦汉南中国海外玻璃的输入》，载《中国与海上丝绸之路》论文集。
② 《三国志》卷四七《孙权传》，中华书局点校本。

在日本列岛与中国东南部的浙江之间，已有某种程度的海上交往，当然只是偶然的，也没有固定的航路。正因为如此，孙权派出一支强大的海军，前去寻求。但卫温等人只到了夷洲，便返航了。孙权大为恼怒，将二人杀死。孙权曾三次派遣船队从海上前往辽东活动，一是为了和当地的地方势力联络，牵制曹魏；二是为了进行贸易。其中一次部分人员到了朝鲜半岛，与半岛上的高句丽建立联系。高句丽因此在吴嘉禾三年（234）派人护送这些人员回吴，并"贡貂皮千枚，鹖鸡皮十具"。嘉禾四年（235），孙权派人出使高句丽，"赐衣物珍宝"。高句丽回赠马数百匹，吴使因船小，只收八十匹而还。① 次年，吴又派人出使，但为辽东执斩送魏幽州。吴国与北方的海上交通自此断绝。② 总的来说，吴国开拓东方航线的活动并没有取得多少成就。

相比之下，吴国在南方航线的活动是卓有成效的。首先，吴国经过努力，取得了对交州的控制权。汉朝末年，中原动荡，苍梧（汉取岭南所建七郡之一，在今广西）士燮家族分据交趾、合浦、九真、南海等郡太守之职，实际上成为割据一方的势力。建安十五年（120）士燮家族虽然表面服从孙权委派的交州刺史，但仍掌握权力。黄武五年（226），士燮病死，孙权派遣吕岱讨伐抗命的士氏家族，铲除了地方势力，才真正控制了交州，也就控制了南海的贸易。在此基础上，便有康泰、朱应的出使。交州是面向南海的窗口，士燮家族被除以后，孙权担心南海诸国因此疑虑，不敢前来贸易，就派遣康泰、朱应二人，"南宣国化"，实际是表明欢迎海外诸国前来贸易的态度。③ 康泰、朱应前往的地点是扶南，也可能到过其他一些地方。扶南是公元1世纪初兴起于印度

---

① 《三国志》卷四七《孙权传》，中华书局点校本。
② 同上。
③ 《三国志》卷六〇《吕岱传》。

支那半岛南部的国家，其疆域包括今越南南部、柬埔寨、泰国南部一带。康泰、朱应出使的时间，应在公元225—230年，"其所经及传闻，则有百数十国，因立纪传"①。朱应作《扶南异物志》，康泰作《扶南传》（又名《扶南记》《扶南土俗传》《外国传》）。他们的著述是我国历史上最早出现的有关南海交通的专门著作，其中很多是亲身经历，有些则是在海外时所闻。例如，扶南王曾遣人出使天竺，天竺王差陈、宋等二人以马四匹回报，到达扶南时，康泰等正在其地，便向"陈、宋等具问天竺土俗"②。这些见闻当然是非常可贵的。康泰、朱应是我国姓名可考的海外旅行家。康泰、朱应的扶南之行，加强了吴国与南海地区的联系，他们回国时，"暨徼外扶南、林邑、堂明诸王各遣使奉贡"③。林邑在今越南中南部，包括原汉朝日南郡的一部分。堂明在今老挝的中部或北部一带。

  康泰、朱应的著述都已散失，但有部分佚文散见于各书中。从各书所收的佚文，加以汇集，可考的尚有三十余国。这两种著述影响很大，同时代或后代一些有关南海的文献，都从其中引用不少资料。道教经典《太清金液神丹经》卷下所记南海地理，可信为3世纪之记录，其中大多取材于康泰、朱应书及万震《南州异物志》，而万书又是以康、朱书为主要根据。《太清金液神丹经》卷下有一段文字，概括叙述了当时的南海交通，引录如下：

    行迈靡靡，泛舟洪川。发自象林，迎箕背辰。乘风因流，霍迈星奔。昌明莫停，积日倍旬。乃及扶南，有王有君。厥国悠悠，万里为垠。北欸林邑，南函典逊。左牵杜薄，右接

---

① 《梁书》卷五四《海南传》，中华书局点校本。
② 《梁书》卷五四《中天竺传》。
③ 《三国志》卷六〇《吕岱传》。

无伦。民物无数,其会如云。忽尔尚罔,界此无前。谓己天际,丹穴之间。逮于仲夏,月纪之宾。凯风北遭,南旅来臻。怪问无由,各有乡邻。我谓南极,攸号朔边。乃说邦国,厥数无原。句稚、歌营、林杨、加陈、师汉、扈犁、斯调、大秦、古奴、蔡牢、弃(业)玻、罽宾、天竺、月支、安息、优钱。大方累万,小规数千。过此以往,莫识其根。

这段文字中列举的地名有象林(原为日南郡的最南一县,东汉时属林邑,但习惯上以象林为日南属县,此处称"发自象林"即发自日南),扶南,林邑,典逊(其他记载多作"顿逊",一般认为在马来半岛北部),杜薄(在印尼爪哇岛,一说杜薄应作"社薄",即后代的"阇婆",是 java 的音译),无伦(在缅甸境内),句稚(在马来半岛),歌营(今印尼苏门答腊群岛西北部),林杨(在今泰国西部或缅甸东南部),加陈(今地不详),师汉(在今斯里兰卡),扈犁(在今印度西孟加拉邦),斯调(印尼爪哇岛附近岛屿,一说在斯里兰卡),大秦,古奴(即古奴斯调,在今缅甸西南海岸),蔡牢(今地不可考),叶波(在今巴基斯坦白沙瓦一带),罽宾(今喀什米尔),天竺,月支(在今阿富汗及周围地区),安息,优钱(在今印度东海岸)。[①] 与秦汉时期相比较,三国时期中国人的南海知识大大丰富了。

值得注意的是,吴国与大秦之间仍有某种交往。吴黄武五年(226),"有大秦贾人字秦论,来到交趾。交趾太守吴邈遣使诣〔孙〕权。权问方土谣俗,论具以事对。时诸葛恪讨丹阳,获黝歙短人,论见之曰:大秦希见此人。权以男女十人差吏会稽刘咸送

---

① 以上地名考证,参见饶宗颐《〈太清金波神丹经〉卷下与南海地理》,载《香港中文大学中国文化研究所学报》第三卷第一期,《太清金波神丹经》,《正统道藏》本。

论，咸于道物故，论乃迳还本国"①。"大秦贾人"直接来到中国，反映出大秦亦即罗马帝国对于彼此的直接交往仍有兴趣，而孙权亲自接见并遣人护送，显然也是想了解更多的情况。据作于3世纪的《魏略》记载，大秦与东方的陆上交通受安息阻挠，乃"循海而南，与交趾七郡外夷比，又有水道通益州、永昌，故永昌出异物"②。可见，大秦商人致力于寻求到中国的海上航路，黄武五年到达吴国的商人，正是在这样的背景下出现的。前一节说过，掸国西南与大秦通，证之以《魏略》的记载，大秦商人应是先到掸国，有些货物即从掸国经水道运往益州（今四川）永昌的。

三国时期，北方的魏国消灭原来割据辽东的公孙氏政权，直接控制朝鲜半岛。日本列岛上的倭国，听到魏国兴盛的消息，便主动遣使渡海到朝鲜半岛，向魏国通好。从魏明帝景初二年（238）开始，十年之间，双方共有六次来往，其中倭国遣使四次，魏国遣使二次，彼此的交往是相当频繁的。这一时期由魏国到日本的路线被清楚地记录了下来。这条路线的顺序是：

> 倭人在带方东南大海之中，倚山岛为国邑，旧百余国，汉时有朝见者，今使驿所通三十国。从郡至倭，循海岸水行，历韩国，乍南乍东，列其北岸狗邪韩国，七千余里，始渡一海。千余里至对马国……有千余户，无良田，食海物自活，乘船南北市籴。又南渡一海千余里，名曰瀚海，至一大国……方可三百里，多竹木丛林，有三千许家，差有田地，耕田犹不足食，亦南北市籴。又渡一海千余里，至末卢国，有四千余户，滨山海居。草木茂盛，行不见前人。……东南陆行五百里，到伊都国……有千余户，世有王，皆统属女王

---

① 《梁书》卷五四《海南传》。
② 鱼豢：《魏略·西戎传》，见《三国志》卷三〇《乌丸鲜卑东夷传》注。

国，郡使往来常所驻。……南至雅马壹国，女王之所都。……自郡至女王国，万二千余里。①

这是首次见于记载的东方航线记录，非常可贵，应是出使倭国的魏朝官员写下来的。其中所说带方郡，是辽东公孙氏统治时期划出乐浪郡的南部建立的，郡治带方县，可能就是今天的首尔。由带方郡沿海岸而行，到韩国，即位于带方郡之南的马韩。"狗邪韩国"，亦即汉代记载中的"拘邪韩国"，所辖地区约当今半岛东南部庆尚南道等地。"对马国"即今日本对马岛。"至一大国"，应是日本壹岐岛，"末罗国"就是日本肥前的松浦，约当日本佐贺县东松浦半岛的松浦或唐津一带。其他地名也一一可考。②

前面说过，亶洲即日本，与会稽郡有往来。三国时期吴国出产的铜镜大量流入日本。从当时南北分裂，魏、吴敌对的政治形势来看，它们应该是从江南的吴地直接传入日本，而不是经过上述航线的。此外，还应有不少吴的工匠东渡日本，在那里从事铜镜铸造。③ 这些现象显示，在日本列岛与中国江南之间，有可能存在直接的海上交通。前述路线是官方的，比较安全的。而日本与江南之间的直接交通路线则是民间的，不稳定的，充满危险的。但是后一条民间路线的存在，无疑为唐代以后两地之间正式的直接航线打下了基础。

三国时代结束，中国进入两晋南北朝时期。紧接着西晋短暂统一而来的，是长期的南北分裂。但是海外交通，在这种分裂状态下得到了新的发展。

先后在江南立国的有东晋（317—420）、宋（420—479）、齐

---

① 《三国志》卷三〇《乌丸鲜卑东夷传》。"雅马壹"是"雅马台"之误。
② ［日］木宫泰彦：《日中文化交流史》，胡锡年译，商务印书馆1980年版，第16—17页。
③ 王仲殊：《古代的中日关系》，《考古》1989年第5期。

(479—502)、梁（502—557）、陈（557—589）五朝，先后共二百六十余年。唐初纂修的史籍《梁书》对于这一时期的南海交通有如下的概括叙述：

> 海南诸国，大抵在交州南及西南大海洲上，相去近者三、五千里，远者二、三万里。其西与西域诸国接。汉元鼎中，遗伏波将军路博德开百越，置日南郡。其徼外诸国，自武帝以来皆朝贡。后汉桓帝世，大秦、天竺皆由此道遣使贡献。及吴孙权时，遣宣化从事朱应、中郎康泰通焉。……晋代通中国者盖尠，故不载史官。及宋、齐，至者有十余国，始为之传。自梁革运，其奉正朔，修贡职，航海岁至，逾于前代矣。①

这段文字中说晋代南海诸国前来通好者少，确是事实。但决不是说这种交往已不存在了。扶南、林邑都曾遣使前来。师子国曾遣使献佛像："晋义熙（405—418）初，始遣使献玉像，经十载乃至。像高四尺二寸，玉色洁润，形制殊特，殆非人工。此像历晋、宋，在瓦官寺。"当时号称瓦官寺三绝之一。后为齐东昏侯所毁。② 当时的广州，"珍异所出"，可见海外贸易仍相当兴盛。③ 在东晋时期，还出现了一位大旅行家法显（334—420）。他是幼年出家的僧人。六十岁左右立愿西行求法。从长安出发，经陆道到达天竺，求得佛教戒律后由海道东返。他先到师子国，再从师子国出发，乘商舶到达耶婆提（今印度尼西亚爪哇岛或苏门答腊岛，也有可能是二岛的共同名称），又换乘"商人大船"，"趣广州"。

---

① 《梁书》卷五四《海南传》。
② 《梁书》卷五四《师子国传》。
③ 《晋书》卷九〇《吴隐之传》，中华书局点校本。

但中途遇风，漂至青州长广郡登陆。时间是东晋义熙八年（412）。法显的旅程前后达十余年之久，是我国历史上第一位经历了陆、海二道的伟大旅行家。他的活动，足以说明晋朝的海外交通，仍有相当的规模。①

晋朝海外交通比起在此以前的孙吴时代，显然有所逊色，这是无可讳言的。其原因主要有二：一是官吏的贪污掠夺，引起外国商人的反感，不愿前来。"初，徼外诸国尝赍宝物自海路来贸货，而交州刺史、日南太守多贪利侵侮，十折二三。至刺史姜壮时，使韩戢领日南太守。戢估较太半，又伐船调枹，声云征伐，由是诸国恚愤。"以后的继任者，也是一样。② 广州的"前后刺史皆多黩货"③。二是与林邑的边境冲突。林邑位于今越南中部，东晋时期，多次出兵侵扰交州的日南、九真之地，"杀伤甚众，交州遂致虚弱，而林邑亦用疲敝"④。林邑的侵扰，主要目的不在于土地的占领，而是为了南海贸易之利，因为南海航线不经林邑，而必须经日南。林邑除了侵扰日南等地外，还抢劫来往海船的财物。这种情况，对于海道贸易活动，也造成很大的影响。

进入南朝宋朝，局面发生了变化。林邑王直接向宋提出了领土要求，在遭到拒绝以后便接连出兵侵犯。元嘉二十三年（446），宋文帝发军讨伐林邑，攻下都城。林邑经过此役，元气大伤，不再犯边，从此奠定了南朝四代掌握南海贸易兴隆局面。⑤ 自此以后，南方诸国由海道来贡的大为增加。扶南、林邑多次入贡。马来半岛的婆皇［今马来西亚的彭亨（Pahang）］、盘盘（马来半岛

---

① 法显记录了自己远游的经历，名《法显传》，又有《佛游天竺记》《佛国记》等名。章巽作《法显传校注》，上海古籍出版社1984年版，是较好的一个本子。
② 《晋书》卷九七《林邑传》。
③ 《晋书》卷九〇《吴隐之传》。
④ 《晋书》卷九七《林邑传》。
⑤ 关于东晋、刘宋与林邑的关系，参看刘淑芬《六朝南海贸易的开展》，台北《食货复刊》第十五卷九—十期。

的北部），印尼列岛的诃罗单（在苏门答腊岛或爪哇岛）、阇婆婆达（在苏门答腊岛或爪哇岛）、乾陀利（在苏门答腊岛）、苏摩黎（苏门答腊岛北岸）、婆利（巴厘岛）等，都曾遣使与宋通好。印度洋地区的师子国、天竺迦毗黎国，也曾先后遣使进贡。师子国国王的书信中说："虽山海殊隔，而音信时通。"迦毗黎使节也带来国书，其中说："愿两国信使往来不绝。"[①] 都表示了加强与中国联系的愿望。到了齐朝，林邑、扶南继续前来通好。永泰元年（498），林邑王诸农乘船由海道来中国，不幸遇风溺死。扶南王曾"遣商货至广州"[②]。齐朝时间短促，见于记载的有来往的海外国家不多。但当时"海舶远届，委输南州，故交、广富实，牣积王府"[③]。海外贸易的规模无疑是相当可观的。前引《梁书》记载中说，梁朝建立以后，外国来使"航海岁至，逾于前代矣"。见于史籍的梁代前来朝贡的国家，有林邑、扶南盘盘、丹丹［今马来西亚吉兰丹（Kdantan）］、狼牙修［今泰国北大年（Patani）一带］、乾陀利、婆利、师子国、中天竺等。梁朝的绘画作品《职贡图》，记录了当时前来通好的国家和地区们使者的形象，其中一部分来自南海，有狼牙修、婆利、中天竺、师子国、林邑等，为这一时期的海外交通留下了珍贵的资料。[④] 陈朝国势衰微，时间短促，与海外的交往大不如前，但前来通好的国家仍有不少，如林邑、扶南、盘盘、丹丹、狼牙修、天竺等。

综上所述，可以看出，与东晋，南朝的宋、齐、梁、陈有交往的国家和地区，限于中南半岛、马来半岛、印度尼西亚群岛和印度次大陆等处。在此以西的国家，过去与中国有交往的，如大

---

① 《宋书》卷九七《夷蛮传》，中华书局点校本。
② 《南齐书》卷五八《扶南传》，中华书局点校本。
③ 《南齐书》卷五八《东南夷传》。
④ 此图藏南京博物院，请参看金维诺《"职贡图"的时代与作者》，载《中国美术史论集》，人民美术出版社1981年版。

秦、波斯，都发生了变化。大秦即罗马帝国，在公元 3 世纪开始衰落，4 世纪末分裂为东、西两部分。东罗马建都于君士坦丁堡（今属土耳其），在历史上称为拜占庭帝国，中国史籍中则仍以"大秦"称之。也正是从公元 3 世纪起，萨珊王朝兴起于波斯，成为强大的力量，实际上操纵了东西方的贸易。拜占庭人主要从波斯人手中转买东方的丝绸等物品。公元 6 世纪，曾经长期航行于海上的埃及商人科斯马斯，在《基督教国家风土记》中说，从丝绸之国到波斯，有陆路又有海路，"运载丝绸的车队要由陆路旅行……时间不长就到了波斯，而通向波斯的海路要漫长得多"①。这一时期的波斯、大秦，与中国仍有某种海上贸易联系，但主要应是通过天竺或师子国转的。师子国（锡兰，今斯里兰卡）在这一时期的东西方海道贸易中扮演着重要的角色，科斯马斯特别提到这个地方可以收到来自中国的丝绸和当地出产的香料、药材。法显也说："其国本无人民，止有鬼神及龙居之。诸国商人共市易。……因商人来往住，故诸国人闻其土乐，悉亦复来，于是遂成大国。"② 可见它完全是作为贸易场所得以发展起来的。因此，大秦、波斯的商人直接前往中国贸易的，即使有也是个别的、偶然的。广东英德、曲江的南朝墓葬中发现萨珊王朝的银币，可能是从事中转贸易的商人携带之物，当然也可能是个别波斯商人带来的。③ 所以不能因此认为波斯与中国之间有太多直接的海上交往。

从三国到东晋、南朝时期的南海航线，缺乏系统的、明确的记载。综合各种文献，似可认为，同汉代一样，南海存在着两条主要的航线。一条经过现在的马六甲海峡，来往于南中国海与印

---

① 戈岱司编：《希腊拉丁作家远东古文献辑录》，耿昇译，中华书局 1987 年版，第 100 页。
② 《法显传校注》，第 148 页。
③ 夏鼐：《综述中国出土的波斯萨珊朝银币》，《考古学报》1974 年第 1 期。

度洋之间。另一条则经过马来半岛的克拉地峡，即在地峡两边港口登陆，再上船入海。地峡东边的港口是典逊（顿逊），"东界通交州，其西界接天竺、安息徼外诸国，往还交市。……其市东西交会，日有万余人，珍物宝货，无所不有"①。地峡西边的港口是句稚。句稚与典逊相距十一日的路程，由此"入大湾中，正西北入，可一年余，得天竺江口"②。这一时期来往于南海航线上的，除了中国船舶之外，还有其他国家的船舶。前面引用的记载，说明扶南国王曾遣商货到广州，用的是扶南的船。又有昆仑舶，齐朝世祖萧颐太子时，"颇不如法"，其中之一是"度丝锦与昆仑舶营货，辄使传令防送过南洲津。"③ 出使北魏的陈朝使臣在南归途中遇见昆仑舶。④ 昆仑是包括扶南在内的一部分国家的统称，昆仑人的特征是黑色卷发，中国文献中的"昆仑舶"无疑是来自南海地区的商船，但难以指明具体的国家。又有天竺舶，宋朝时天竺僧人曾在江陵见到天竺舶五艘。⑤ 佛教禅宗始祖菩提达摩来中国，是天竺王"具大舟，实以珍宝，泛重溟，三周寒暑，达于南海"的。⑥ 还有不少"西域贾人舶"⑦。所谓"西域贾人"，主要是康居人，也就是以经商闻名的中亚粟特人。他们中有的人在天竺经商，再由天竺来中国。例如，吴赤乌十年（247）到建康的僧人康僧会，"其先康居人，世居天竺，其父因商贾移于交阯"⑧。又如，"释道仙，一名僧仙，本康居国人，以游贾为业。梁、周之际，往

---

① 《梁书》卷五四《扶南传》。
② 《水经·河水注》，引《扶南传》。
③ 《南齐书》卷三一《荀伯玉传》。
④ 《北齐书》卷三七《魏收传》，中华书局点校本。
⑤ 《高僧传》卷二《佛驮跋陀罗传》，《大正大藏经》本。
⑥ 《释氏稽古略》卷三，引《正宗记》，《大正大藏经》本。
⑦ 《高僧传》卷三《僧伽跋摩传》。
⑧ 《高僧传》卷一《康僧会传》。

来吴、蜀,江海上下,集积珠宝,故其所获赀货,乃满两船"①。这个在"江海上下"以船为家的"游贾",显然也由海道来的。此外,法显东还时,在师子国"附商人大舶",到耶婆提又"随他商人大船",应是师子国船或耶婆提船。

这一时期南海航线上贸易的物品,从中国运出的主要是丝织品,上文所引齐萧颐以"丝锦与昆仑舶营货"便是很好的例子。输入中国的,主要是珍宝和香药。吴时薛综上疏说,交州"贵致远珍名珠、香药、象牙、犀角、瑇瑁、珊瑚、琉璃、鹦鹉、翡翠、孔雀、奇物"②。割据交州的士燮向孙权进贡的物品,"杂香、细葛,辄以千数。明珠、大贝、琉璃、翡翠、瑇瑁、犀、象之珍……无岁不至"③。从这段记载,可以大体了解当时进口的物品种类。值得注意的是香药。如前所述,广东地区汉代墓葬中出土的薰炉,应用于焚香。随着交往的增多,南海的特产香药,越来越受到中国人的欢迎。至迟在吴时,已在进口货物中占有突出的重要地位。《太清金液神丹经》卷下,有一篇赞文,可以说是海外香药的珍贵文献:

> 众香杂类,各有有原。木之沉浮,出于日南。都梁青灵,出于典逊。鸡舌芬箩,生于杜薄。幽兰茹来,出于无伦。青木天竺,郁金罽宾。苏合安息,熏陆大秦。咸自草木,各自所珍。或华或膠,或心或枝。唯夫甲香,螺蚌之伦。生于歌伦,句稚之渊。菱蕤月支,硫黄都昆。白附师汉,光鼻加陈。兰艾斯调,幽穆优钱,余各妙气,无及震檀也。

---

① 《续高僧传》卷二五《释道仙传》,《大正大藏经》本。
② 《三国志》卷五三《薛综传》。
③ 《三国志》卷四九《士燮传》。

《太清金液神丹经》卷下提到的香药共15种,分别产于海外各国。其中除数种不详或可能有误外,多数如沉香、鸡舌香、青木香、郁金香、苏合香、薰陆香、甲香等后来一直在进口香料上占很大比重,得到了广泛的使用。这些香药也见于《南州异物志》。可以认为,香药的大量输入,是这一时期海外交通的特点之一。

公元4世纪以后,朝鲜半岛上出现了高句丽、百济、新罗三国鼎立的局面。高句丽在半岛的北部,百济在西南,新罗在东南。日本列岛则从分裂状态中走出来,大和朝在4世纪中叶基本上实现了统一。紧接着,大和朝就把注意力投向近邻的朝鲜半岛,联合百济,与高句丽、新罗联盟对峙。从东晋、宋、齐、梁朝,高句丽、百济先后多次派遣使节通好,新罗因为地理位置的关系,与江南交通不便,只在梁朝遣使一次。从东晋到南朝,日本大和朝也不断遣使进贡。日本和南朝的往来前后约60年,一共遣使8次。这些频繁的交往促进了新航线的开辟。"倭人……初通中国也,实自辽东西来。……至六朝及宋,则多从南道,浮海入贡及互市之类,而不自北方,则以辽东非中国土地故也。"[①] 所谓北道,是指以前的路线,即由日本渡海到朝鲜半岛南部,再沿朝鲜半岛西部及辽东半岛海岸线南下。所谓南道,则是从日本渡海到朝鲜半岛西南部百济所在地,从百济横渡黄海,到山东半岛,再沿海岸线航行南下,到东晋、南朝的政治中心建康(今江苏南京)。[②] 有迹象表明,两晋、南朝时期,日本列岛与中国江南之间仍有直接的来往。[③] 日本、朝鲜半岛国家和东晋、南朝之间,以"朝贡"和"赏赐"名义交换彼此的土特产品,此外亦应有民间的贸易,

---

① 《文献通考》卷三二四《倭》,中华书局1986年版。
② 《日中文化交流史》,第34—35页。
③ 王仲殊:《古代的中日关系》,《考古》1989年第5期。

但总的来说规模有限。

原来交州辖地很广，包括今广东、广西及越南中、北部。孙吴时分交州的南海、苍梧、郁林三郡立广州，而以交趾、日南、九真、合浦四郡为交州，后又从交趾、九真中分析新昌、武平、九德三郡。交、广两州在这一时期海外交通中占有特别重要的地位。交州"外接岛夷，宝货所出，山珍海怪，莫与为比"①。"徼外诸国尝赉宝物自海路来货贸，而交州刺史、日南太守，多贪利侵侮，十折二、三。"② 交州的港口，主要有卢容，已见上一节。又有龙编，为南朝时交州首府，故址在今越南北部。③ 广州在这一时期日趋重要。"广州包带山海，珍异所出，一箧之宝，可资数世。"④ "南土沃实，在任者常致钜富，世云：广州刺史但经城门一过，便得三千万也。"⑤ 这些记载曲折地反映出广州海外贸易的繁荣。佛教史籍《高僧传》记载这一时期由海道来华的僧人13人中，3人先抵交州，再转往内地；而10人则到达广州以后，再转他处。⑥ 交、广二州在海外交通中的特殊地位，导致它们使用与其他地区不同的流通手段："梁初，惟京师及三吴、荆、郢、江、湘、梁、益用钱，其余州郡，则杂以谷、帛交易。交、广之域，全以金、银为货。"⑦

除了交、广两州之外，沿海地区对外交通的港口城市还有晋安、梁安、鄮县、建康、长广郡等。天竺僧人拘那罗陀（真谛）在南朝梁武帝时由南海来中国，陈文帝时（560—565），"又泛小舶至梁安郡，更装大舶，欲返西国"。因众人邀请，暂时停留。不

---

① 《南齐书》卷一四《州郡志》。
② 《晋书》卷九七《林邑传》，中华书局点校本。
③ 陈佳荣等：《古代南海地名汇释》，第254—255页。
④ 《晋书》卷九〇《吴隐之传》。
⑤ 《南齐书》卷三二《王琨传》。
⑥ 刘淑芬：《六朝南海贸易的开展》，台北《食货复刊》第十五卷九一十期。
⑦ 《隋书》卷二四《食货志》，中华书局点校本。

久，"发自梁安，泛舶西引，业风赋命，漂还广州"。为当地官员、僧人劝阻，后病死。① 据考证，梁安郡治所在地即今福建泉州。② 鄞县（今浙江宁波）在汉代已成为重要海港，孙权遣卫温等，率军出海求夷洲、亶洲，即"自会稽浮海"。会稽下辖三县，鄞县是其中之一。东晋、南朝时期，鄞县"东临巨海，往往无涯，泛船长驱，一举千里。北接青、徐，东洞交、广，海物惟错，不可称名"③。建康（今江苏南京）是东晋、宋、齐、梁、陈数朝的都城，也是南海物贸易品的最大市场。有的南海物品在广州上岸，经陆道运到建康；有的南海船舶，在广州停留以后，直接到建康销售。如齐武帝时，便有"昆仑舶"到达。④ 青州濒海地区多港湾，长广郡，郡治不其，在今山东崂山县北。法显从师子国归国，遇风吹至青州长广郡，就在当地登陆，已见前述。南朝宋代，建康道场寺慧观法师西行求经，便到长广郡登舟。⑤ 当时航行须靠季风吹送，长广郡应是便于利用季风航行之地，法显被风吹送至此，并非偶然。以上这些港口，实际上都是交、广二港向北方的延续，也就是说，外国船舶的到来，必先到交、广二州，然后沿海岸线北上，到达上述港口，反之亦然。其中有些港口，还与朝鲜半岛、日本列岛有所往来，例如建康、鄞县。

---

① 《续高僧传》卷一《拘那罗陀传》。
② 章巽：《真谛传中之梁安郡》，《章巽文集》，海洋出版社1986年版。
③ 《全上古三代秦汉三国六朝文·全晋文》卷一〇三《答车茂安书》，中华书局1958年版。
④ 《南齐书》卷三一《荀伯玉传》。
⑤ 《高僧传》卷二《昙无谶传》。

第二章 隋唐五代十国：
海外交通的繁荣

第一节 隋唐五代十国时期海外交通概况

隋（581—618）、唐（618—907）、五代十国（907—960）时期，中国的海外交通，呈现了前所未有的繁荣局面。

隋朝打破了长期以来南北分裂的局面，实现了统一。隋朝的统治者，雄心勃勃，积极开展对外的活动。一方面，致力于陆上丝绸之路的开通；另一方面，努力加强与海外地区的交往。大业四年（608），南海赤土国遣使来贡，炀帝便命常骏、王君政出使回访赤土国。常骏等从南海郡出发，"昼夜二旬，每值便风，至焦石山而过，东南泊陵伽钵拔多洲，西与林邑相对，上有神祠焉。又南行至狮子石，自是岛屿连接。又行二三日，西望见狼牙须国之山，于是南达鸡笼岛，至于赤土之界。其王遣婆罗门鸠摩罗以舶三十艘来迎，吹蠡击鼓，以乐隋使，进金锁以缆骏船，月余至其都"。隋使受到热烈的欢迎，接着和赤土国王子一同回来，王子向炀帝"献方物"[①]。"狮子石"应是今越南南部的昆仑岛或其附近岛屿，"狼牙须国"应即前代的狼牙修，赤土国应在今马来半岛

[①] 《隋书》卷三《炀帝纪》，卷八二《赤土传》。

中部。① 除了赤土国之外，大业十二年（616），真腊遣使向隋朝进贡。真腊原是扶南的属国，在今柬埔寨北部和老挝南部。7世纪中叶真腊取代扶南，其疆域包括今柬埔寨、老挝及越南南部。② 真腊是从隋朝开始与中国联系的。遣使与隋朝通好的南海国家还有婆利、丹丹和盘盘。隋朝和东方的日本也有往来。文帝开皇二十年（600），炀帝大业四年（608）、五年（609）、十年（614），倭国先后四次遣使来贡方物。大业四年，当日本使节小野妹子等回国时，炀帝派裴世清等同行，向倭王答谢。而裴世清等回国时，倭王又以小野妹子为使，随同一起来中国。可以看出，在隋朝，无论对于南海地区，还是对于东方日本，海上交通都是在发展之中的。但是，隋炀帝施行的暴政，导致了隋朝的灭亡，也暂时打断了海上交通的发展进程。

　　唐朝是我国历史上一个极其重要的发展阶段。唐朝前期，相继出现了两次为历史记载称为太平盛世的时代，即太宗时的"贞观之治"与玄宗时的"开元之治"。社会经济繁荣，农业、手工业都有显著的进步。尤其是丝织业和陶瓷制作业的兴盛，为向海外出口提供了充足的物资；而造船业的工艺进步与生产规模的宏大，更为海外交通的开展创造了良好的条件。这一时期，江南地区社会经济发展迅速，逐步赶上北方。海外交通的港口主要在江南，地区经济的发展对于海外交通来说，无疑是有力的促进。这一时期海外的形势也发生了很大的变化。7世纪起，差不多与唐朝的成立同时，大食（阿拉伯帝国）兴起，灭波斯萨珊王朝，大力开展海上贸易，成为强大的海上力量。也是在7世纪，东南亚形势发生变化，盛极一时的扶南王国衰落，位于苏门答腊岛的室利佛逝和位于爪哇岛的诃陵兴起，成为海上强国。大食、室利佛逝

---

① 陈佳荣等：《古代南海地名汇释》，第408页。
② 同上书，第639页。

和诃陵都积极、主动发展与中国的联系，进行海上贸易的活动。他们的使者、商人和船舶的到来，对于唐朝是有力的刺激。在东方，日本为了学习中国文化并与中国开展贸易，采取了积极的态度，不断派遣使节由海道前来。朝鲜半岛的形势也发生了变化。7世纪，新罗统一了半岛的中部和南部，大力加强与唐朝的交往，海道便是双方联系的一种重要途径。

唐代前期的几个皇帝，在对外关系方面，尤其注意陆上的交通，即通向西域的丝绸之路。从公元7世纪中期到8世纪中期的一个世纪之内，陆上"丝绸之路"畅通，成为东、西方之间经济、文化交流的主要通道。相形之下，唐朝政府对于开展海外交通，是不够重视的。总的来说，唐朝政府在对外关系方面采取的是开放的而不是封闭的态度，对于朝贡的外国使节和前来贸易的外国商船，都是欢迎的。显庆六年（661），唐高宗发布《定夷舶市物例敕》，其中说："南中有诸国舶，宜令所司，每年四月以前，预支应须市物，委本道长史，舶至十日内，依数交付价值，市了任百姓交易，其官市物送少府监简择进内。"[1] 显然，唐朝宫廷对于由海道而来的物品，存在很大的兴趣；而在官市以后允许百姓交易，可以说是对进口货物实行管理的初步的具体办法。上述国内经济的发展以及国外形势的变化，再加上唐朝政府的开放态度，都有助于海外交通的开展。

到了玄宗开元（713—741）、天宝（742—755）年间，便出现了相当可观的兴盛局面。"海外诸国，日以通商。"[2] 广州江中，"有婆罗门、波斯、昆仑等舶，不知其数；并载香药、珍宝，积载如山"[3]。为了适应这种局面，唐朝政府在广州设置了管理海外贸

---

[1] 陆心源辑：《唐文拾遗》卷一，《潜园总集》。
[2] 张九龄：《开凿大庾岭路序》，《曲江张先生文集》卷一七，《四部丛刊》本。
[3] 真人元开：《唐大和上东征传》，汪向荣校注本，中华书局1979年版，第74页。

易的官职市舶使（见本章第三节），又开凿了从广东通往长江中、下游的大庾岭道路，便于广州的进口货物运往内地。此路开通以后，"于是乎镵耳贯胸之类，殊琛绝赆之人，有宿有息，如京如坻"①。此处"镵耳贯胸"指南海民族，"殊琛绝赆"则指朝贡而言，意思是说海外前来朝贡，自此交通便利，收获丰厚。唐玄宗对于海外交通表现出比他的上辈更大的兴趣，开元四年（716）"有胡人上言海南多珠翠奇宝，可往营致，因言市舶之利，又欲往师子国，求灵药及善医之妪，置之宫掖。上命监察御史杨范臣与胡人偕往求之"。此事因杨范臣反对而作罢，②但玄宗的倾向已表现得很明显。以海外贸易为中心的海外交通发展，推动唐朝政府采取有利于海外交通的措施；而这些措施的实施，无疑又推动了海外交通的进一步开展。

　　天宝十四年（755）爆发的"安史之乱"，是唐朝由盛转衰的分界线，也是划分唐朝前、后期的标志。唐朝前、后期有许多变化。从社会经济来说，江南的农业、手工业生产由于大批北方劳动力的流入而得到更大的发展，北方则因不断的战争而凋敝。江南地区经济的发展对于海外贸易是有利的。从财政收入来说，由于战争的破坏，原有的各种收入减少，唐朝政府不得不寻求其他财源，其中之一，便是设法从海外贸易中取得更多的收入。从对外交通来说，由于唐朝力量衰弱，吐蕃势力强大，以致陆上"丝绸之路"受阻。唐朝和大食等国的交通，原来陆、海两道并存，此时不得不主要转向海道。以上几个因素交织在一起，使得海道交通在"安史之乱"以后得到新的发展，达到前所未有的兴盛局面。大体可以说，唐代前期，对外交通以陆道为主，而在唐代后期，则以海道为主。

---

　　① 张九龄：《开凿大庾岭路序》，《曲江张先生文集》卷一七。
　　② 《资治通鉴》卷二一一《唐纪二七》，中华书局1956年版。

应该指出的是，上面讲的是总的趋势。事实上，在"安史之乱"发生后的一段时间内，受全国政局的影响，岭南和扬州地区也发生过动乱，各种势力互相攻击，有的乘机屠杀从事海外贸易的商人，没收他们的财产。①因此外国商船前来贸易的很少，如大历四年（769），"西域舶泛海至者，岁才四、五"②。到了德宗（780—804），情况才有较大的改变。由于唐朝政府的积极招徕，并将对外贸易中的种种弊端加以改革，因此，出现了"诸蕃君长，远慕望风，宝舶荐臻，倍于恒数"的繁荣景象。③"外国之货日至，珠、香、象、犀、玳瑁奇物，溢于中国，不可胜用。"④这种盛况，持续了一个世纪左右。到了9世纪70年代，黄巢起兵反对唐朝统治，他的队伍到处流动，一度攻占广州，杀死大批外国商人，给海外贸易带来很大的消极影响。在此前后，扬州、交州等与海外贸易有密切关系的地区也遭到战火的破坏。因此，在9世纪晚期，唐朝的海外交通趋于衰落。

总体来说，唐代海外交通是繁荣兴盛的。正是在这一时期，出现了稳定的由中国经马六甲海峡、印度洋到波斯湾和东非的航线。大食的商船沿着这条航线直驶中国，而唐朝的船舶也可直抵波斯湾内。这是前代不曾有过的。在东方，中国与日本列岛之间，出现了横渡东海的新航线，比原来迂回经过朝鲜半岛、山东半岛的航路大大缩短。南海航线和东方航线的变化，大大密切了中国和航线所经历的各国之间的关系。航线的变化也带来了海港城市

---

① 《旧唐书》卷一一〇《邓景山传》记，扬州战乱，"商胡大食、波斯等商旅死者数千人"。同书卷一二二《路嗣恭传》记，哥舒晃据岭南反，唐朝政府命路嗣恭讨之，"嗣恭平广州，商舶之徒，多因晃事诛之。嗣恭前后没其家财宝数百万贯，尽入私室，不以贡献"，中华书局点校本。

② 《旧唐书》卷一三一《李勉传》。

③ 王虔休：《进岭南王馆市舶使院图表》，《全唐文》卷五一五，中华书局1983年版。

④ 韩愈：《送郑尚书序》，《昌黎先生集》卷二一，《四部丛刊》本。

的繁荣。广州仍保持作为中国最重要海港城市的地位。扬州、交州匕景也很兴盛，泉州、明州开始兴起。此外还有一些港口。唐朝政府在广州设立了管理市舶也就是海外贸易的市舶使，这是中国历史上第一次出现这样的官职，它的出现，无疑是适应海外贸易发展的要求。与此相应，唐朝政府还制定了征收进口货物税的办法。稳定航线的形成，联系国家的增多，重要海港的确立，进口税则的制定，是唐代海外交通的特色，对于后代有极其重要的影响。在中国古代海外交通的发展过程中，唐代应该被看成一个关键性的时代。

五代十国时期，海外交通的形势又有所变化。分别控制岭南、福建和江浙的南汉、闽、吴越政权，为了增强自己的力量，都利用地理优势，积极开拓海外交通，发展海道贸易。宋神宗曾说："东南利国之大，舶商亦居其一焉。若钱、刘窃据浙、广，内足自富，外足抗中国（指中原地区的王朝——引者）者，亦由笼海商得法也。"[①] 南汉刘氏、吴越钱氏如此，闽王氏也是如此。闽王王审知"招徕海中蛮夷商贾"[②]。他的侄子王延彬知泉州，"多发蛮舶，以资公用，惊涛狂飙，无有失坏，郡人借之为利，号招宝侍郎"[③]。因此，唐末衰落的海外交通，得到了恢复，从而为此后的更大发展，准备了条件。

第二节　唐代海上航线和交往的国家、地区

唐代南海的交通路线，以贾耽的记载最详。贾耽（730—805），曾任鸿胪卿，负责各国往来朝贡，熟悉四邻山川风土。"凡

[①] 《续资治通鉴长编拾补》卷五，上海古籍出版社1986年版。
[②] 《新五代史》卷六八《闽世家》，中华书局点校本。
[③] （乾隆）《泉州府志》卷四《封爵》。

四夷之使及使四夷还者，必与之从容，讯其山川土地之终始。是九州之夷险，百蛮之土俗，区分指画，备究源流。"后来官至宰相。① 他的著作已佚，但《新唐书》卷四三下《地理志七下》中，保存了他有关当时"入四夷之路"的记述。贾耽所记路线有七条，内陆路五条，海路两条。

海路之一是"广州通夷道"：

> 广州东南海行，二百里至屯门山，乃帆风西行，二日至九州石。又南二日，至象石。又西南三日行，至占不劳山。山在环王国东二百里海中。又南二日行至陵山。又一日行，至门毒国。又一日行，至古笪国。又半日行，至奔陀浪州。又两日行，至军突弄山。又五日行，至海硖，蕃人谓之质。南北百里，北岸则罗越国，南岸则佛逝国。佛逝国东水行四、五日，至诃陵国，南中洲之最大者。又西出硖，三日至葛葛僧祇国，在佛逝西北隅之别岛，国人多钞暴，乘舶者畏惮之。其北岸则个罗国，个罗西则哥谷罗国。又从葛葛僧祇四、五日行，至胜邓州。又西五日行，至婆露国。又六日行，至婆国伽蓝州。又北四日行，至师子国。其北岸距南天竺国大岸百里。又西四日行，经没来国，南天竺之最南境。又西北经十余小国，至婆罗门西境。又西北二日行，至拔䫻国。又十日行，经天竺西境小国五，至提䫻国，其国有弥兰太河，一曰新头河，自北渤昆国来，西流至提䫻国北，入于海。又自提䫻国西二十日行，经小国二十余，至提罗卢和国，一曰罗和异国。国人于海中立华表，夜则置炬其上，使舶人夜行不迷。又西一日行，至乌剌国，乃大食国之弗利剌河，南入于海。小舟泝流，二日，至末罗国，大食重镇也。又西北陆行

---

① 《旧唐书》卷一三八《贾耽传》。

千里，至茂门王所都缚达城。自婆罗门南境，从没来国至乌剌国，皆缘海东岸行。其西岸之西，皆大食国。其西最南谓之三兰国。自三兰国正北二十日行，经小国十余，至设国。又十日行，经小国六、七，至萨伊瞿和竭国，当海西岸。又西六、七日行，经小国六、七，至没巽国。又西北十日行，经小国十余，至拔离谓磨难国。又一日行，至乌剌国，与东岸路合。

从汉代起，南海航线不断见于记载，大都是片断的、零散的，或比较简单的。只有到了唐代，才有上述完整的、详细的记载，这是中国海外交通也是中西交通的极其珍贵的文献。从上述记载可以看出，南海航线东起广州，经过中南半岛、马来半岛，通过马六甲海峡，进入印度洋；先后经历今斯里兰卡和印度次大陆，进入波斯湾；而另一条沿阿拉伯半岛航行的路线，则以东非为起点，在波斯湾中与上述主航线相接。这条横贯万里的东西航线的形成，是长期以来航海经验积累的结果，同时也是唐代海外交通兴旺发达所造成的。

这条航线在同时期的阿拉伯作家笔下也有记载。成书于9世纪中、后期的《道里邦国志》（作者伊本·胡尔达兹比赫，820/825—912），便记述了"从巴士拉出发，沿波斯海岸航行到东方的道路"，这条道路一直通向中国广州。[①] 差不多同时的《中国印度见闻录》（卷一作者佚名，卷二作者阿布·赛义德）卷一，叙述了从波斯湾的尸罗夫（Siraf）经过印度、爪哇、皮不牢山到广州的海上历程，可以和贾耽所记互相印证。在同书卷二中说，公元9世纪中叶，"从伊拉克去中国和印度的商人络绎不绝"。并记述一个名叫伊本·瓦哈卜的巴士拉人，从尸罗夫乘船漂洋过海到广州，

---

① 《道里邦国志》一书有宋岘译注本，中华书局1991年版。

又从广州到京师,觐见中国皇帝。① 可以认为,横贯东西的南海航线,是经过中国和其他国家的商人、水手,以及官员们的共同努力,才得以形成的。

贾耽所记南海航路,共举出国家、地区名三十余个。其中大多数都在航线的不同地段,起着重要的作用。在当时的条件下,海船不可能长期在大海中航行,必须不断在航行过程中靠岸休整、补充,才有继续前进的能力。南海航线的形成,与这些国家、地区的支持是分不开的。航线也为这些国家、地区带来了繁荣。这些国家、地区都与中国有着程度不等的联系。大体上,可以将南海航线分为四段。

第一段从广州出发,到马六甲海峡。这一段经历的国家和地区有屯门山(香港大屿山以北,今九龙半岛西北岸一带),九州石(海南岛东北之七洲列岛),象石(海南岛东南之大洲岛),占不劳山[今越南岘港东南的占婆(Champa)岛],环王国(即林邑),陵山(今越南东南部归仁一带),门毒国(今越南富安省东岸,另一说在归仁附近),古笪国(今越南芽庄),奔陀浪州(今越南南部藩朗),军突弄山(今越南昆仑岛),海硖(马六甲海峡),质[马来语海峡(Selat)的音译],罗越国(马来半岛南部),佛逝[(Vijaya)的音译,在今印尼苏门答腊岛],诃陵[(Kalinga)的音译,在今印尼爪哇岛]。从以上经历的国家和地区可知,海船出广州后,通过海南岛以东海面,由海南岛之南,转向越南中部。再沿海岸线南行,由越南南部,趋向马六甲海峡。历史上长期存在的在马来半岛中部弃船登岸、陆行再换船西行的路线,到唐代大概已经放弃。

---

① 《中国印度见闻录》有穆根来等译本,中华书局1983年版。后文所引皆为此版本,卷一即通常所说的《苏莱曼游记》。研究者认为,苏莱曼不过是提供情况者之一,并非真正的作者,见该书法译本序言(载中译本前)。关于巴士拉人到中国的叙述,见中译本第102—180页。

在这段航路上，佛逝和诃陵最为重要。佛逝也译作室利佛逝〔（Sri Vijaya）的音译，又作室利佛誓、尸利弗逝〕，兴起于7世纪，地理位置重要，北控马六甲海峡、南扼巽他海峡，是东西海上航线必经之地。它又有丰富的物产，"多金、汞砂，龙脑"①。有"金洲"之称。② 因而很自然成为南海航线上的枢纽，无论东来或西去的船只，常常在当地停留、休整、补充之后，再往前行。8世纪上半期，印度僧人金刚智来中国，"自师子国登舟，共三十五舟。一日，至佛逝，留五日，复由此登舟赴支那"③。著名的前往印度求法僧人义净在咸亨二年（671）从广州"与波斯舶主期会南行"，"未隔两旬，果之佛逝"。由佛逝再向西去。另一位智弘律师，则先到交州，在那里"随舶南游，至室利佛逝国"。又有无行禅师，"东风泛舶，一月到室利佛逝国"。大津法师，"泛舶月余，达尸利佛逝州"④。这些求法僧人都以佛逝为中转站。贾耽所述，自广州至马六甲海峡约为二十日，求法僧人的经历则有不到二十日、一月、月余之别。显然，二十日左右是顺风的航行时间，如果风向不顺，就可能花费更多的时间。诃陵的地位和佛逝差不多，不少海船从中国出发，先到诃陵，再过海峡西去。这从不少求法僧人的经历可以看出来。例如，常愍禅师，"附舶南征，往诃陵国"。明远法师，"振锡南游，届于交趾，鼓舶鲸波，到诃陵国，次至师子洲"。会宁律师"法舶至诃陵洲"，在当地译经三年，再往印度。⑤ 可以看出由东向西的海船，都要先在佛逝或诃陵停留，再往西行。同样，由西向东的海船，在经过马六甲海峡以后，也要在这两处地方，进行休整，然后扬帆向东北行。义净从印度回

---

① 《新唐书》卷二二二下《南蛮下·室利佛逝》。
② 王邦维：《大唐西域求法高僧传校注》，中华书局1988年版，第238页。
③ 圆照：《贞元释教录》卷一四《金刚智传》，《大正大藏经》本。
④ 王邦维：《大唐西域求法高僧传校注》，第152、182、207页。
⑤ 同上书，第51、68、76页。

国,便在佛逝停留。阿拉伯作家也不止一次提到佛逝,《中国印度见闻录》卷二说,该地与中国之间的距离"经海路有一个月的行程。如果顺风,时间还可以缩短一些"①。和中国的记载可以相互印证。

佛逝、诃陵的首领曾多次派遣使节来中国。佛逝在"咸亨至开元间(670—741),数遣使于朝"②。玄宗天宝元年(742),封佛逝国王为宾义王,授右金卫大将军。诃陵与唐朝的交往更早于佛逝,太宗贞观十四年(640)即已遣使前来。安史之乱后,佛逝的使节不见于记载,而诃陵仍不时前来。9世纪以后,诃陵改称阇婆(Yava),而佛逝则于10世纪初改称三佛齐(Samboja)。阇婆和三佛齐继续向唐派遣使节,彼此的政治联系也是相当密切的,这显然是出于双方海上交通和彼此贸易的需要。

唐代文献中涉及这一段交通路线时曾提到郎迦(又作郎加成),这就是南朝时的狼牙修,位于马来半岛南半部。唐代求法僧人中,义朗律师等,"附商舶,挂百丈,陵万波,越舸扶南,缀缆朗迦成,蒙郎迦成国王待以上宾之礼"。后由此"附舶向师子国"。道琳律师"鼓舶南溟,越铜柱而届朗迦,历诃陵而经裸国"③。"扶南"此时已灭,此名用来指今越南的南部。"铜柱"则用来指交州。可以认为,当时的航线,除了贾耽所记由今越南南部直接前往佛逝或诃陵之外,还存在另一条航路,即由越南南部沿逻罗湾海岸行,先到郎迦,再南下到佛逝或诃陵。这后一条航线大概是由来已久的,但所需时间较长,所以比起前一条路线来,

---

① 《中国印度见闻录》中译本,第109页。原文说爪哇(一译"阇婆格")与中国之间有一个月的航程,爪哇王管辖许多岛屿,其中之一是萨尔巴札(Sarbaza)即佛逝。按,在阿拉伯文献中常以爪哇("阇婆格")指整个佛逝王国,而以佛逝指王国的核心地区苏门答腊南部一带。

② 《新唐书》卷二二二下《南蛮下·室利佛逝》。

③ 王邦维:《大唐西域求法高僧传校注》,第72、132页。

已居次要地位了。贾耽只记录主要航线，便将它忽略了。

还有一些国家，在这一段航线范围内，但不在主要航线上，所以也被贾耽略去，不曾记载。例如真腊，隋代已见记载，唐代遣使入贡不下二十次，交往是很密切的。见于前代记载而在唐代继续联系的还有婆利、单单（即丹丹）、盘盘等。此外还有甘毕、甘棠、婆罗、致物、堕和罗钵底、多摩长、堕婆登等。

第二段出马六甲海峡，到印度次大陆。贾耽记载这一段的国家和地区有葛葛僧祇［苏门答腊岛东北之伯劳威斯（Brouwers）群岛］，个罗［Kalah，又作哥罗，在马来半岛西岸之吉打（Kedah）一带］，哥谷罗（Kakula，马来半岛西岸），胜邓州（苏门答腊岛东北岸），婆露国（苏门答腊岛西北之 Breueh 岛，又名 Bras 岛），婆国伽蓝州［尼科巴（Niobar）群岛］，师子国（今斯里兰卡），南天竺（印度南部），没来国［Male，今印度西南奎隆（Quilon）］，婆罗门（亦指印度），拔䬡（今印度西部 Broaeh，位坎贝湾之东），弥兰大河（即印度河，阿拉伯语称为 Nahr Mihran），提䬡［今印度西北海岸第乌（Diu）］。

在这段航线中，有两个国家的地位特别重要。它们是个罗、师子国。个罗在义净作品中称为羯荼，在当时是一个重要的国际贸易港，在阿拉伯的文献中常见记载。《中国印度见闻录》卷二说它"位于中国与阿拉伯的中央"，"是商品的集散地，交易的物产有：沉香、龙脑、白檀、象牙、锡、黑檀、苏枋木、各种香料以及其他种种商品"；"从阿曼到个罗，从个罗到阿曼，航船往来不绝"。① 而据另一种文献记载，"个罗国位于前往中国的半途。目前，该城是锡拉夫（即尸拉夫——引者）和阿曼等国伊斯兰大商船的汇集点，在这里与中国商船相遇。过去的情况则不同；中国的船只直接驶往阿曼、锡拉夫、波斯沿岸、巴林沿岸、奥博拉和

---

① 《中国印度见闻录》中译本，第109页。

巴士拉等国，同时，这些国家的船只也直接驶向中国。后来，各总督的裁决失去信任，他们的企图丧失了公正性，中国的情况已发生变化……从那时起，各国商船便选择了这个中转地点进行接触"[1]。这种变化应发生在9世纪后期和10世纪初。从这些叙述可以看出个罗在当时海道贸易中的特殊地位。师子国在7世纪以前是南海航线上的主要中转站，7—10世纪仍然起着重要作用。上面提到，印度僧人金刚智来中国，先到师子国，从师子国登舟东来，同时出发的有三十五舟。可以想见师子国海上交通之盛。8世纪上半期前往印度求法的新罗僧人慧超说，大食、波斯"常于西海泛舶入南海，向师子国取诸宝物，所以彼国云出宝物"[2]。说明大食、波斯常到师子国从事贸易活动。唐代的记载说，"南海舶……师子国的最大，梯而上下数丈，皆积宝货"[3]。师子国人在广州"往来居住"[4]。师子国地位重要，一是由于它的中转作用；二是由于它有丰富的物产，主要是宝石，还有珍珠、沉香等，在阿拉伯文献中常常提到。没来位于印度次大陆西南，是大食、波斯东来必经之地，中国的商船西行也需在此停泊。据《中国印度见闻录》卷一记载，这个地方对中国船只和其他船只都征收关税。此事本身便足以说明当地进出的商船肯定不在少数。记载又说，"每艘中国船交税一千个迪尔汗，其他船只仅交税十到二十个迪纳尔"。迪尔汗（dirhems）是银币，迪纳尔（dinar）是金币，一千迪尔汗等于五十迪纳尔，显然对中国船收税比其他船重得多，这可能因为中国船货物贵重，也许是中国船的体积和载重量大。[5]

---

[1] 马苏第：《黄金草原》，见［法］费瑯编《阿拉伯波斯突厥人东方文献辑注》，耿昇、穆根来译，中华书局1989年版，第114页。
[2] 《往五天国传》，《敦煌石室遗书》本。
[3] 李肇：《唐国史补》卷下，《津逮秘书》本。
[4] 真人元开：《唐大和上东征传》，汪向荣校注本，中华书局1979年版，第74页。
[5] 《中国印度见闻录》中译本，第8、43—44页。

从贾耽的记载来看，海船出海峡后，便由葛葛僧祇经胜邓州、婆露国、婆国伽蓝州到师子国。也就是沿苏门答腊岛西北行，经尼科巴群岛，到今斯里兰卡。由斯里兰卡转向印度次大陆，沿海岸线行，由南而西北。但从当时来往于海上的中、印僧人经历来看，这一段海路的航线并非只此一条。以义净为例，他从佛逝出发，先到末罗瑜国，转向羯荼，从羯荼经裸人国，"从兹更半月余，望西北行，遂达耽摩立底国，即东印度之南界也"。末罗瑜即今苏门答腊岛占碑（Jambi）一带。羯荼即个罗，裸人国指尼科巴群岛，而耽摩立底国则是梵文 Tamralipti 的音译，在今印度西孟加拉邦境内，为东印度的重要港口。另一位无行禅师，从佛逝"乘王舶，经十五日，达末罗瑜洲。又十五日到羯荼国。至冬末转舶西行，经三十日，到那伽钵亶那，从此泛海二日，到师子洲，观礼佛牙。从师子洲復东北，泛舶一月，到诃利鸡罗国。此国乃是东天之东界也，即赡部洲之地也。"[①] 那伽钵亶那（梵文 Nagapatana 的音译）是古印度重要港口，在今印度泰米尔纳德邦纳加帕蒂南（Nagapattinam）。诃利鸡罗（梵文 Harikela）今地说法不一，有人认为在印度东部奥里萨邦境内，有人认为在今孟加拉国沿海一带。从他们的行程来看，都是在出海峡以后，先到位于马来半岛中部的个罗（羯荼），再由那里到印度的。义净的旅行经过裸国，也就是贾耽所说的婆国伽蓝州，今天的尼科巴群岛。这个地方在当时中国、阿拉伯记载中都有记述。义净说岛上"丈夫悉皆露体，妇女以片叶遮形，商人献授其衣，即便摇手不用"，因而有裸人国之称。《中国印度见闻录》卷一记述朗迦婆鲁斯岛（Langabalous）人口众多，除女人用树叶遮羞外，无论男女老幼都是赤身裸体。"当船舶一靠近，他们便乘着大小船支蜂拥而来，用琥珀和椰子来换铁器；他们不需要衣服，因为这里

---

① 王邦维：《大唐西域求法高僧传校注》，第 152—192、182 页。

既不冷也不热。"① 但义净在经过裸人国后,即向西北行,直接到东印度,没有前往师子国。而无行则由个罗(羯荼)直接到东印度或孟加拉,他前往师子国是为了"观礼佛牙",而不是出于行程的需要。显然,船只在经过马六甲海峡以后,既可以沿苏门答腊岛而行,经尼科巴群岛,到斯里兰卡,再转赴印度次大陆;也可以北上,先到今马来半岛中西部,再到尼科巴群岛,由此北上到印度次大陆;还可以由马来半岛中西部直接到印度次大陆。可以认为,个罗在海上交通中的地位,至少与师子国相等,而且可能已经超过了后者。

第三段离开印度次大陆,进入波斯湾头。贾耽记这一段的国家和地区有:提罗卢和国〔今伊朗西部的阿巴丹(Abadhn)〕,乌剌国(阿巴丹西北),弗利剌河(幼发拉底河),末罗国〔今伊拉克巴士拉(Basna)〕,缚达〔今伊拉克巴格达(Baghdad)〕。

上面介绍"个罗"时引用的阿拉伯文献,说明中国商船在这一时期已进入波斯湾,可与贾耽的这一段记载互相印证。贾耽说:"自婆罗门南境,从没来国至乌剌国,皆缘海东岸行。"也就是沿印度次大陆西部海岸线进入波斯湾,再沿伊朗西部海岸线航行,直抵波斯湾头。遗憾的是,在离开提𦬼到提罗卢和之间是一段相当长的路程,有"小国二十余",但贾耽没有记下它们的名字。据《中国印度见闻录》记载,当时波斯湾中有一个重要的港口尸罗夫(Siraf),它在今伊朗法尔斯省的塔昔里(Tahiri)一带,位于波斯湾的中部。由于幼发拉底河和底格里斯河冲积泥沙所形成的浅滩造成的困难,使体积比较庞大的中国船往往难以直抵波斯湾头,阿拉伯商人将货物"从巴士拉、阿曼以及其他地方运到尸罗夫,大部分中国船在此装货:因为这里巨浪滔滔,在许多地方淡水稀

---

① 《中国印度见闻录》中译本,第5、8页。

少"①。阿拉伯文献既证实了贾耽记载的可靠，又可以补充它的不足。

第四段从波斯湾头到非洲东部。贾耽所记国家和地区有：三兰国［今坦桑尼亚之达累斯萨垃姆（Dares Salaam）的音译］，设国［也门之席赫尔（Shihr）］，萨伊瞿和竭国（在今阿拉伯半岛东南岸），没巽国［今阿曼苏哈尔（Sohar），古代波斯语 Mezoen 之译音］，拔离谓磨难国［波斯湾中之巴林（Bahrain）岛］。

这一段路程，被贾耽称为"西岸路"，这是相对于以上"缘海东岸行"而言的。贾耽所说的"海"，就是波斯湾。"西岸路"实际上是沿阿拉伯半岛航行的连接东非和波斯湾的航路。这段航路在波斯湾内与上述第三段航线相接，这样，便形成了由中国到东非的横贯东西的海上大动脉。贾耽的记载，说明这条航线在当时已是相当稳定的。无论在中国的海外交通史上，或是在世界的历史上，这条海上大动脉的最终形成，都应视为重要的事情。它对于亚非各国的经济、文化交流，具有划时代的意义。

《中国印度见闻录》卷一记载，商船从尸罗夫出发，便来到阿曼的苏哈尔和马斯喀特，然后从马斯喀特开往故临，也就是没来。② 由此看来，海船进入波斯湾的航路与驶离波斯湾的航路是不同的。苏哈尔（即没巽）和马斯喀特两处，成为阿拉伯半岛上的重要港口。遗憾的是，马斯喀特在贾耽的记载中没有出现。

以上说的是南海航线。在东方，日本与唐朝的联系是很频繁的。日本孝德天皇（645—654）即位后，以"大化"为年号，积极仿效唐朝的制度，进行改革，这就是日本历史上著名的"大化革新"。"大化革新"后，不再称"倭"，而以"日本"为国名。为了学习唐朝的典章制度，日本先后派"遣唐使"十五次（内有

---

① 《中国印度见闻录》中译本，第7页。
② 同上书，第7—8页。

两次未成行），"迎入唐使"一次，"送唐客使"三次。"遣唐使"一行人员很多，一般二三百人，多的五六百人。"遣唐使"又是贸易使团，除了以进献和赏赐的名义与唐朝政府交换物品之外，还大量购买中国的各种物品。到了9世纪后期，由于唐朝内乱不断，国势衰弱，日本就不再派"遣唐使"了。

隋朝使节到日本，先由陆路到朝鲜半岛南部的百济，再渡海经壹支（今壹岐岛）、竹斯（今筑紫岛），然后到达日本本土。这仍是南北朝时期的航线。唐代，前往朝鲜半岛的交通路线，有陆道，也有海道。据贾耽记载，陆道称为"营州入安东道"，海道称为"登州海行入高丽、渤海道"。渤海是建立在今东北地区的一个王朝，控制了辽东半岛一带沿海地区，这条海路即由登州（今山东蓬莱）出发，横渡渤海海峡，然后沿辽东半岛东南海岸线和朝鲜半岛西海岸线航行，到唐恩浦口（今仁川南）登陆上岸，"乃东南陆行，七百里至新罗王城（今朝鲜半岛东南庆州）"[①]。日本"遣唐使"应是先渡海到新罗王城，然后再循上述路线到登州登陆。9世纪30年代，前往中国的日本僧人圆仁在登州开元寺看到"遣唐使"的题名，便是这条航线的证据。[②] 这条航线还向中国的南方延长，据圆仁记载，9世纪30年代日本"遣唐使"回国时，在楚州（今江苏淮安）新罗坊雇新罗船九艘，取道新罗回国。而圆仁本人则在9世纪40年代由登州横渡渤海海峡，再沿朝鲜半岛西海岸线南下，经聃罗国（今济州岛）回国。[③] 可见，这条海上航线把中国与朝鲜半岛、日本列岛连接了起来。而新罗的海船显然在这条航线上扮演着重要的角色。

除了上述航线之外，从公元8世纪开始，日本人积极寻求新

[①] "登州海行入高丽、渤海道"是贾耽记述的七条"入四夷之路"中的一条，见《新唐书》卷四三下《地理志七下》。

[②] 《入唐求法巡礼行记》，《大日本佛教全书》本。

[③] 同上。

的航线，这一方面是因为在新罗统一朝鲜半岛中南部（660）以后，日本与新罗的关系有所恶化；另一方面则因为南方一些岛屿相继归附，使日本人对海上情况有更多的了解。新的航线从日本难波的三津浦（今大坂市三津寺町）出发，沿濑户内海西下，在大津浦（今福冈）停泊。再由大津浦出海，沿九州岛南下，经过南方的益救岛（屋久岛）、奄美岛、阿儿奈波岛（冲绳岛）等，到达中国江浙一带，8世纪后半期，又开辟了新的航线，即从大津浦出发，到值嘉岛（今平户岛和五岛列岛），在那里遇到顺风，便横渡东海，到中国南方。在9世纪，值嘉岛已成为日本与唐朝交通的要地，与新罗的交往，有时也经过这里。这条航路比起经过南方岛屿的航路来说，航程最短，中间没有可以停泊的港口，遇到顺风，只需十日左右，即可到达中国南方。东方新航线的出现，标志着中国与日本之间联系的新阶段来临。①

第三节　隋唐五代十国时期的港口和贸易物品

　　海外交通的发展，必然带来海港的繁荣。唐代，最繁荣的海港城市是面向南海航线的广州，其次则是扬州、交州、福州等。唐文宗太和八年（834）的一件关于对"南海蕃舶"加以"矜恤"的诏书中，要求各地政府官员对"岭南、福建及扬州蕃客""常加存问。"② 反映出这几处地方是海外商人集中之地。在阿拉伯地理文献中常常提到的是广州。伊本·胡尔达兹比赫的《道里邦国志》一书，在"通向中国之路"中提到四个港口，即鲁金（Lūqin）、汉府（Khānfū）、汉久（Khānjū）、刚突（Qāntū）。③ 一般认为，鲁

---

① ［日］木宫泰彦：《日中文化交流史》，第62—95页。
② 《太和八年疾愈德音》，《唐大诏令集》卷一〇，商务印书馆1958年版。
③ 《道里邦国志》中译本，第71—72页。

金即交州匕景，汉府即广州，汉久即福州，刚突是扬州。

广州由于其本身具有的地理条件，很早便已成为对外交通的海港城市，在吴、晋、南朝时代有所发展，具有相当的规模。进入唐代以后，随着南海航线的拓展，它进一步繁荣起来。在安史之乱以前，"每岁有昆仑舶"，来到广州，"以珍物与中国互市"。[①] 鉴真曾在广州江中见到"不计其数"的婆罗门、波斯、昆仑商船，已见前述。婆罗门即印度，昆仑泛指东南亚一些海岛国家。著名求法僧人义净在广州附"波斯舶"西行，两次由佛逝回国，均在广州登陆。他的经历，反映出广州在南海交通中处于特殊地位。安史之乱发生后，岭南地区在一段时间内也动乱不断，广州数次遭受战祸，不少海舶商人被杀戮，海外交通一度萧条。8世纪末，唐朝政府为了增加财政收入，对广州的海外贸易特别重视，再加上南方社会经济的发展所提供的物质条件，便使广州的对外交通，出现了一个前所未有的兴盛局面。"其海外杂国若耽罗、流求、毛人、夷亶之州，林邑、扶南、真腊、乾陀利之属，东南祭天地以万数，或时候风潮朝贡，蛮胡贾人舶交海中。""外国之货日至，珠、香、象、犀、玳瑁奇物溢于中国，不可胜用。"[②]

由于海外交通的繁荣，许多外国商人、水手在广州居留，出现了"广人与夷人杂处"的局面。[③] 有些"蕃商"还在广州"列肆而市"，长期落户。[④] 逐渐在广州形成了外国人集中的地区。当时习惯把在广州居留的外国人称为"蕃客"，而外国人集中居住的地区就称为"蕃坊"。[⑤] 玄宗开元二十九年（741），印度来华僧人

[①] 《旧唐书》卷九八《王方庆传》。
[②] 韩愈：《送郑尚书序》，《韩昌黎集》卷二一，《四部丛刊》本。
[③] 《新唐书》卷一五一《王锷传》。
[④] 王虔休：《进岭南王馆使院图表》，《全唐文》卷五一五。
[⑤] 顾炎武：《天下郡国利病书》，第一九册，《广东下》引《投荒录》："顷年在广州蕃坊，献食多用糖蜜、脑、麝，有鱼俎，虽甘香而腥臭自若也。"《投荒录》作者房千里，此书应作于9世纪中期，已佚。《天下郡国利病书》，《四部丛刊》本。

不空回国，"及将登舟，采访使（刘巨邻——引者）召诫番禺界蕃客大首领伊习宾等曰：今三藏（指不空——引者）往南天竺、师子国，宜约束船主，好将三藏……等达彼，无令疏失"①。由此可知，当时还设有"蕃客大首领"一职，承担者显然也是蕃客，负有"约束"蕃舶的责任。唐代后期的记载提到，当蕃舶到来时，"郡邑为之喧阗，有蕃长为主领"②。又，唐昭宗天祐元年（904）六月，"授福建道三佛齐国入朝进奉使都蕃长蒲诃栗为宁远将军"③。"蕃长""都蕃长"与"蕃客大首领"显然是一回事。阿拉伯文献《中国印度见闻录》卷一记载，"在商人云集之地广州，中国官长委任一个穆斯林，授权他解决这个地区各穆斯林之间的纠纷；这是照中国君主的特殊旨意办的"④。这里所说的无疑就是蕃长制度。按照唐朝的法律，"诸化外人，同类自相犯者，各依本俗法。异类相犯者，以法律论"⑤。上面所说中国官长授权蕃长解决伊斯兰教徒之间的纠纷，应即指此而言。

唐代把海外贸易称为"市舶"。"市舶"原意是互市之舶，即从事交易的海船，后来泛指海外贸易活动。至迟到玄宗开元二年（714），唐朝已在广州设置了市舶使，管理当地的海外贸易。⑥市舶使的机构大概是市舶使院。⑦市舶使有时由广州地方长官兼任，但更多则由宦官充当，这是因为皇帝宫廷需要大量海外货物之故。市舶使又称押蕃舶使，外国进贡的使节来到广州，都由他接待管理。"唐制，岭南为五府……其外大海多蛮夷，由流求、诃陵，西

---

① 《高僧传》卷一。
② 李肇：《唐国史补》卷下，上海古典文学出版社1957年版。
③ 《唐会要》卷一〇〇，中华书局1957年版。
④ 《中国印度见闻录》中译本，第7页。
⑤ 《唐律疏议》卷六《名例》，中华书局1983年版。
⑥ 《旧唐书》卷八《玄宗纪》："（开元二年十二月丑），时右威卫中郎将周庆立为安南市舶使……""安南"应是"岭南"之误。
⑦ 参见李庆新《论唐代广州的对外贸易》，《中国史研究》1992年第4期。

抵大夏、康居，环水而国以百数，则统于押蕃舶使焉。……外之羁属数万里，以译言致宝，岁帅贡献。"① 但市舶使的主要职责，则是征收市舶税。太和四年（830）的诏书中说，对于各地蕃客，"除舶脚、收市、进奉外，任其来往，自为交易，不得重加率税"②。所谓"舶脚"，应是按海船大小征收的进口货物税。文学家韩愈在一篇墓志铭中写道："蕃舶之至，泊步有下碇之税。"③ 与"舶脚"大概是一回事。"收市"则是政府在进口货物中强行收购一部分，"收市"所得，主要供宫廷和政府机构消费之用。"收市"的比例在中国文献中缺乏记载，据《中国印度见闻录》卷一说："海员从海上来到他们的国土，中国人便把商品存入货栈，保管六个月，直到最后一船海商到达时为止。他们提取十分之三的货物，把其余的十分之七交还商人。这是政府所需的物品，用最高的价格现钱购买，这一点是没有差错的"④。如果这一说法确实，那么"收市"的比例是十分之三。

至于"进奉"，则是商人向皇帝进贡的货物。由"舶脚""收市""进奉"组成的市舶税，应是唐代中期以后的制度。而在唐代前期，可能只有"收市"之法（见本章第一节）。市舶税制的变化，反映出海外贸易的发展，以及政府对海外贸易管理的加强。

9世纪70年代，爆发了黄巢领导的民众大起义。黄巢领导起义队伍，流动作战。僖宗乾符五年（878），率部由北而南，次年，黄巢向唐朝政府上书，要求给予广州刺史官职。唐朝官员讨论，左仆射于琮认为，"广州市舶宝货所聚，岂可令贼得之"。便加以拒绝，改授他官。⑤ 由此可以看出，广州市舶对于唐朝政府来说，

---

① 柳宗元：《岭南节度乡军堂记》，《柳河东集》卷二六，《四部丛刊》本。
② 《太和八年疾愈德音》，《唐大诏令集》卷一〇。
③ 《孔公墓志铭》，《韩昌黎集》卷三三。
④ 《中国印度见闻录》中译本，第25页。
⑤ 《资治通鉴》卷二五三《唐纪六九》。

已具有重要的意义。同年九月，黄巢攻克广州。据同时代的阿拉伯文献记载，黄巢队伍曾对广州居民进行屠杀，"不计罹难的中国人在内，仅寄居城中经商的伊斯兰教徒、犹太教徒、基督教徒、拜火教徒，就总共有十二万人被他杀害了"[①]。黄巢队伍对这些外来商人进行杀戮，可能因为他们参加了抵抗，也可能出于穷人对财富的仇恨。同一记载中说："这四种宗教徒的死亡人数所以能知道得这样确凿，那是因为中国人按他们人'头'数课税的缘故。"也就是说，这个数字是确有根据的。由这个数字，可以想见当时广州蕃客之多，以及海外贸易的兴旺。而经过这一次事件以后，广州的海外贸易便趋于衰落。黄巢起义在僖宗中和四年（884）失败，唐朝的国势也因此衰弱，广州的官员利用自己的权力，对海商任意敲诈勒索，"为了这个缘故……连航行中国的海路也阻塞不通了"[②]。后来刘氏兴起，建立南越国，重视海外贸易，注意笼络海商，广州的海外交通逐渐得到恢复。

隋代在今越南北部设交趾郡。唐代初期改为交州总管府，后改安南总管府。"南海、交趾，各一都会也，并所处近海，多犀、象、玳瑁、珠玑，奇异珍璋，故商贾至者，多取富焉。"[③] 隋唐时期，这一地区仍是南海航线东端出海和登陆的重要地点。唐代前期，明远法师"振锡南游，届于交趾。鼓舶鲸波，到诃陵国。"与他同行的有交州人窥冲法师。又有昙闰法师，"渐次南行，达于交趾。住经载稔，缁素钦风。附舶南上，期西印度。至诃陵北渤盆国，遇疾而终，年三十矣"。他们都以交阯（趾）为出海地点。又有会宁律师，"泛舶至诃陵洲"，在当地译出经典，"遂令小僧运期奉表赍经，还至交府，驰驿京兆，奏上阙庭，冀使未闻流布

---

① 《中国印度见闻录》，第 96 页。
② 同上书，第 98 页。
③ 《隋书》卷三一《地理志下》。

中夏。运期从京还达交阯，告诸道俗，蒙赠小绢数百匹，重诣诃陵"。运期出海和归国，都由交阯。① 唐代这一地区的主要海港是匕景（比景）。"整帆匕景之前，鼓浪诃陵之北"；"适马援之铜柱，息匕景而归唐"；海路去回均由匕景。② 唐朝的匕景在今越南的横山附近。

广州和交州匕景都是唐朝面向南海航线的港口。"南海舶，外国船也，每岁至安南、广州。"③ 但在这一时期，交州在海外交通中的地位，已远不及广州。公元8世纪末，一度出现"海舶珍异，多就安南市易"的现象。"广州素为众舶所凑"，为什么海舶会"舍近而趋远，弃中而就偏"，向安南港口转移呢？用唐朝官员的话来说，"若非侵刻过深，则必招怀失所"。④ 交州与广州距离较近，所以广州的海船遇到不公正待遇时，很容易便往交州转移。而当广州的市舶管理得当，海船大多就会趋向广州。在一定意义上，可以说交州和广州的海港，存在互补的关系。在交州与广州之间的航道上，"水路湍险，巨石梗涂"，几任安南都护都设法开凿，最后由高骈在咸通八年（867）完成。原来这条航道"多覆巨舟"，开凿以后，两地的航行更为方便，这对两地的海外交通，都有积极的作用。⑤

扬州是唐代南方最大的商业都市，也是重要的港口。当时的扬州，离长江口岸不远，直接面向海洋。隋朝开凿大运河以后，扬州成为连接南北的枢纽，交通发达，商业繁荣。这些地理环境上的优势，吸引许多外国商人的到来。因此，在唐代，扬州成为

---

① 王邦维：《大唐西域求法高僧传校注》，第68、97、76—77页。
② 同上书，第143、206页。
③ 李肇：《唐国史补》卷下。
④ 《资治通鉴》卷三三四《唐纪五十》。陆贽：《论岭南请于安南置市舶中使状》，《翰苑集》卷十八，《四部丛刊》本。
⑤ 《新唐书》卷二三四下《高骈传》。孙光宪：《北梦琐言》卷二《高骈开海路》，上海中华书局1960年版。

一个国际性的都市。它在东方航线中起着重要作用。唐代中期，著名僧人鉴真前往日本，便是在扬州出海的。8世纪30年代日本僧人圆仁来中国，也曾在扬州登陆。扬州在唐代是"蕃客"集中居住之地，仅次于广州。"蕃客"中有许多大食人、波斯人。其中有的是通过陆路来的，有的则是通过海道来的。安史之乱后不久，扬州的一次动乱中，"商胡大食、波斯等商旅死者数千人"[①]。由此可以想见"蕃客"之多。而前引太和八年（834）对"南海蕃舶"加以"矜恤"的诏书，将扬州与广州并列，亦可证明由海道前来的"蕃客"不在少数。由于大批海舶的不断到来，扬州成为国外进口香药和珍宝的重要集散地。鉴真前往日本时，就在扬州采购了许多香料和药材。

8世纪中叶，唐朝政府开凿了大庾岭道路，使广州进口的货物可以顺利地通过江西，运到扬州，再由扬州经过运河和长江，分散到京师长安和其他地区。广州进口货物亦以香药为主，其次是各类珍宝异物。对于海道进口货物的流通来说，扬州处于举足轻重的地位。

福州位于今福建省北部闽江入海处，历来是福建的政治、经济中心，隋唐时期，福建的行政建置有许多变化。隋初设泉州，管辖今福建大部分地区，后改为闽州。唐初，又称泉州。后分出南安等县立武荣州。景云二年（711）改武荣州为泉州，而原泉州改称闽州。开元十二年（725），闽州改福州。自此，泉州、福州的名称才确定下来。唐代福州在对日本的交通中起相当的作用。天宝三年（744），鉴真为去日本，曾遣人"往福州买船，具办粮用"，准备从当地出海。后来虽因故未能成行，但福州是面向日本的海港，由此可见。

贞元二十年（804），日本遣唐使船一艘，在福州长溪县登陆。

---

① 《旧唐书》卷一一〇《邓景山传》。

船中有遣唐使藤原葛野麻昌和日本名僧空海（日本真言宗创始人）。长溪县即今福建霞浦，登陆地赤岸，是一处优良的港湾，可以视为福州的外围港。使船因风漂泊，来到此处，并非偶然。① 接着便由长溪赤岸前往福州。大中七年（853），日本僧人圆珍附舶主钦良晖海舶，抵福州连江。这些都可以作为福州港与日本交通的证据。前引太和八年（834）有关"南海蕃舶"的诏书中提到福建，应指福建经略使（节度使、观察使）的治所而言，即福州。② 而由这份诏书可知，福州和广州、扬州一样有不少来自"南海"的蕃客。

五代十国时期，王审知据有福建，建立闽国，以福州为都。他积极发展海外贸易，"招徕海中蕃夷商贾"③。闽国大臣张睦，"领榷物务。睦抢攘之际，雍容下士，招来蛮夷商贾，敛不加暴，而国用日以富饶。"④ 闽开平四年（910），王审知命人"聘于南海"。显然是为了开展海道贸易。⑤ 当时由海道来到福州与闽交往的南海国家，有三佛齐、占城等。"佛齐诸国虽同临照，靡袭冠裳，舟车罕通，琛赆罔献。□者亦逾沧海，来集鸿胪。"⑥ 天福十年（945）占城人金娑啰捐钱修龙德外汤院。⑦ 此外，闽国与朝鲜半岛上的新罗、高丽亦有往来。也是通过福州港进行的。福州港

---

① 关于空海在长溪登陆的情况，可参见陈国强主编《空海研究》，华夏出版社1990年版。
② 《道里邦国志》中汉久（Khanju）地望各家意见不一。有泉州、福州、明州、杭州等说。其中以福州说较为合理，此说由韩振华教授提出，苏基朗加以阐发，详见苏氏《九世纪阿拉伯文献所载 Djanfou 地望考辨》，载《唐宋时代闽南泉州史地论稿》，台湾商务印书馆1991年版。Djanfou 是 Khauju 的另一种转写形式。唐代"福建"一名不可能用来指泉州，详见苏文。
③ 《新五代史》卷六八《闽世家》，中华书局点校本。
④ 吴任臣：《十国春秋》卷九五《张睦传》，中华书局1983年版。
⑤ 吴任臣：《十国春秋》卷九○《太祖世家》。
⑥ 于竞：《王审知德政碑》，载《闽中金石略》卷四，《菽庄丛书》本。
⑦ 《淳熙三山志》卷三三《寺观类一·僧寺》，明崇祯刊本。

在五代十国时期有更大的发展。

广州、扬州、交州匕景、福州，是唐代的四个主要港口。此外，还有泉州、明州、海州、登州等。

泉州地处福建南部晋江流域。行政建置的变化已见上述。泉州在前代已是一个对外的海港。安史之乱后，福建南部经济有较大的变化，人口增多，手工业进步，农田水利改善，为海外贸易的开展准备了必要的物质条件。而南海航线和东方航线的繁荣，要求在沿海地区开辟更多的港口；泉州所处地理位置，在扬州、明州、广州诸港的中间，可以与两大航线发生联系。因此，在唐代后期，它便逐渐兴盛起来。唐代后期诗人包何的《送泉州李使君之任》诗，有"云山百越路，市井十州人"，"执玉来朝远，还珠入贡频"之句。① 说明泉州居民中有外国人，并有外国使节在这里登岸。五代十国中南汉国的创立者刘隐，"其祖安仁，上蔡人，后徙闽中，商贾南海，因家焉"②。刘隐的祖墓在南安（泉州属县），可知应是以泉州港为基地的从事海外贸易的商人。刘隐祖父的活动时代在唐代后期，可以作为泉州港在此期间兴盛的证据。③ 五代十国时期，王氏在经营福州的同时，也积极开拓泉州的海外交通。王审知之侄王延彬任泉州刺史，"每发蛮舶，无失坠者，人因谓之招宝侍郎"④。公元946年起，留从效、陈洪进占有泉州，继续发展海外交通，宋朝建立后，陈洪进进贡大批香料、药材、珍宝，其中一次即有乳香万斤，象牙三千斤，龙脑香五斤。⑤ 这些物资显然都是通过对南海诸国的贸易活动中得到的。

---

① 《全唐诗》卷二八〇，中华书局1965年版。
② 《新五代史》卷六五《南汉世家》。
③ 参见[日]藤田丰八《南汉刘氏祖先考》，载《中国南海古代交通丛考》，何健民译，商务印书馆1935年版。
④ 佚名：《五国故事》，《知不足斋丛书》本。
⑤ 《宋史》卷四八三《陈洪进传》，中华书局点校本。

唐代明州在今浙江东部沿海地区，当时州治鄞县，即今浙江宁波。明州及其周围地区，盛产丝绸和瓷器，可以用于出口贸易。明州港湾优良，便于停泊，内陆交通便利，便于进出口货物的转运。明州作为对外海港的兴起，与东方航线的变化有着密切的关系。横渡东海的东方航线出现后，明州由于地理位置的适宜，很自然地便成为对日本交通的重要港口。中国史籍记载，"新罗梗海道，更繇明、越州朝贡"[①]。指的就是这一情况。德宗贞元二十年（804），日本遣唐使一行乘船四艘，一艘在明州登陆，另一艘漂至福州长溪，另两艘不详。使团后来由明州回国。参与这一使团来华的空海，则在宪宗元和元年（806）自行归国，也是由明州出发的。遣唐使停止后，来往于中、日之间的商船所出入的中方港口，记载可考的，以明州最多。[②] 五代十国时期，据有江浙之地的吴越国与日本、高丽都通过海道有所来往，主要应是以明州为出入港口的。后唐末帝清泰二年（935），明州僧人子麟曾到高丽、日本等国传授天台教法，后来高丽国王派使臣李仁旭（一作李仁日）陪送他回到明州，吴越王钱镠在明州为子麟及其徒众建造寺院。[③] 便是这一时期明州与高丽、日本通航的例证。

唐代的海州，即今江苏连云港市，位于江苏北部，面临大海。来往于江南与朝鲜半岛、日本列岛之间的海船，为了补给的需要，或遇风漂流，常在这里停泊。开成三年（838），日本遣唐使船队中的一艘，便漂到海州停泊。开成四年（839），遣唐使一行在楚州雇船九艘，沿淮水入海，旁海岸北行，到海州停泊，再由海州出发回国。[④] 在此以前，唐玄宗开元年间，也曾有日本遣唐使船在

---

① 《新唐书》卷二二〇《日本传》。
② ［日］木宫泰彦：《日中文化交流史》，第108—116页。
③ 《宋高僧传》卷三，《大正大藏经》本。
④ 圆仁：《入唐求法巡礼行记》卷一。见《入唐求法巡礼行记校注》，日本小野胜年校注，中国白化文等修订，花山文艺出版社1992年版。

海州停泊。① 海州及其附近地区，有不少新罗人居住，其中有商人、水手，也有僧人。他们的居留，反映出海州地区与朝鲜半岛海上交通的密切。五代十国时期，南唐曾派章僚出使高丽，他记录自己的经历，"所书水程，乃自海、莱二州，须得西南风乃行"②。说明这一时期海州仍是中国与朝鲜半岛交往的港口。

唐登州在今山东半岛，州治蓬莱县，即今山东蓬莱，前面说过，唐代对外交通路线之一是登州海行入高丽、渤海道，登州是对高丽，也是经朝鲜半岛与日本交往的重要港口。唐代后期的地理文献记："登州，北至海三里，西至海四里，当中国往新罗、渤海过大路。"③ 登州及其附近地区也有不少新罗人。新罗侨民在文登（今名同）赤山浦修建了法华院佛寺，由新罗僧人讲经，寺内常住新罗及日本僧数十人。④ 出资兴建法华院的是新罗人张保皋，他曾任唐朝军官，后来弃武经商，拥有一批来往于新罗、登州之间的商船，运输两国的物资，中转贸易。⑤ 日本遣唐使经过北路的，常在登州登陆，已见前述。

通过海上航路进行贸易的货物，无论种类或数量，都是相当可观的。从南海地区进口的主要是香料、药材、珍宝。广州停泊的外国商船，"并载有香、药、珍宝，积载如山"⑥。见于各书记载的香药（少数香料可作药材用）有：沉香、檀香、龙脑香、丁香、乳香、青木香、安息香、毕钵、诃梨勒、阿魏、胡椒、苏木、没药、苏合香等。鉴真准备去日本时，曾命人在扬州备办"麝香甘（剂）、沉香、甲香、甘松香、龙脑、香胆、唐香、安息香、栈香、

---

① 《太平广记》卷二四三《李邕》，中华书局1981年版。
② 程大昌：《续演繁露》卷一《高丽境望》，《四库全书》本。
③ 李吉甫：《元和郡县图志》卷一一，中华书局1983年版。
④ 圆仁：《入唐求法巡礼行纪》卷二。
⑤ 杜牧：《张保皋郑年传》，《全唐文》卷七五六。
⑥ 《唐大和上东征传》，中华书局1979年版，第74页。

零陵香、青木香、薰陆香都有六百余斤。又有毕钵、诃梨勒、胡椒、阿魏、石蜜、蔗糖等五百余斤"①。这些香药中的大多数都是由南海进口的,鉴真一次购买的香药即有如此之多,可以想见当时扬州进口香药市场是何等兴盛。属于珍宝类的进口物品有犀角、象牙、玳瑁、珠等。从日本进口的有砂金、银、绝(丝织品)、布等。从高丽进口的金、银、熟铜和人参、牛黄、茯苓等药材。②中国出口的货物,主要是丝绸和瓷器。成书于9世纪下半期的阿拉伯地理著作《道里邦国志》说:"可以从中国输入丝绸、宝剑、花缎、麝香、沉香、马鞍、貂皮、陶瓷、绥勒宾节、肉桂、高良姜。"③绥勒宾节(Silbinj)在一种文本中作 Al - Taylasaj,指围巾、斗蓬、披风。这段记载中的沉香、貂皮,可能是中国海港中转贩运的其他国家货物。前往印度求法的中国僧人记,大食、波斯"亦泛舶汉地……取绫、绢、丝、绵之类"④。唐朝后期爆发的黄巢起义,据说曾将广州及其周围地区的桑树和其他树木砍光,"因此,这一事件,就是阿拉伯各国失去货源,特别是失去丝绸的原因"⑤。瓷器的大规模出口,是从唐代开始的。《中国印度见闻录》卷一记载:"他们(指中国人——引者)有精美的陶器,其中陶碗晶莹得如同玻璃一样,尽管是陶碗,但隔着碗可以看得见碗里的水。"⑥这是阿拉伯文献中关于瓷器的第一次描绘。近年的考古发掘证明,东非海岸的埃得哈布(Aidhab,今属苏丹)遗址,埃及开罗附近的福斯塔特(Fastat)遗址,底格里斯河畔的萨马腊(Samarra,今属伊拉克)遗址,波斯湾内的尸罗夫(Siraf,今属

---

① 《唐大和上东征传》,中华书局1979年版,第47页。
② 杨昭全:《唐与新罗之关系》,载《中朝关系史论文集》,世界知识出版社1988年版。
③ 《道里邦国志》中译本,第73页。
④ 慧超:《往五天竺国传》,《敦煌石室遗书》本。
⑤ 《中国印度见闻录》中译本,第96页。
⑥ 同上书,第15页。

伊朗）遗址，阿拉伯海东岸的斑波尔（Banbhore，今属巴基斯坦）遗址，以及印度尼西亚、泰国等，都有唐代瓷器遗物存在。[①] 这些瓷器大多是唐代后期的产品，从一个角度反映出海外交通在后期的发达。以上讲的是南海航线的情况。至于向日本出口的物品，丝绸、瓷器之外，还有书籍、香药（其中不少是转贩南海的货物）等。向新罗出口的有丝绸、金属工艺品、书籍、茶叶等。

海外交通的繁荣促进了中外的文化交流。首先，表现在宗教传播上。在魏晋南北朝时期起，西域诸国特别是天竺僧人纷纷东来传法，翻译经典，而中国僧人也相继西去求法，但这一时期他们中大多数经过陆道，经海道的是少数。到了隋唐五代十国时期，西域僧人东来的逐渐减少，中国僧人西行求法仍络绎不绝。东来的僧人如那提三藏、金刚智，都由海道来中国传法，金刚智成为中国密宗的创始人之一。金刚智的弟子不空早年来中国，奉师遗命由海道返回师子国、印度，广求密藏，带回中国。不空对于中国密宗的形成起了决定性的作用。西行求法的僧人，仅义净所记，太宗、高宗、则天后三朝，已有六十人左右，其中半数以上，由海道而行。[②] 此后求法僧人也常由海道西行，如玄宗时的含光，"思寻圣迹，去时泛舶海中……俄抵师子国"[③]。同一时期新罗僧人慧超，亦乘舶循海道到天竺。他的《往五天竺国传》是中西交通史的珍贵文献。[④] 在东方，鉴真东渡，成为日本佛教律宗之祖，

---

① [日]三上次男：《陶瓷之路》，李锡经、高喜美译，文物出版社1984年版。马文宽、孟凡人：《中国古瓷在非洲的发现》，紫禁城出版社1987年版。叶文程：《唐代陶瓷器的生产和对外输出》，载《中国古外销瓷研究论文集》，紫禁城出版社1988年版。

② 参见王邦维《大唐求法高僧传校注》。

③ 《宋高僧传》卷二七，《大正大藏经》本。

④ 敦煌发现的抄本《往五天竺国传》，前半残缺。但用慧琳《一切经音义》中有关资料对证，可以确定慧超是由海道去印度的。关于此书，可参见桑山正进编《慧超往五天竺国传研究》，京都大学人文科学研究所1992年版。

对于日本天台宗和真言宗的开创，也有很大关系。许多学问僧先后到唐求法，带回了天台宗、密宗（真言宗）、华严宗的许多经典和法器，对于这些佛教宗派在日本的兴盛起了重要的作用。新罗僧人入唐求法者络绎不绝，其中不少人由海道而来。如义相，公元650年由陆路赴唐，未至。661年又由海道赴唐，学习《华严经》。[①] 伊斯兰教传入中国，始于唐代，分陆、海两路。前面说过，唐代由于海外交通发达，沿海港口城市如广州、扬州，已有许多"蕃客"，他们中有许多人信奉伊斯兰教，定居以后，便在当地建礼拜寺，举行宗教仪式。广州的怀圣寺，可能就是唐代始建的伊斯兰寺院。[②] 泉州的灵山圣墓，传说埋葬的是唐代前期到泉州传教的穆罕默德弟子。[③] 不少研究者对此持保留态度，但这一传说显然暗示伊斯兰教在唐代已传入此地。[④]

其次，表现为医药的交流。隋唐五代十国时期，大量香药输入中国，对中国的传统医学是个强大的冲击。唐代中期，郑虔编《胡本草》，顾名思义收集的是外国药物，但已失传。唐末，波斯人后裔李珣编《海药本草》，主要介绍海外进口的药物。此书亦已散佚，但有片断保存下来，从这些片断可知，书中介绍的药物，有不少就是香料。[⑤] 外来药物性能的认识，与外国商人、水手的介绍有密切的关系，请看下面的例子：

  破故纸，今人多以胡桃合服。此法出于唐郑相国（郑

---

 ① 《宋高僧传》卷四。
 ② 关于怀圣寺的情况，可参见中元秀等编《广州伊斯兰古迹研究》，宁夏人民出版社1989年版。
 ③ 何乔远：《闽书》卷七《方域志》，明崇祯刻本。
 ④ 陈达生：《泉州云山圣墓年代初探》，《世界宗教研究》1982年第4期。
 ⑤ 李珣的兄弟李玹以"鬻香药为业"。（黄休复：《茅亭客话》卷二《李四郎》，《四库全书》本）这个"蕃客"家庭显然与南海贸易有密切联系，所以李珣能编出《海药本草》。

细——引者）。自叙云：予为南海节度，年七十有五。越地卑湿，伤于内外，众疾俱作，阳气衰绝，服乳石补药百端不应。元和七年，有诃陵国舶主李摩诃，知予病状，遂传此方并药。予初疑未服，摩诃稽首而请，遂服之。经七、八日，而觉应验。自尔常服，其功神效。十年二月，录方传之。……此物本自外蕃随海舶而来，非中华所有。蕃人呼为补骨脂，语讹为破故纸也。[①]

类似的情况一定还有很多。在中国的药物学发展史上，唐代可以说是一个重要的过渡时期，海外交通的发达促进了外来药物的应用。到了宋代，外来药物在医疗过程中的使用便十分广泛了。另外，中国的医学和药物（包括由南海输入的香药）也由海道传入日本和新罗，产生了积极的影响。前面说过，鉴真去日本时曾购买大批香药，他本人精通医学，尤其熟悉药物，对日本的医学发展作出了贡献。

此外，中国瓷器传入西亚、东非，刺激了当地的陶器生产，出现了仿唐三彩、仿唐白瓷的陶器。中国书籍由海道传入日本、新罗，有助于这些国家的文化进步。这些都应视为海外交通带来的文化交流的成就。

[①] 苏颂：《图经本草》，见《经史证类备用本草》卷九《草部小品》，《四部丛刊》本。

第三章　宋元：海外交通的鼎盛

第一节　宋元时期海外交通鼎盛的社会背景

宋（960—1279）、元（1206—1368）两朝，是我国历史上海外交通的鼎盛时期。其规模之大，影响之广，都是前所未有的。海外航线扩大，交往的国家和地区增多，进出口货物的品种和数量增加，港口繁荣。与此相应，有关的管理制度也日趋严密。元代有人说："中国之外，四海维之。海外夷国以万计，虽北海以风恶不可入，东西南数千万里，皆得梯航以达其道路，象胥以译其语言。……虽天际穷发不毛之地，无不可通之理焉。""皇元混一声教，无远弗届，区宇之广，旷古所未闻。海外岛夷无虑数千国，莫不执玉贡琛，以修民职，梯山航海，以通互市。中国之往复商贩于殊庭异域之中者，如东、西州焉。"[①] 这些话虽然有些夸大，但确实道出了宋元时期特别是元代海外交通空前兴盛的面貌。

宋元时期海外交通的空前兴盛，首先应该归功于前代海外交通的成就，特别是唐五代十国时期海外交通的进步，为更大的发

[①] 吴鉴：《〈岛夷志略〉序》，佚名：《〈岛夷志略〉后序》，均见《岛夷志略校释》，苏继庼作，中华书局1981年版。

展奠定了很好的基础。而宋元时期政府所采取的政策，以及社会经济的繁荣、科学技术的显著进展，都对海外交通起了有力的推动作用。

长期以来，东、西方的经济、文化交流，主要是通过陆上"丝绸之路"进行的。唐代中期以后，中亚形势发生巨大变化，东、西方的交通，明显地呈现出由陆道向海道转变的趋势。宋朝立国，西北方面是吐蕃、西夏的势力，河西走廊已被遮断，宋朝与西域只有时断时续的为数不多的联系。在北方，辽朝占有燕、云十六州及其以北的土地，宋朝无法通过陆道与朝鲜半岛交通，只能由海道往来。在这样的形势下，北宋朝廷便积极开展海外交通事业。宋太宗雍熙四年（987）五月，宋朝政府"遣内侍五人，赍勅书、金、帛，分四纲，各往海南诸蕃国，勾招进奉，博买香药、犀牙、珍珠、龙脑。每纲赍空名诏书三道，于所在处赐之"[①]。这次使节的派出，可以说是宋朝政府决心开展海外交通的宣言书。接着，又在杭州、明州设置市舶司，并颁布了管理商人出海贸易的办法。后来，又在泉州立市舶司。宋神宗说："东南利国之大，舶商亦居其一焉。若钱、刘窃据浙、广，内足自富，外足抗中国者，亦由笼海商得法也。"他要求臣下"创法讲求"，以期"岁获厚利，兼使外藩辐辏中国，亦壮观一事也"[②]。随着海外交通的发展，宋朝从进出口贸易中获得了可观的收入，同时也加强了与海外诸国的联系，有助于统治的巩固。宋神宗的这番话，比较典型地反映出北宋历代君主重视海外交通的原因和积极的态度。

南宋立国江南，只剩下半壁江山，但重要的对外交通港口，仍都在它的控制之下。南宋的军费支出浩大，财政困难，因而特别重视开展海外贸易。宋高宗说："市舶之利最厚，若措施合宜，

[①] 《宋会要辑稿》职官四四之二，中华书局1957年版。
[②] 《续资治通鉴长编拾补》卷五，上海古籍出版社1986年版。

所得动以百万计，岂不胜取之于民。朕所以留意于此，庶几可以少宽民力尔。"① 又说："市舶之利颇助国用，宜循旧法，以招徕远人，阜通货贿。"② 因此，这一时期的海外交通有更大的发展，政府也从海外贸易中得到了巨额的收入。南宋初年，政府从海外贸易得到的年收入有时高达150万贯，而政府财政收入的货币部分，不满1000万贯，其重要性由此可见。后来，随着政府财政总收入的增加，海外贸易收入所占比重有所降低，但在一段时间内仍占百分之四以上。③

南宋中期以后，海外交通逐渐衰落。原因是多方面的。④ 首先，由于海盗活动的影响。南宋社会矛盾不断加深，许多农民、手工业者破产，其中有些人铤而走险，在海上从事抢劫，"劫米船以丰其食，劫番船以厚其财，掳丁壮、掳舟船以益张其势"。其次，则由于政府的苛征和官吏的贪污勒索。宋朝对海外贸易征收的税本已繁重，再加上市舶和地方官员贪赃枉法，以致"番船"不敢前来。而中国的"富商大贾，积困诛求之惨，破荡者多，而发船者少"⑤。

元朝是蒙古贵族建立的国家。蒙古贵族有征服世界的雄心，积极向外发展。在消灭南宋、统一全国的过程中，元朝政府注意保护海外贸易，使之不受战争影响而中断。至元十四年（1277），在攻克两浙、福建之后，很快便在泉州、庆元等处建立市舶机构。次年，忽必烈下诏，要地方官员"可因番舶诸人宣布朕意，诚能

---

① 《宋会要辑稿》职官四四之二三。
② 《宋会要辑稿》职官四四之二四。
③ 陈高华、吴泰：《宋元时期的海外贸易》，天津人民出版社1981年版，第178—182页。
④ 李东华：《泉州与我国中古的海上交通》，台湾学生书局1986年版，第174—192页。
⑤ 真德秀：《申尚书省乞措置收捕海盗状》，《申尚书省乞拨降度牒添助宗子请给状》，《真文忠公集》卷一五，《四部丛刊》本。

来朝，朕将宠礼之，其往来互市，各从所欲"[1]。他多次派遣使节，出访海外，试图与东起日本，西到印度洋地区的许多国家建立政治上的联系。他数次派出军队，跨海远征日本、占城、交趾、爪哇诸国。这些海上军事活动规模浩大，出动军队每次达数万人甚至十几万人。他对于开展海外交通十分热心，可以说超过了以往中国历史上的任何一个君主。忽必烈以后的元朝历代皇帝，尽管没有他的气魄，但大体上仍奉行鼓励开展海外交通的政策。由于种种原因，有元一代曾四次"禁商泛海"，都是临时性的措施，总共加起来不过十年时间。总的来说，元代的海外交通，规模之大，超过了包括宋朝在内的以往任何一个时代。

古代中国的社会基础，是个体农业和家庭手工业相结合的自然经济。在自然经济占统治地位的社会中，海外交通是否开展，与政府的政策有着特别密切的关系。政府支持提倡，海外交通便会开展、兴盛；反之，如政府采取闭关自守的政策，海外交通便会衰落。就主导方面来说，宋、元两代相继采取的积极鼓励的政策，为海外交通的兴盛，创造了良好的条件。而某些短时期的政策偏差，则导致相对的衰敝。

一个国家海外交通的发展程度，还与它的经济力量有重要的关系。两宋时期，是农业、手工业发展较快的一个时期，江南地区尤为明显。在农业生产方面，粮食单位面积产量有较大的提高，茶、桑等经济作物普遍种植。在手工业生产方面，最突出的是陶瓷制造业和丝织业的兴旺发达。北宋时期瓷器生产以北方为主，南宋时江南各地的瓷器生产迅速发展起来，如两浙的杭州、龙泉，江西的景德镇，福建的建安、德化，都成为瓷器业的中心。丝织业在全国得到普遍的发展，技术有所改进，产量很大。南宋初期，政府向东南诸路征收的各种丝织品（绸、绢、绫、罗等）即有

---

[1] 《元史》卷一〇《世祖纪七》。

300万匹之多，其全部产量必然更为惊人。四川、两浙的丝织业特别发达。此外，如金属冶炼和金属器具制造、印刷、食品加工等，都比前代有所进步。金蒙、宋元交替之际，北方的生产遭到很大的破坏，经济凋敝，但江南的农业、手工业仍保持原有的规模，有些方面还有新的成就，例如青花瓷器的出现、棉花的普遍推广以及随之而来的棉织业形成等。农业、手工业的进步，提供了前代未曾有过的物质条件，从而使海外交通的兴盛成为可能。

无论宋元时期还是中国历史上科学技术突飞猛进的时期。其中造船工艺和航海技术的进步，对海外交通的发展起着决定性的作用。这一时期，海船的载重量和抗沉性能都有明显的提高。南宋时的记载："海商之船，大小不等。大者五千料，可载五、六百人。中等二千料至一千料，亦可载二、三百人。余者谓之钻风，大小八橹或六橹，每船可载百余人。"[①] 据估算，五千料船载重约为五千石，应合三百吨左右。二千料船载重应合一百二十吨左右。福建泉州发现的宋元之际沉船，推算载重量应为一百二十吨左右。[②] 正与二千料船相当。种种文献与实物表明，宋元时期的中国海船一般载重量在一百吨至三百吨之间，有的可能更大一些。不仅如此。这一时期的中国海船通常选用良好的木材，接缝处用桐油、石灰、麻丝舱紧，以防漏水。船体呈V形，上宽下尖，便于破浪航行。船身采取水密隔舱技术，如泉州发现的古船用十二道舱壁分隔成十三舱，能够增加船体的强度，有利于抗沉。[③] 其他方面还有不少改进。著名的外国旅行家意大利人马可·波罗和摩洛哥人伊本·白图塔，都对中国海船大加赞赏，说明在当时世界上居于领先地位。

---

① 吴自牧：《梦粱录》卷二《江海船舰》，《知不足斋丛书》本。
② 陈高华、吴泰：《关于泉州湾出土海船的几个问题》，《文物》1978年第4期。
③ 泉州海交史博馆：《泉州湾宋代海船发掘与研究》，海洋出版社1987年版，第61—64页。

在航海技术方面，这一时期最突出的成就是全天候的磁罗盘导航技术和以量天尺为工具的大洋天文定位技术。12世纪初，中国海船上已使用指南针，"舟师识地理，夜则观星，昼则观日，阴晦则观指南针"[1]。"若晦冥则用指南浮针以揆南北。"[2] 没有多久，便与二十四向方位的针盘结合起来，成为全天候的导航仪器，"舟船往来，唯以指南针为则"[3]，成为海船上"人之命脉所系"[4]。海船使用罗盘导航，用指南针指路，一条航线由许多针位联结起来，这便是"针路"。海上航行"唯凭针路走向行船"[5]。磁罗盘的应用与针路的形成，使海员可以在大洋上通过航迹推算法来估测某一段时间后的船位，可以不再依赖海岸上或海岛上的实物标志来确定自己的位置。用量天尺观测天体（主要是北极星）目的在于判定船只所在的地理位置，这种天文定位技术可以对磁罗盘导向技术作适当的补充和修正。判定正确的船位，是远洋横渡的前提条件。磁罗盘导向技术和以量天尺为工具的天文定位技术二者的广泛应用，使中国海船有可能摆脱沿海岸航行、逐级渐进的低级阶段，进入横渡大洋、持续航行的较高阶段。[6] 此外，在海洋气象方面也积累了相当丰富的知识，并且已绘制出实用的航海图。科学技术的这些进步，是航海经验长期积累的成果，有力地推动了海外交通的深入发展。

宋元时期海外交通的兴盛，在一些相关的专门著作中得到了体现。这些著作主要有：徐兢的《宣和奉使高丽图经》四十卷。徐兢在北宋徽宗宣和六年（1124）奉命出使高丽，由海道往返，

---

[1] 朱彧：《萍洲可谈》卷二，《四库全书》本。
[2] 徐兢：《宣和奉使高丽图经》卷三四《半洋焦》，《知不足斋丛书》本。
[3] 《诸蕃志校释》卷下《海南》，中华书局1996年版。
[4] 《岛夷志略校释》，第318页。
[5] 《经世大典·海运》，见《永乐大典》卷一五九五〇，中华书局影印本。
[6] 孙光圻：《中国航海技术的发展与海上丝绸之路的演进》，见《中国与海上丝绸之路》（论文集），第208—218页。

回国后写成此书，详细记述了航行的经过和高丽的各方面状况，提供了当时造船技术、航海技术和海上航线的珍贵资料。周去非的《岭外代答》十卷。此书作于南宋淳熙五年（1178），作者曾任桂林尉，以岭南见闻写成，其中记述了南海诸国的情况。[①] 赵汝适的《诸蕃志》二卷。赵汝适曾提举福建路市舶司，他在任职期间注意收集海道交通和海外诸国的资料，在宝庆元年（1225）写成此书。"是书所记，皆得诸见闻，亲为询访，宜其叙述详核，为史家之所依据矣"[②]。周达观的《真腊风土记》。真腊即今柬埔寨。元成宗元贞元年（1295），周达观随元朝使节出访真腊，居住一年有余，回国后根据亲身见闻写成。[③] 书中所记真腊情况，真实准确，其中还有关于海道交通路线的记述。汪大渊的《岛夷志略》。汪大渊"少年尝两附舶东、西洋"，很可能是从事海外贸易的商人。书中所记海外的情况，"皆身所游览，耳目所亲见。传说之事，则不载焉"[④]。他无疑是14世纪的一位杰出旅行家。以上这些著作，对于研究10—14世纪中国的海上交通，以及亚洲、非洲许多国家的历史，都具有重要的价值。这些重要著作的出现并非偶然，正是海外交通繁荣发达的结果。此外，在这一时期的史书、文集、笔记、方志中也保存了许多有关海外交通的资料，可以和上述著作相互印证。还应该提及的是，由于海外交通具有的国际性，不少国外文献中也有这方面的有价值的记述，其中特别值得重视的是意大利伟大旅行家马可·波罗的行记。马可·波罗随其父由陆道来中国，1275年于上都（今内蒙古正蓝旗境内）觐见忽必烈，被留下服务，侨居中国十余年。后奉忽必烈之命，护送伊利汗国（今伊朗）王妃，1291年初从泉州启程，1293年到达波斯

[①] 此书有《文渊阁四库全书》本。
[②] 《四库全书总目》卷七一《史部·地理类四》。
[③] 此书有夏鼐校注本，中华书局1981年版。
[④] 佚名：《〈岛夷志〉后序》。

湾。任务完成后，回意大利定居，口述见闻，由他人写成行记。书中叙述了海上见闻，可以与中国的记载互作补充。马可·波罗行记对于后代的海上交通，具有很大的影响。

第二节　宋元时期的航线和交往的国家、地区

宋元时期，中国的海外航线比起前代来，又有新的发展。

宋代，中国与南海的许多国家、地区都有密切的交往。前代已经形成的横贯东西的南海航线，仍然具有旺盛的生命力。"三佛齐之来也，正北行，舟历上下竺〔今马来半岛东南奥尔（Aur）岛〕与交洋（即交阯洋，指中国海南岛与越南之间海域），乃至中国之境。其欲至广者，入自屯门（广东宝安县西南）；欲至泉州者，入自甲子门（今广东陆丰县东南甲子港）。阇婆之来也，稍西北行，舟过十二子石〔印尼加里曼丹岛西卡里马塔（Karimata）岛北〕，而与三佛齐道合于竺屿（即上下竺）之下。大食国之来也，以小舟运而南行至故临国〔今印度西南奎隆（Quilon）〕，易大舟而东，行至三佛齐国，乃复如三佛齐之入中国。其他占城、真腊之属，在交阯洋之南，远不及三佛齐国、阇婆之半，而三佛齐、阇婆又不及大食国之半也。诸蕃国之入中国，一岁可以往返，唯大食必二年而后可。"① 在这条东起中国、西抵大食的航线上，三佛齐、阇婆、故临最为重要。三佛齐位于航线的中间，"诸蕃水道之要冲也。东至阇婆诸国，西自大食、故临诸国，无不由其境而入中国者"②。由三佛齐出发，"泛海便风二十日到广州。如泉州，舟行顺风，月余亦可到"③。东来的大食、印度的商人，都要

---

① 周去非：《岭外代答》卷三《航海外夷》，《文渊阁四库全书》本。
② 《岭外代答》卷二《三佛齐》。
③ 马端临：《文献通考》卷三五二《三佛齐》，中华书局1986年版。

在三佛齐停留，然后再到中国。而"华人诣大食"，也要在三佛齐"修船转易货物"①。阇婆在三佛齐附近，从泉州出发，"率以冬月发船，盖借北风之便，顺风昼夜行月余可到"②。故临是一个重要的中转站，"中国舶商欲往大食，必自故临易小舟而往"③。大食"有国千余"，包括今阿拉伯半岛、波斯湾及东北非广大地区。从各国记载看来，当时南行的主航线，东起中国的泉州、广州，中经今印尼爪哇岛、苏门答腊岛，出马六甲海峡，进入印度洋，在印度西部停泊以后，直趋波斯湾、红海等处。前代作为东西重要中转站的师子国、个罗国，到了这一时期已失去原本举足轻重的地位。元代的南海主航线与宋代是大体相同的。宋元时期南海主航线的变化，显然是航海技术和造船工艺进步所带来的结果，由沿海岸航行发展到横渡海洋的航行，导致航程的缩短以及中转地点的改变。除了主航线之外，还有若干支航线，分别通向南海各地。

　　海上航行，主要利用季节风。这一时期，中国的水手已有丰富的季节风知识，一般说来，由中国港口出发，"每遇冬泛北风发舶"，"次年夏泛南风回帆"。④更具体地说，"船舶去以十一月、十二月，就北风；来以五月、六月，就南风"⑤。因此，宋代广州、泉州两处市舶机构，"岁十月，提举司大设蕃商而遣之。其来也当夏至之后，提举司征其商而覆护焉"。泉州地方官和市舶司每年四月、十一月都要举行祈风仪式，至今泉州九日山上，还保存了大批祈风石刻。这是因为风向顺利与否，直接关系到舶船的安危迟

---

① 朱彧：《萍洲可谈》卷二。
② 赵汝适：《诸蕃志》卷上《阇婆国》，冯承钧校释，中华书局1956年版。
③ 周去非：《岭外代答》卷三《航海外夷》。
④ 《通制条格》卷一八《关市·市舶》，浙江古籍出版社1986年版。
⑤ 朱彧：《萍洲可谈》卷二。

速,"大抵蕃舶风便而行,一日千里,一遇朔风,为祸不测"①。当时人们虽然知道利用季节风,但并不能完全掌握风向的变化,所以只能祈求神灵的保佑。这时前往大食的舶船,必须先到三佛齐、阇婆或蓝里(南巫里,今苏门答腊岛北部)停泊,除了补充物资之外,还在于季节风的利用。大食诸国中"有麻离拔国。广州自中冬以后发舶,乘北风行,约四十日到地名蓝里。博买苏木、白锡、长白藤。住至次冬,再乘东北风,六十日顺风方到此国"②。麻离拔国大概就是印度的南毗国。舶船不能持续直航,必须在中途等待新的季节风,因此,前往大食来回一次至少需要两年时间。

北宋时,广州有"海外诸蕃地理图"③。南宋时,泉州有"诸蕃图"④。元朝政府曾下令向"行船回回每"索取"回回文剌那麻"(剌那麻,波斯文 rāh-nāma 的音译,意为"指路""旅行指南")。⑤ 在这些文献中无疑会有这一时期南海航线的清晰记载。遗憾的是,现在已不可得见了。

宋元时期,中国与南海的国家、地区的交往,比起前代来,有明显的发展。以元代来说,各种文献中记录的南海国家、地区的名称,在两百个以上。这些国家和地区,遍布中南半岛、马来半岛、菲律宾群岛、印度尼西亚群岛、印度次大陆及其周围地区、波斯湾和阿拉伯半岛、东非和北非。其中相当一部分是以前不曾见于记载的。海外交通的发展,导致中国人的南海地理区域观念的深化。在很长一段时间内,中国文献中一直把中国以南的浩瀚无边的海洋统称为南海。到了宋代,开始有上、下岸之分,"以真

---

① 周去非:《岭外代答》卷三《航海外夷》。
② 《岭外代答》卷三《大食诸国》。
③ 《续资治通鉴长编》卷五四,中华书局点校本。
④ 赵汝适:《诸蕃志》序。
⑤ 《秘书监志》卷四,《广仓学窘丛书》本。参见陈得芝《元代海外交通与明初郑和下西洋》,《郑和下西洋论文集》第二集,南京大学出版社 1985 年版。

腊、占城为上岸，大食、三佛齐、阇婆为下岸"①，但是这种区域名称并没有广泛流行开来。从元代开始（很可能是从宋代开始），出现了东、西洋的名称，东、西洋又有大小之分。大体说来，是以巽他（Sunda）海峡和卡里马塔（Karimata）海峡为分界线，在此以东为东洋，以西为西洋。东洋包括菲律宾群岛、加里曼丹岛、爪哇岛、苏拉威西岛、马鲁古群岛等。西洋则泛指东洋以西广大地区。中南半岛的各国则不在东、西洋之内。东洋又以渤泥（今印尼加里曼丹岛北部）为界，渤泥及其以东为小东洋，以西的单重布罗（今加里曼丹岛南部）、阇婆等为大东洋。西洋也有大小之分，三佛齐、单马令（在今马来半岛）等为小西洋，在其以西为大西洋。②东、西洋的名称出现以后，一直流传下来，沿用到近代。但是，明代中期以后，东、西洋的范围有所改变。东、西洋的概念，在元代普遍使用，无论官方或是民间，都是如此。此外，还有"深番""浅番"之说。"当时郎着浅番衣，浅番路近便回归。谁知却入深番去，浪逐鸳鸯远水飞。"③但是"深番""浅番"的具体范围并不清楚。

总体来说，宋元时期中国与南海国家、地区交往的发展，主要表现在以下几个方面：

第一，对非洲、阿拉伯世界及其附近地区有更多的接触和了解。宋代文献中记载了相当多的"大食属国"的名称，它们主要分布在今阿拉伯半岛及其以西的广大地方。其中弼琶啰、中理、层拔、昆仑层期等，多数学者认为应在东非沿海一带和红海沿岸。如弼琶啰即今索马里的柏培拉（Berbera），中理与弼琶啰相邻，应在索马里的东北角。层拔是 Zanzibar 的简译，这是阿拉伯人对

---

① 《诸蕃志》卷下《沉香》。又，《岭外代答》卷二《阇婆国》云："阇婆国，又名莆家龙，在海东南，势下，故曰：下岸。"

② 陈大震：《大德南海志·诸蕃国》，见《永乐大典》卷一一九〇七。

③ 刘仁本：《闽中女四首》，《羽庭集》卷四，北京图书馆藏抄本。

非洲东岸的称呼。昆仑层期指非洲东岸及马达加斯加岛一带。又有勿斯里（蜜徐篱），是阿拉伯语 Misr（埃及）的音译。宋代的文献已记述了当地依靠"江水"即尼罗河灌溉，"田畴充足，农民借以耕种，岁率如此"[①]。又有遏根陀，即埃及亚历山大港。见于元代记载的非洲国家和地区有层摇罗（即宋代的层拔）、阿思里［今埃及库赛（Qusseir）］、勿斯里（又作米息，即埃及）、马合答束［今索马里摩加迪沙（Mogadishu）］、麻那里［今肯尼亚麻林迪（Malindi）］，还有刁吉儿（吊吉而），往来需三年时间，很可能是北非摩洛哥的丹吉尔港。宋代文献中记述的位于阿拉伯半岛的国家和地区有麻嘉［今沙特阿拉伯麦加（Mecca）］、瓮蛮［今阿曼（Oman）］，波斯湾中的记施［今卡伊斯岛（Qais）］，波斯湾头的弼斯啰［今伊拉克巴士拉（Basra）］、白达［今伊拉克巴格达（Baghdad）］等。元代记述中位于阿拉伯半岛的国家和地区有天堂（即麦加）、哩伽塔（今也门亚丁）、饗蛮等；波斯湾一带的国家、地区有忽里模子［今伊朗霍木兹（Hormoz）］、波斯离（即宋代的弼斯啰）等。前面说过，汪大渊在《岛夷志略》中记述的，是他的亲身见闻，而层摇罗、阿思里、天堂、哩伽塔、波斯离等，都见于《岛夷志略》记载，说明它们应是中国商人经常出入之地。马合答束、刁吉儿、忽里模子等地，元朝政府都派遣过使节。此外，据马可·波罗说，元世祖忽必烈还曾派遣使节到东非的马达加斯加岛。[②] 忽里模子是马可·波罗海上航行的终点，元成宗大德年间（1297—1307）曾命杨枢护送伊利汗国使者到达该处。[③] 这些事实都足以说明当时中国与阿拉伯世界及其附近地区的交往是密切的。

---

① 《诸蕃志》卷上《勿斯里国》。
② 《马可波罗行记》，冯承钧译，中华书局1954年版，第745—747页。
③ 黄溍：《海运千户杨君墓志铭》，《金华黄先生文集》卷三五，《四部丛刊》本。

第二，与印度次大陆及其周围地区有相当密切的交往。宋代文献中记载的印度次大陆及其邻近的国家、地区有注辇［今印度科罗曼德尔海岸（Oromandel Coast）］、南毗［今印度马拉巴尔海岸（Marabar）］、故临、胡茶辣［今印度西北古吉拉特（Guzerat）］、晏陀蛮［今安达曼群岛（Andaman）］、鹏茄啰（包括今孟加拉和印度西孟加拉邦，Bengal）、细兰［今斯里兰卡（Sri Lanka）］等。见于元代文献记载的有：马八儿［今印度西南马拉巴尔（Malabar）］、俱蓝（宋代的故临）、僧加剌（宋代的细兰）、朋加拉（宋代的鹏茄啰）、大乌爹［今印度奥里萨（Qrissa）］、放拜［今印度孟买（Bombay）］、巴南巴西［今印度西岸（Banavasi）］、古里佛（宋代的南毗）、千里马［今斯里兰卡东北亭可马里（Trincomalee）］、土塔［今印度东岸讷加帕塔姆（Negapatam）］、高郎步［今斯里兰卡科伦坡（Colombo）］、北溜（今马尔代夫）等。宋代记载中的注辇、南毗，都是印度次大陆南部的大国，与中国有相当密切的往来。注辇的使节在北宋时来过中国，南毗的商人罗巴智力干父子在泉州经商。故临是南海主航线的重要枢纽，已见前述。南宋咸淳三年（1267），中国商人曾在印度东岸建塔，后来该地就被称为"土塔"。[①] 元代记载中的马八儿国与俱蓝国，是"忻都田地里"[②]（元代对印度次大陆的统称）中"足以纲领诸国"的两个重要国家。元朝特别重视与这两个国家的关系，彼此之间曾多次互遣使节。马八儿遣使到中国先后达十次以上，俱蓝遣使至少有两次，而元朝派往两国的使节，也不下八次。元朝使臣杨庭璧，在至元十六年至二十年之间（1279—1283），四次奉命泛海前往马八儿和俱蓝，途中还经过其他一些国家。这样频繁地接连航行远方，在航海史上是罕见的记录。马八儿的宰相不阿里

[①] 《岛夷志略校释》，第285—287页。
[②] 《通制条格》卷二七《杂令·蒙古男女过海》。

（孛哈里）后来泛海到泉州，在当地定居，忽必烈将高丽女子蔡氏赐给他为妻。① 1184年，忽必烈的使臣曾到"锡兰岛"（今斯里兰卡）访求传说中人类始祖遗物。② 这个使臣应是畏吾儿（今维吾尔）人亦黑迷失。③

第三，与印尼群岛、马来半岛、中南半岛上的国家联系频繁。前代中国与印尼群岛的往来，主要限于苏门答腊岛、爪哇岛等处于交通要冲的岛屿，其他岛屿联系甚少。宋元时期，中国与苏门答腊、爪哇两岛上的国家，来往十分密切。例如宋代的三佛齐、阇婆、蓝里（苏门答腊岛北部），元代的苏木都剌（苏门答腊）、爪哇、南巫里（宋代的蓝里）等。这些国家都曾先后派遣使节来中国，建立政治上的联系，同时开展彼此之间的贸易。宋代，三佛齐是南海主航线的重要枢纽，许多中国商人前往贸易。如南宋时，"泉州纲首朱纺，舟至三佛齐国……往返不期年，获利百倍"④。另外，三佛齐的商人、舶主来中国的，也络绎不绝。北宋太平兴国五年（980），三佛齐国蕃商李甫海乘舶船载香药、犀角、象牙来中国，被风漂至潮州，"其香药悉送广州"。这是因为潮州不设市舶机构，所以必须送到广州，才能办理有关手续。雍熙二年（985），三佛齐"舶主金花茶以方物来献"⑤。神宗元丰三年（1080），"三佛齐詹毕国主及主管国事之女"还寄信及礼物给广州主管市舶的官员，显然是为了联络感情，进一步发展双方的贸易。⑥ 三佛齐大首领地华伽啰，曾作为使节来到中国，在广州居

---

① 陈高华：《印度马八儿王子孛哈里来华新考》，载《元史研究论稿》，中华书局1991年版。
② 《马可波罗行记》，第674—675页。
③ 《元史》卷一三一《亦黑迷失传》说他在至元二十一年（1284）"使海外僧加剌国，观佛钵舍利"。僧加剌即锡兰。亦黑迷失和杨廷璧一样，曾多次出海。
④ 《福建莆田祥应庙碑记》，《文物参考资料》1957年第9期。
⑤ 《宋史》卷四八九《三佛齐国传》。
⑥ 《宋会要辑稿》职官四四之六。

留，他在治平四年（1067）出资兴修了广州的天庆观。① 阇婆在北宋淳化三年（992）遣使来中国，"译者言云：今主舶大商毛旭者，建溪人，数往来本国，因假其乡导来朝贡"。以后商人、使者不断来中国。中国商人也到阇婆贸易，"中国贾人至者，待以宾馆，饮食丰洁"②。此外，见于宋代文献的印尼列岛国家，还有渤泥（今加里曼丹岛北部）、麻篱〔今巴厘岛（Bali）〕、底勿〔今帝汶岛（Timor）〕等。渤泥早就想与中国通好，但"无路得到"。太平兴国二年（977），商人蒲卢歇从中国往阇婆，"遇猛风破其船"，结果到了渤泥。"此时闻自中国来，国人皆大喜，即造舶船，令蒲卢歇导达入朝贡。"③ 说明建立联系的愿望是何等的迫切。元代，苏木都剌、爪哇、南巫里都与元朝有往来，尤以爪哇最密切。忽必烈曾多次遣使到爪哇。至元二十九年（1292），忽必烈因使节遭到侮辱，发兵两万，船千艘，出征爪哇，后无功而返。尽管如此，后来爪哇仍与元朝有使节往来。从元成宗元贞元年（1295）起，到元朝末年，爪哇派到中国的使节在十次以上。元代中国文献中记录了更多的印尼列岛地名。广州方志《大德南海志》记载有五十处左右，除苏门答腊、爪哇两大岛之外，还分布在加里曼丹岛、马鲁古群岛、小巽他群岛等。④ 汪大渊《岛夷志略》中记述的地名，属于印尼列岛的有二十余处，这些都是汪氏亲身经历的。由两书记述，可知中国商人已深入列岛各处，进行贸易。如文老古（在马鲁古群岛）居民"每岁望唐舶贩其地"，泉州商人吴姓的船曾到古里地闷（今帝汶岛）。⑤

中南半岛和马来半岛历来与中国有密切的交往，宋元时期又

---

① 戴裔煊：《宋代三佛齐重修广州天庆观碑记考释》，《学术研究》1962年第2期。
② 《宋史》卷四八九《阇婆国传》。
③ 《宋史》卷四八九《勃泥国传》。
④ 陈大震：《大德南海志·诸蕃国》，见《永乐大典》卷一一九〇七。
⑤ 《岛夷志略校释》，第205、209页。

有发展。宋代见于文献记载的这一地区的国家有单马令（今马来半岛东北）、佛罗安（马来半岛东岸）、吉兰丹［今马来西亚吉兰丹州（Kelantan）一带］、蓬丰［今马来西亚彭亨州（Pahang）一带］、凌牙斯加［今泰国北大年（Patani）］、罗斛（今泰国南部）、真腊、真里富（今泰国东南）、蒲甘（今缅甸中部）、凌牙门（今新加坡海峡）、宾瞳胧（今越南蒲朗）、占城、交趾等。交趾此时已独立，但与宋朝政治上有密切联系，商人来往贸易："岭南（指十国中的南汉——引者）平后，交趾岁入贡，通关市。并海商人遂浮舶，贩易外国物。"① 南宋时，广西邕、钦、廉三州，"与交趾海道相连"，往来贸易。② 大梁张勰，"数航海，历交趾、渤泥诸国，其货日凑"③。类似的商人肯定不在少数。占城与宋朝交往频繁，多次遣使由海道来贡。占城商人常来中国贸易，北宋时的记载说："占城、大食之民，岁航海而来，贾于中国者多矣。"④ 宋朝的福建市舶司还在政和五年（1115）"差人前去罗斛、占城国说谕招纳"，要对方的商人前来贸易。中国商人前往占城的也很多，北宋庆历元年（1041），"商人邵保至占城国"。南宋绍兴二十五年（1155），占城使节来中国说："纲首陈惟安递年兴贩本番。"⑤ 乾道三年（1167），福建市舶司报告："本土纲首陈应等，昨至占城番"，返回时载回了占城的使节和进贡的物品。接着另一纲首吴岳的舶船，也载来了占城蕃首的"进奉"物品。⑥ 真腊在这一时期是中南半岛上的强国，北宋神宗元丰元年（1078），曾派人"赍诏往真腊国宣谕"，使者带回了"贡物"。从徽宗政和六年（1116）

---

① 《宋史》卷二六八《张逊传》。
② 李心传：《建炎以来系年要录》卷六九，商务印书馆1936年版。
③ 吕祖谦：《大梁张君墓志铭》、《东莱集》卷一一，《续金华丛书》本。
④ 王禹偁：《记考》，《小畜集》卷十四，《四部丛刊》本。
⑤ 《宋会要辑稿》蕃夷四之七〇、四之八二。
⑥ 《宋会要辑稿》蕃夷七之四九。

起，真腊国不时来贡。南宋孝宗乾道七年（1171），"真腊大商四舟"来到泉州。① 由此例不难想见来中国的真腊商人声势之盛。真里富是真腊的属国，宋孝宗时，明州有"真里富大商"病死，地方官员"属其徒护丧以归"。"明年，戎酋致谢。"② 可见常有真里富商人来中国。而真里富居民日常生活中所用的纺织品、瓦器之类，则是由宋朝商舶运去发售的。③ 元代，上述国家和地区，仍与中国往来，但某些译名有所不同，有丹马令（即单马令）、彭坑（即蓬丰）、佛来安（即佛罗安）、吉兰丹、龙牙犀角（即凌牙斯加）、罗斛、真腊、宾瞳胧、占城、交趾等。其中真腊与元朝往来较多。成宗元贞二年（1296），周达观随朝廷使节访问真腊，大德元年（1297）回国，写下了《真腊风土记》。从他的记述，可知当时有不少中国商人、水手前往真腊，就在当地落户。元朝与交趾、占城之间曾发生战争，但战争以后彼此继续往来。交趾的海港云屯（今越南广宁省锦晋），"其俗以商贩为生业，饮食衣服，皆仰北客，故服用习北俗"④。"北客"即指中国商人。"占城国，立国于海滨，中国商舟泛海往来外藩者，皆聚于此，以积薪水，为南方第一码头。"⑤ 中国商人李用，"航海历交趾诸国，货入优裕"⑥。

第四，开始建立与菲律宾群岛的联系。菲律宾群岛位于中国东南，虽然距离并不很远，但是不在主航道上，因而很长时间内不为中国人所知。双方之间政治、经济联系的正式建立，自宋代始。宋代来中国的麻逸［今民都洛岛（Mindoro）］、三屿（今民都

---

① 楼钥：《汪公行状》，《攻媿集》卷八八，《四部丛刊》本。
② 楼钥：《太师崇宪靖王行状》，《攻媿集》卷八六。
③ 《宋会要辑稿》蕃夷四之九四。
④ 《大越史记全书》卷五《陈纪一》，东京大学东洋文化研究所1986年版。
⑤ 黎崱：《安南志略》卷一《边境服役》，中华书局1995年版。
⑥ 同恕：《李君和甫墓志铭》，《榘庵集》卷九，《文渊阁四库全书》本。

洛岛西南诸岛）、蒲哩噜［今马尼拉（Manila）］、蒲端［今棉兰老岛（Nindanao）北岸武端（Butuan）］、白蒲延［今巴布延岛（Babuyan）］，都是菲律宾列岛上的地名。其中麻逸于北宋太平兴国七年（982），"载宝货至广州海岸"①，应是菲律宾列岛诸国来华的最早记载。三屿居民"各有种落，散居岛屿，舶舟至则出而贸易"②。这种所说的"舶舟"，应该就是中国的商船。元代文献中记述的菲律宾列岛小国，有麻逸、三岛（即三屿）、麻里鲁（蒲哩噜）、苏禄［今苏禄群岛（Sulu）］等。这一时期双方的贸易往来是相当密切的，三岛男子"附舶至泉州经纪"，中国商人到麻逸，"蛮贾议价领去博易土货，然后准价舶商，守信事终如始，不负约也"③。

这一时期，中国与日本列岛、朝鲜半岛之间的海上交通，也比前代有显著的进步。

北宋时，日本政府禁止百姓私自渡海贸易，犯者货物没官，本人定罪。因此，来往于两国之间的，都是中国的商船。根据日本方面的记载，前往日本的中国商人，姓名可考的就有二十余人之多，其中有的先后到日本数次。日本使节曾在辽道宗大安七年（1091）、八年（1092）泛海向辽朝进贡，但这实际是权臣私下派遣的，目的在于贸易。④ 到了南宋时期，日本政府转而采取开放的政策，日本商舶相继来到中国。南宋中期以后，日益增多。他们"冒鲸波之险，舳舻相衔，以其物来售。"⑤ 多时一年达四五十艘。⑥ 由中国到日本，一般在五六月，利用初夏的西南季节风。而

---

① 《宋史》卷四八九《阇婆国传》。
② 《诸蕃志》卷上《三屿》。
③ 《岛夷志略校释》，第23、24页。
④ 《日中文化交流史》中译本，第237—245页。
⑤ 《开庆四明续志》卷八《蠲免抽博倭金》，《宋元四明六志》本。
⑥ 包恢：《禁铜钱申省状》，《敝帚稿略》卷一，《文渊阁四库全书》本。

由中国发船到日本，一般在三四月，利用春季的东北季节风。顺风时节，航期不过六七天，一般则为十天左右。宋朝对日本贸易的港口，主要是明州，其次是福州、泉州、华亭等。日本方面对中国的主要贸易港是博多（今福冈）。

元朝统一江南以后，下令"沿海官司通日本国人市舶"[①]。接着忽必烈发动了大规模的对日战争，庞大的船队抵达日本以后，为台风淹没，以失败告终。两国之间的贸易往来中断了一段时间。至元二十九年（1292），才有日本商舶重新来庆元（即明州）交易。自此以后，日本商船接连来中国，但由于元朝政府的限制，前往日本的中国商船为数很少。武宗至大元年（1308），日本商舶因抽解与庆元市舶司发生冲突，在当地大肆焚掠，从而使两国贸易再一次中断，但很快又恢复。20世纪70年代在朝鲜半岛南部木浦港附近海面发现的元代沉船，一般认为应自中国庆元出发，前往日本，在中途沉没的。船上满载瓷器和其他物品。沉船的发现为元代中后期两国之间的贸易提供了物证。但是，在元代来华的日本商人中，有不少是亦商亦盗的，顺利时经商，不如意或有机可乘时便抢劫。他们常常"掳商货"，"掠民财"，绑架杀害中国百姓。[②] 特别当14世纪五六十年代中国社会大动荡时，倭船在沿海一带的破坏活动相当猖獗，甚至攻陷州、县。[③] "倭寇"之患，实际上从元代后期已开始了。

朝鲜半岛与中国一直有海道交通。原来，中国的山东半岛与朝鲜半岛距离最近，两处海上交往很方便。北宋中期，因为山东半岛距离辽朝管辖的地区较近，宋朝政府便把对朝鲜半岛交通的港口南移，改以明州为主，其次有泉州等。为了防止商人顺道前

---

① 《元史》卷一〇《世祖纪七》。

② 程端礼：《浙东道宣慰都元帅谭勒哲图公行状》，《畏斋集》卷六，《四明丛书》本。

③ 《元史》卷一三九《纽的该传》。

往辽朝贸易，北宋政府曾采取禁止前往高丽经商之法，但商人无视禁令，依旧前往。北宋政府不得不取消禁令，改为"岁责保给引发船，无引者同盗贩法"[①]。南宋时，宋金对峙，南宋政府担心高丽与金朝互通消息，政治上比较疏远，但是双方的民间贸易往来仍是相当密切的。有一年到达江阴军（今江苏江阴）的高丽商舶，即有六七艘之多。[②] 据高丽方面的记载，在两宋时期由海道先后前往高丽从事贸易活动的中国商人和水手，有五千余人次。[③] 如果加上中国方面的记载，则更多。

蒙古国兴起，灭金朝，高丽被迫归附。蒙古国（后改称元朝）曾企图以高丽为基地，从海上进攻南宋。在这种形势下，高丽与南宋的海上交通，趋于衰落，时断时续。元朝统一江南以后，情况便发生了变化。尽管元朝与高丽主要由陆道交往，但彼此的海上交通，仍保持相当的规模。元朝曾经组织几次大规模的海上运输，将粮食从中国江南运往高丽，有的作为军事贮备，有的供救荒之用。至元二十八年（1291）"以船四十七艘载江南米十万石"到高丽"赈饥"，第二年又运米十万石，但"遭风漂失，唯来输四千二百石"。至元三十年（1293），又"载米二十艘来"[④]。据高丽历史记载，这一时期仍有不少中国商人由海道前往，而高丽政府也派人到山东、江南进行交易。14世纪中叶，元朝统治动摇，群雄割据，浙西的张士诚、浙东的方国珍，都通过海道，与高丽交往。张士诚及其部属在七年之间（1358—1365）先后遣使到高丽达15次之多，高丽亦曾数次遣使回访。方国珍遣使五次。他们

---

① 参见陈高华《北宋时期前往高丽贸易的泉州舶商》，《海交史研究》1980 年总第 2 期。
② 袁燮：《赵公墓志铭》，《絜斋集》卷一七，《文渊阁四库全书》本。
③ 宋晞：《宋商在宋丽贸易中的贡献》，《宋史研究集》第二辑。
④ 郑麟趾：《高丽史》卷二八《忠烈王世家一》；卷八〇《食货志·赈恤》，朝鲜平壤 1957 年本。

遣使的目的，主要是为了开展彼此之间的贸易，用张士诚部属的书信中的话来说，便是："傥商贾往来，以通兴贩，亦惠民之一事也。"① 过去一般认为元朝与高丽之间海上交通衰落，其实是不符合实际情况的。②

朝鲜半岛与中国山东半岛之间的航路，是由山东登州东航至朝鲜半岛西部的瓮津。登州的出海口是芝罘岛（今烟台市北芝罘岛），"顺风泛大海，再宿抵瓮津口登陆"。瓮津即今朝鲜海州西南瓮津。③ 后来宋朝改以明州为始发港，海船由明州出发，先到定海（今浙江镇海），再到昌国（今浙江定海）沈家门（今普陀县），沿两浙海岸北行，在淮河入海口向东驶入黑水洋，也就是深水海洋，先到黑山。黑山即韩国济州岛西北大里山岛，是这条海路的枢纽之地。"每中国人使舟至，遇夜，于山巅明火于烽燧，诸山次第相应，以迄王城，自此山始也。"④ 然后沿朝鲜半岛西部海岸线北上，至礼成江碧澜渡登岸。碧澜渡在今开城西礼成江东岸。这条海路上的航行利用季节风，去高丽多在夏季，利用东南季风；回来时多在秋季，利用西北季风。宋代的记载说："使人之行，去日以南风，归日以北风。"⑤ 顺利时航程很短，只要五六天即可到达。一般需十余天。忽必烈说高丽"于宋得便风可三日而至"⑥。这大概有些夸大。元代的航线，缺乏明确的记载，估计应与宋代相同。

---

① 《高丽史》卷二九《恭愍王世家二》。
② 陈高华：《元朝与高丽的海上交通》，[韩]《震檀学报》第七十一、七十二合并号1991年12月。
③ 《宋史》卷四八七《高丽传》。
④ 徐兢：《宣和奉使高丽图经》卷三五《海道二》。
⑤ 《宣和奉使高丽图经》卷三九《海道六》。按，宋与高丽的航线，请参见王文楚《两宋和高丽海上航路初探》，《文史》1981年第12辑。
⑥ 《元史》卷二百八《高丽传》。

第三节　宋元时期对外交通的港口、市舶司和市舶条例

宋代对外交通的海港，有广州、泉州、明州、温州、杭州、福州、青龙镇、江阴军、密州板桥镇、登州等。元代的对外港口，有泉州、广州、庆元（即明州）、上海、澉浦、温州、杭州、太仓等。总的来说，宋元时期以泉州、广州、明州（庆元）三处海港最为兴旺发达，其他港口则兴废不常。前代以繁荣著称的扬州港，由于长江出海口的变迁，还有其他的原因，已不再是对外交通的海港。大体说来，广州港主要面向南海航线，明州（庆元）港主要面向日本和朝鲜半岛，而泉州港由于地位适中，同时面向南海和东方，但到元代则以南海为主。其他各港口则根据各自的地理位置而分别有所侧重。

宋、元两朝，继承唐代的制度，在重要的港口设立市舶管理机构，对进出口船只、人员、货物进行管理，并为此制定了种种规章文字，即"市舶条例"。宋、元的"市舶条例"是很严密的，而且得到严格的推行。市舶机构的普遍设置和"市舶条例"的制定推行，都是为了适应海外贸易发展的需要。

下面分别介绍这些港口的情况。

一　广州和海南诸港

广州港历史悠久。北宋太祖开宝四年（971），宋灭南汉，立即在当地建市舶司，由知州、通判兼任市舶使和市舶判官。当时两浙和福建尚未归附，广州实际上是宋朝通向南海的唯一门户。由广州进口的舶货，仍由大庾岭路运送京师开封。后来两浙、福建相继归附，宋朝对外交通的港口增多，但广州在相当长的时间内一直占有最重要的地位。它是"外国香货及海南客旅

所聚"之地。① 南海诸国商船大多在广州停泊，这些国家（如三佛齐、阇婆、麻逸、注辇等）的使节来华，一般都在广州港登岸。神宗熙宁年间（1068—1077），"明、杭、广州市舶司博到乳香，计三十五万四千四百四十九斤，广州收三十四万八千六百七十三斤"②。由此不难看出广州在海外贸易中的特殊地位。虽然两浙、福建也都设有市舶司，但"三方唯广最盛"③。南宋初年，广州的市舶官员说："广州自祖宗以来，兴置市舶，收课入倍于他路。"说的正是北宋的情况。

为了适应海外交通的发展，广州加强了港口的建设。大中祥符七年（1014），"邵晔知广州，凿内濠以舶舟楫，不为飓风所苦"④。景德年间（1004—1007），又开南濠，"纳城中诸渠水，以达于海。维舟于是者，无风涛恐，且以备火灾"⑤。这些工程使海船可以直达城市附近。广州镇南门外设有市舶亭，是海舶出入检查之所。⑥ 广州城东南三十里珠江江心有一个小岛，名叫琵琶洲（琵琶山），是"海舶所集之地"⑦。注辇国使臣来中国，便停泊在那里。⑧ 广州港的出海口是溽洲（今广东台山县广海），设有"望舶巡检司"，谓之一望。"稍北又有第二、第三望。商船去时，至溽少需以诀，然后解去，谓之放洋。还至溽洲，则相庆贺。寨兵有酒肉之馈，并防护赴广州。既至，泊舶市舶亭下，五洲巡检司差兵监护，谓之编栏。"⑨

---

① 《续资治通鉴长编》卷一六。
② 毕衍：《中书备对》，转引自梁廷枏《粤海关志》卷三《前代事实》，清道光刊本。
③ 朱彧：《萍洲可谈》卷二。
④ 释文莹：《玉壶清话》，《知不足斋丛书》本。
⑤ 陈大震：《大德南海志》卷八《城濠》。
⑥ 朱彧：《萍洲可谈》卷二。
⑦ 方信孺：《南海百咏》，《宛委别藏》本。
⑧ 《宋史》卷四八九《注辇国传》。
⑨ 朱彧：《萍洲可谈》卷二。

南宋前期，广州港仍是很兴盛的。"大贾自占城、真腊、三佛齐、阇婆涉海而至，岁数十柁。"① 宋朝政府努力开拓广州港的海外贸易，高宗曾命广州官员敦促大食商人蒲亚里"归国，往来干运舶货"②。但是，自北宋中期泉州设立市舶司后，泉州港得到了迅速的发展，很快便赶上了广州。原来设两浙、福建、两广三市舶司，南宋孝宗乾道二年（1166）罢两浙市舶，此后泉、广二司并列，地位大致相等。宋元之际，广东遭到战争的破坏，但由于元朝政府重视海外交通，广州港得到恢复和发展，很快又是"蕃舶凑集之所，宝货丛聚"；"海人兽山之异，龙珠犀贝之异，莫不充储于内府，畜玩于上林"。进口的外国货物"视昔有加焉"③。"岁时蕃舶金、珠、犀、象、香药、杂产之富，充溢耳目，抽赋帑藏，盖不下巨万计。"④ 但是，元代泉州在海外交通中有特殊的地位，跃居全国各海港之首，相形之下，广州港降到第二位了。

历史上常以交、广二州并提，它们都是面向南海的地区，二州的海港关系密切。到了宋代，交趾独立，海上交通的形势发生了某些变化。在这种形势下，位于今海南省的琼州（今海口）、吉阳军（今三亚）、万安军（今万宁）等港口相继而起，其中琼州较重要。"琉球大食更天表，舶交海上俱朝宗。势须至此少休息，乘风径集番禺东。不然舶政不可为，两地虽远休戚同。"⑤ 可见琼州港实际上是广州的外围港，万安军、吉阳军二港也一样。万安军"城有舶主都纲庙，人敬信，祷卜立应"⑥。吉阳军"滨海有相公亭……舶船每泊其下"。这座亭是"番商游集之地"⑦，这几处

---

① 洪适：《师吴堂记》，《盘洲文集》卷三〇。
② 《宋会要辑稿》职官四四之三〇，《四部丛刊》本。
③ 《大德南海志》卷七《舶货》。
④ 吴莱：《南海山水人物古迹记》，《渊颖集》卷一，《四部丛刊》本。
⑤ 楼钥：《送万耕道帅琼管》，《攻媿集》卷三。
⑥ 赵汝适：《诸蕃志》卷下《海南》。
⑦ 周煇：《清波别志》卷中，《文渊阁四库全书》本。

港口都没有设立市舶机构，进出口的货物和人员必须到广州办理手续。但是，由于商舶的经常停泊，这里很自然地开展了一些舶货的贸易活动，而一些外国商人、水手也就在这里居留。这种情况持续到元代。近年来在海南发现的阿拉伯文碑铭，便是外国商人、水手在当地居住的实物证据。①

二 泉州、福州

泉州港在唐代兴起，北宋前期，泉州对外贸易已相当兴盛，"有蕃舶之饶，杂货山积"②。泉州商人纷纷前往南海各国和高丽贸易。但是，由于当地没有市舶机构，泉州商人出海或回国，必须到广州和明州办理手续；而外国商舶也须先到上述两地，然后再到泉州。这种情况给海商的活动造成很大的不便，因而走私的海商很多。宋神宗熙宁五年（1072），皇帝下诏："东南之利，舶商居其一，比言者请置司泉州，其创法讲求。"③ 这是宋神宗首次注意到泉州置司问题，但没有下文。元丰五年（1083），陈偁知泉州，针对当时有关部门搜捕走私船舶引起恐慌上疏说："自泉之海外，率岁一往复。今远诣广，必两驻冬，阅三年而后返。又道有焦石、浅沙之险，费重利薄，舟之南日少而广之课岁亏，重以拘拦之弊，民益不堪。置市舶于泉，可以息弊止烦。"④ 他的意见并未受到重视。到了哲宗元祐二年（1087），才正式在泉州设市舶司。从神宗提出到设置，拖了十五年。此事迟迟不决，可能与当时新旧党争有关。⑤

---

① 陈达生：《中国东南沿海地区伊斯兰碑铭研究纲要》（英文），见《中国与海上丝绸之路》（论文集），第165页。
② 《宋史》卷三三〇《杜纯传》。
③ 《宋史》卷一八六《食货志·互市舶法》。
④ 陈瑾：《先君行述》，见《永乐大典》卷三一四一。
⑤ 李东华：《泉州与我国中古代的海上交通》，台湾学生书局1986年版，第121—123页。

市舶司设立是泉州港的一件大事。自此以后，泉州的进出口贸易得到迅速的发展。南宋时的记载说："泉之地并海，蛮胡贾人，舶交其中，故货通而民富。"① 它在海外交通方面的重要性已赶上广州，"若欲船泛外国卖买，则是泉州便可出洋"②。由于对外贸易的兴盛，泉州经济繁荣，"况今闽粤，莫盛于泉州"③。泉州城南晋江沿岸，是海舶停泊场所，城南逐渐成为外国商人和水手集中居住的地区。不少著名的阿拉伯、印度等国的商人，都生活在这里。泉州还有伊斯兰教徒集中埋葬的墓地。

南宋后期，泉州的海外贸易，因政府征税过重及官吏敲诈勒索等原因，一度凋敝。回回人蒲寿庚以经营海外贸易为业，交结官府，得以出任泉州市舶使。蒲寿庚乘机扩大自己的势力，到南宋末年，他"致产巨万，家僮数千"，成为一支强大的海上力量。④ 元军南下时，他主动投降，元朝加以重用，通过他"诱诸蛮臣服"⑤。在宋、元交替之际，泉州的海外交通并未受到大的影响。在入元以后，泉州则得到更大的发展。元代有人说："泉，七闽之都会也。番货远物、异宝奇玩之所渊薮，殊方别域富商巨贾之所窟宅，号为天下最。其民往往机巧趋利，能喻于义者鲜矣，而近年为尤甚，盖非自初而然也。"⑥ 泉州在海外贸易中的地位"号为天下最"，也就是越过广州为全国各港口之冠。元代有关海外贸易的政策法令，大多是针对泉州的情况而发，其他港口则以泉州为例的。"缠头赤脚半蕃商，大舶高樯多海宝。"⑦ 泉州是中外多民族杂居的国际性的海港都市。著名的外国旅行家马可·波罗、伊

---

① 张纲：《送南夫知泉州》，《华阳集》卷一，《四部丛刊》本。
② 吴自牧：《梦粱录》卷一二《江海船舰》。
③ 王象之：《舆地记胜》卷一三〇《福建路·泉州府》，清道光刊本。
④ 王磐：《藁城令董文炳遗爱碑》，见《嘉靖藁城县志》卷九。
⑤ 《元史》卷一五六《董文炳传》。
⑥ 吴澄：《送姜曼卿赴泉州路录事序》，《吴文正公集》卷一六，明成化刊本。
⑦ 宗泐：《清源洞图》，《全室外集》卷四，《文渊阁四库全书》本。

本·白图塔都盛赞泉州港的繁荣。马可·波罗说:"印度一切船舶运载香料及其他一切贵重货物咸莅此港。是亦为一切蛮子商人(指中国南方商人——引者)常至之港,由是商货宝石珍珠输入之多竟至不可思议,然后由此港转贩蛮子境内。我敢说亚历山大或他港运载胡椒一船赴诸基督教国,乃至此刺桐港者,则有船舶百余,所以大汗在此港征收税课,为额极巨。"① 伊本·白图塔在这里看到大船百数,小船不可胜计。② 马可·波罗、伊本·白图塔都称泉州为刺桐(Zaitun),当时泉州城遍植刺桐树,因此得名。事实上,泉州(刺桐)不仅是当时中国第一大港,也是世界最大海港之一。

一方面是"蕃商远道前来泉州",另一方面泉州的商人也积极出海贸易。北宋时期,大批泉州商人前往高丽贸易,数量之多,在其他各港口之上。③ 泉州舶商李充去日本。④ 南宋初泉州纲首朱纺到三佛齐国,⑤ 等等。这些是姓名有记载的,不见于记载的一定更多。元代,官方文书中说,"泉州那里……做买卖的"前往"回回田地里,忻都田地里","回回田地"指的是阿拉伯世界,"忻都田地"指的是印度次大陆诸国。⑥ 元末泉州商人陈宝生、孙天富,结为兄弟,轮流出海,"其所涉异国,自高句丽外,若阇婆、罗斛,与凡东、西诸夷,去中国无虑数十万里。方是时,中国无事……诸国之来王者且飘蔽海上而未已,中国之至彼者如东西家然"⑦。《岛夷志略》的作者汪大渊本人大概就是一个商人,

---

① 《马可波罗行记》,第609页。
② 张星烺:《中西交通史料汇编》第二册,中华书局1997年版,第75—76页。
③ 陈高华:《北宋时期前往高丽贸易的泉州舶商》,《海交史研究》1980年总第2期。
④ 李充出海公凭,见《宋元时期的海外贸易》,第75页。
⑤ 《福建莆田祥应庙碑记》,《文物参考资料》1957年第9期。
⑥ 《通制条格》卷二七《杂令·蒙古男女过海》。
⑦ 王彝:《泉州二义士传》,《王常宗集》续补遗,《文渊阁四库全书》本。

他是豫章（今江西南昌）人，但在泉州从事海外贸易活动，《岛夷志略》一书，原来就收在元末泉州地方志《清源续志》之内。书中有不少关于中国商人在南海活动的记载，有的清楚指明是泉州舶船。① 马可·波罗说，"刺桐及蛮子之商人"在爪哇"大获其利"。② 刺桐商人就是泉州商人。以上这些例子都足以说明，宋元时期，特别是元代，泉州商人在海外是很活跃的。

宋代诗人谢履在《泉南歌》中写道："泉州人稠山谷瘠，虽欲就耕无处辟。州南有海浩无穷，每岁造舟通异域。"③ 在泉州，从事海外贸易的人很多。正因为海外贸易发展的需要，这里有发达的造船业。"海舟以福建为上。"④ 而泉州又是福建造船业的一个中心。1974年发现的泉州宋代古船，为此提供了实物证据。⑤

与泉州邻近的，有福州港。"海舶千艘浪，潮田万顷秋。"⑥ 宋代福州也是一个颇具规模的港口。元代，马可·波罗说，福州"珍珠宝石之交易甚大，盖有印度船舶数艘，常载不少贵重货物而来也"⑦。但是，福州没有设立市舶机构，它的对外贸易应是由泉州市舶司管理的。

三 明州（庆元）、杭州、澉浦、温州

明州即今浙江宁波。宋代称明州，后改称庆元。由于地理位置重要，明州是宋朝同日本、高丽交通的重要港口，此外也有一些南海蕃舶来到这里。"城外千帆海舶风。"⑧ "万里之舶，五方之

---

① 《岛夷志略校释》，第209页。
② 《马可波罗行记》下册，第647页。
③ 王象之：《舆地纪胜》卷一三〇《福州路·泉州府》。
④ 徐梦莘：《三朝北盟会编》卷一七六，清光绪许氏刻本。
⑤ 泉州海交史博物馆：《泉州湾宋代海船发掘与研究》，海洋出版社1987年版。
⑥ 鲍祗诗，见《舆地纪胜》卷二一八《福州路·福州府》。
⑦ 《马可波罗行记》，第605页。
⑧ 邵必诗，见《乾道四明图经》卷八，《宋元四明六志》本。

贾，南金大贝，委积市肆，不可数知。"① 南宋明州地方志记载由海外输入的货物共有一百七十余种，其中有来自日本、高丽的各种物品，也有南海的香料、药材、珍宝。② 到了元代，"是邦控岛夷，走集聚商舸。珠香杂犀象，税入何其多"③。元代地方志中记载，庆元进口的舶货达二百二十余种，④ 比南宋时多出六十余种。

宋代的两浙路市舶司，有时设在明州，有时设在他处，当设在他处时，明州就设市舶务。务是比司低一级的机构。南宋乾道二年（1166）罢两浙市舶司，但明州市舶务仍然保留。元代市舶机构兴废不常，后来仅在广州、泉州、庆元三处设市舶司。由此不难看出明州（庆元）港在对外交通中的特殊地位。

接近明州（庆元）的，有杭州、澉浦、温州三处港口，都曾在对外交通中发挥过作用。杭州本身并不是良港，但它是南方最繁荣的都市，因而"闽商海贾，风帆浪舶"，经常出入。⑤ 两浙市舶司一度设在这里。宋真宗时，"又命杭、明州各置司，听蕃客从便"⑥。市舶司后来迁走，改设市舶务。南宋中期以后，市舶务撤销，说明杭州港已停止对外贸易活动，这可能更多军事、政治上考虑。元代，杭州一度设市舶司，但不久即撤销。澉浦（今属浙江海盐县）原是盐场所在地，南宋时逐渐发展起来，成为一个对外交通的港口。到了元代，它成为"远涉诸蕃，近通福、广，商贾往来"的"重要之地"⑦。元代的航海世家杨氏，便以澉浦为基地。元朝政府一度在这里设市舶司，后来撤销。温州地处瓯江入海处，有优良的港口和发达的造船业。宋代温州一度设市舶务，

---

① 陆游：《明州育王山买田记》，《渭南文集》卷一九，《四部丛刊》本。
② 《宝庆四明志》卷六《市舶》，《宋元四明六志》本。
③ 张翥：《送黄中玉之庆元市舶》，《元音》卷九，《文渊阁四库全书》本。
④ 《至正四明续志》卷五《土产·市舶物货》，《宋元四明六志》本。
⑤ 欧阳修：《有美堂记》，《欧阳文忠公集》卷四〇，《四部丛刊》本。
⑥ 《宋会要辑稿》职官四四之一。
⑦ 《元典章》卷五九《造作》，台北"故宫博物院"影印元刻本。

隶属于两浙市舶司。元代一度设市舶司，后撤销。元成宗二年（1296）派遣使节去真腊，便是由"温州开洋"的。①

四　长江下游港口

唐代末期，作为国际贸易港的扬州因战争破坏和长江航道的变迁而趋于衰落，长江下游的一些港口便相继兴起。它们是青龙镇、上海、江阴军和太仓。

青龙镇在今上海市青浦县城东北。唐代，海船自扬州下驶，先到青龙镇，然后再扬帆入海。宋代，青龙镇设市舶务，隶属于两浙市舶司。元代，青龙镇属上海县。它是"岛夷、闽、越、交、广之途所自出"，所以"海舶辐凑，风樯浪楫，朝夕上下"②。但因吴淞江及其支流的河道淤塞，海岸东移，不利于海舶的通行，到元代便已趋于衰落。

上海是元世祖至元二十七年（1290）才独立成县的，原来是华亭县（今上海松江）的一部分。宋代华亭属秀州，"据江瞰海，富室大家，蛮商舶贾，交错于水陆之道，为东南第一大县"③。两浙市舶司就一度设在华亭。元代上海建县后，原来华亭对外交通的港湾，都在上海县管辖之内。因此，它很快就成为设有市舶司的七处港口之一。虽然市舶司后来撤销，但已足以说明它在对外交通中占有相当重要的地位。

江阴军即今江苏江阴市，位于长江入海口南岸。它境内最重要的港口是黄田港。"黄田港外水如天，万里风樯看贾船。海外珠犀常入市，人间鱼虾不论钱。"④从北宋文学家王安石的这首诗中，

---

① 参见周达观《真腊风土记》。
② 《弘治上海志》卷二，上海通志馆影印本。
③ 孙觌：《朱公墓志铭》，《鸿庆居士文集》卷三四，《文渊阁四库全书》本。
④ 王安石：《予求守江阴，未得酬，……》，《临川先生文集》卷二三，《四部丛刊》本。

可以知道北宋中期江阴已有海外货物进口。但江阴设立市舶务，是南宋初的事。"绍熙间（1174—1189），商船倭舶，岁尝辐凑。"有时一年来的高丽商舶达六七艘之多。① 但到南宋末年，由于种种原因，江阴军作为海港衰落了，在元代也没有再恢复起来。

太仓属昆山州，靠近长江。"旧本墟落，居民鲜少。"元朝统一以后，任用海盗出身的朱清、张瑄经营海运，从南方向北方运输粮食。朱、张以太仓为海运基地，因而，"不数年间，凑集成市，番、汉间处，闽、广混居"，成了一个新兴的港口城市。② 朱、张二人在经营海运之外，兼营海外贸易，"巨艘大舶帆交番夷中"，也是以太仓为基地的。③ 元代中叶，昆山州治也移到了太仓。"州治濒海，商船旅泊，货盈市集，民物繁多，如通都大邑。其傍海居民，半皆航海，往来水陆之冲，出彼入此。"④ "而海外诸番，因得在此交通市易。是以四关居民间阎相接，粮艘海舶，蛮商夷贾，辐辏而云集，当时谓之六国马头。"⑤ 太仓的主要海港是刘家港。在以上几个港口城市中，青龙镇和江阴军盛于宋代，到元朝便已衰落。上海、太仓盛于元代，而且在后代的对外交通中继续发挥作用。

五　北方港口

山东的登州（今山东蓬莱）是一个古老的港口，邻近朝鲜半岛。北宋前期，还有高丽使臣由登州登陆。但宋朝政府因登州与辽朝辖区接近，有意封闭。高丽使臣改由明州出入，登州港基本上中止了对外交通的职能。

---

① 袁燮：《赵公墓志铭》，《絜斋集》卷一七。
② 《至正昆山郡志》卷一《风俗》，《太仓旧志五种》本。
③ 陶宗仪：《辍耕录》卷五《朱张》，中华书局1959年版。
④ 朱德润：《昆山州边承事遗爱碑》，《存复斋续集》，《涵芬楼秘笈》本。
⑤ 《弘治太仓州志》卷一《沿革》，《太仓旧志五种》本。

密州（州治今山东诸城）在山东半岛南边，面临黄海。密州板桥镇（今山东胶县）在北宋时兴起，成为重要的贸易港。元祐三年（1088）在板桥镇设立了市舶司。北宋与高丽的交通，有时就是通过板桥镇进行的。随着北宋的灭亡，板桥镇也就不再对海外交往了。

元代，高丽国王曾派人"航海往益都府，以麻布一万四千匹市楮币"[1]。可知山东半岛仍有港口与高丽往来。此外，直沽也可能与高丽有贸易关系。[2]

总的来说，宋元时期北方港口在海外交通中已不占重要地位。

宋代市舶机构的设置，始于太祖开宝四年（971）。这一年，"置市舶司于广州，后又于杭、明州置司"[3]。泉州和板桥镇置司较晚，已见前述。北宋后期，五市舶司并存。南宋时，设两浙、福建、广南东路三处市舶司，福建市舶司设泉州，广南东路市舶司设广州，两浙市舶司所在地先后设在杭州、秀州华亭，下辖几处市舶务。孝宗乾道二年（1166），废两浙市舶司，后来又废杭州、江阴军、温州、秀州等市舶务，只有明州保留了市舶机构。南宋末，在澉浦设立了市舶场。北宋前期，市舶司官员主要由所在地主要行政官员兼任。中期改以各路转运使或副使兼任，后来又改为设置专职提举市舶官。南宋时，福建、广南东路都有专职的市舶官员，两浙市舶司也有专职官员，但在罢废后，各市舶务由地方官兼管，"而转运司总之"[4]。元朝平定江南过程中，先在泉州、庆元、上海、澉浦四处设市舶司，后又在广州、温州、杭州三处设司，共七处。至元三十年（1293）后，陆续裁并，元代

---

[1] 郑麟趾：《高丽史》卷二九《食货志二·科敛》。
[2] 陈高华：《元朝与高丽的海上交通》，[韩]《震檀学报》第七十一、七十二合并号。
[3] 《宋史》卷一八六《食货上下八·互市舶法》。
[4] 《宋史》卷一六七《职官志七》。

中期，只剩下泉州、广州、庆元三处市舶司。初立时常以地方高级行政官员兼领，后来改为委派专职官员管理。

宋代市舶司的职责是"掌蕃货海舶征榷贸易之事，以来远人，通远物"①。为此，宋朝政府制定了一系列的政策法令，其中比较重要的是元丰三年（1080）的"广州市舶条［法］"，不仅通行于广州，而且一度也成为其他市舶司工作的依据。②但是，先后发布的各种规章法令，内容因时因地而定，不免有矛盾冲突之处，"待夷、夏之商，或同而或异。立赏、刑之制，或重而或轻。以致住舶于非发舶之所，有禁有不禁；买物于非产物之地，有许有不许。若此之类，不可概举。故官吏无所遵守，商贾莫知适从，奸吏舞文，远人被害，其为患深"③。有宋一代，先后有不少人建议加以厘正统一，但始终没有进行。从流传下来的各种资料可以看出，宋代的各种市舶条法主要包括如下内容：

1. 中国商舶的出海与回港手续

商人出海贸易，必须得到市舶司的批准，由市舶司发给证书（公凭或公据），才能成行。具体来说，商人要将舶船所载货物种类、数量，船员姓名、职务，以及前去贸易的地点，向所在地方官府申报，"仍召本土物力户（富户——引者）三人委保。州为验实，送原发舶州，置簿给公据听行。回日，许于合发舶州住舶，公据纳市舶司"。所说"原发舶舟"与"合发舶舟"实际上是同一地方，限于设置市舶司的港口广州、泉州、明州等。如果没有公据，便是私自出海，发现后"徒二年，五百里编管"。"并许人告捕，给舶物半价充赏。其余在船人虽非船物主，并杖八十。"④舶船出发时，要差官"点检"，防止夹带兵器和其他不许出口的物

---

① 《宋史》卷一六七《职官志七》。
② 《宋会要辑稿》职官四四之六。
③ 同上。
④ 《宋会要辑稿》职官四四之八。

品。舶船回港时，当地官府要差兵监视，防止船上货物未经抽税私下出售。

2. 中国商船载回货物的禁榷、抽分和博买

北宋初期，对进口的货物普遍采取禁榷的办法，即由政府专买专卖，不许民间贸易。后来，除了部分珍贵物品仍然禁榷之外，其他部分在"官市之余，听市于民"①。无论禁榷或是允许民间买卖的货物，都要先经市舶司"抽分"（亦称"抽解"），即在全部货物中按一定比例抽取若干，实际上是一种实物税。最初，"大抵海舶至，十先征其一"②。后来将进口货物分成粗细两色（即两类），按不同比例抽分。细色即贵重货物，粗色即一般货物。"以十分为率，真珠、龙脑，凡细色抽一分；瑇瑁、苏木，凡粗色抽三分。"③南宋时，抽分的比例又有变化。高宗绍兴六年（1136），规定细色十分抽一分，粗色十五分抽一分。此后比例不断提高，一度改为"细色五分抽一分，粗色物货七分半抽一分"，比原来增加了一倍。这样做的结果是舶商不来。明州市舶务"申明户部，乞行优润"。经过修改，规定"不分粗细"，"高丽、日本船纲首、杂事十九分抽一分，余船客十五分抽一分"。南海舶船则"不分纲首、杂事、梢工、船客，例以一十分抽一分"④。纲首是船长，杂事是船上的管理人员。对前往高丽、日本和南海舶船采取不同的标准，可能为了限制南海舶船到明州，也就是说，这一规定可能限于明州市舶司，当然其他市舶司的抽分比例大体上也应差不多。进口货物"抽分"以后，政府还要强制收买一部分，称为"博买"，也叫"官市"。南宋绍兴三年（1133）七月，高宗的一件诏书中援引"祖宗旧制"，命广东市舶官员"将中国有用之物，如

---

① 《宋史》卷一八六《食货志下八·互市舶法》。
② 《宋会要辑稿》职官四四之一。
③ 朱彧：《萍洲可谈》卷二。
④ 《宝庆四明志》卷六《市舶》。

乳香、药物及民间常使香货，并多数博买"①。博买名义上是"如时价给之"，实际上并不如此，"凡官市价微，又准他货与之，多折阅，故商人病之"②。宋宁宗开禧元年（1205），有人上书："泉、广招买乳香，缘舶司阙之，不随时支还本钱，或官吏除克，致有规避博买，诈作飘风，前来明、秀、江阴舶司，巧作他物抽解，收税私卖，攙夺国课。"③ 可见"博买"是"国课"的一项，同时也可看出它严重地损害了舶商的利益。

市舶司"抽解""博买"所得的进口货物，大部分按一定数量分成若干纲（批），运到京师，上交宫廷或中央有关机构。北宋时粗色一万斤为一纲，细色五千两为一纲。南宋时粗、细物货均以五万斤为一纲。还有一部分则就地变卖。运往京师的，除供皇室和政府机构消费外，其余也在市场上变卖。变卖所得便成为国家的财政收入。

3. 禁止权豪富贵官员营私舞弊

海外贸易获利丰厚，利之所在，权贵官员利用特权，从中营私舞弊，牟取暴利，成为很普遍的现象。私家的利益越大，国库收入便会越来越小，宋朝政府为此不断发布禁令。这些禁令可分两类。一类是不许权贵官员经营海外贸易。如太宗至道元年（995）三月的诏书中说："食禄之家，不许与民争利。……内外文武官僚敢遣亲信于化外贩鬻者，所在以姓名闻。"④ 孝宗乾道七年（1171），诏："见任官以钱附纲首、商旅过蕃买物者有罚"⑤。另一类是禁止权贵官吏私下购买进口货物。"浮海之商，以死易货，至则使者、郡太守以下，唯所欲括取之。命曰和买，实不给一钱，

---

① 《宋会要辑稿》职官四四之一七。
② 朱彧：《萍洲可谈》卷二。
③ 《宋会要辑稿》职官四四之三三。
④ 《宋会要辑稿》职官四四之三。
⑤ 《宋史》卷一八六《食货志下八·互市舶法》。

宝珠、象齿、通犀、翠羽、沉、脑、薰陆，诸珍怪物，泰半落官吏手。"① 早在至道元年（995），因"南海官员及经过使臣多请托市舶官为传语蕃长，所买香药，多亏价值"，宋太宗下诏："今后不得收买蕃商杂货及违禁物色，如违当重置之法。"② 南宋高宗时，对犯有这类罪行的官员定出了处分的办法。③

4. 禁止某些物品出口

主要有武器、人口、铜钱等。宋朝政府规定，出海舶船"毋得参带兵器或可造兵器及违禁之物"④，在发给商人、船主的公凭上写明："唯不许兴贩兵甲器仗，及将带女口、奸细并逃亡军人。"⑤ 当时日本及东南亚一些国家都需要中国的铜钱，而铜钱大量出口造成中国的钱荒，导致物价的上涨，宋朝政府屡次发布禁令，不许载运铜钱出海（参看本章第四节）。此外，马匹亦不许出口。南宋淳熙三年（1175），占城国到海南买马，南宋政府"谕以中国马自来不许出外界"⑥。

5. 蕃商管理办法

对于前来贸易的外国商人，上述监视和禁榷、抽解、博买的规定同样适用。凡是"蕃国及土生蕃客愿往他州或东京（北宋首都开封——引者）贩易物货者"，须经市舶司许可，"给与公凭"⑦。

6. 禁止前往某些国家贸易

北宋前期，"旧市舶法，商客前虽许至三佛齐等处，至于高丽、日本、大食诸蕃，皆有法禁不许"。但"虽有法禁，亦不能断

---

① 真德秀：《赵公墓志铭》，《真文忠公集》卷四三。
② 《宋会要辑稿》职官四四之三。
③ 《宋会要辑稿》职官四四之一九。
④ 《宋史》卷一八六《食货志下八·互市舶法》。
⑤ 李充出海公凭，见《宋元时期的海外贸易》，天津人民出版社1981年版，第75页。
⑥ 《宋会要辑稿》蕃夷四之八三。
⑦ 《宋会要辑稿》职官四四之八、职官四四之九。

绝，不免冒法私去"。而且，"诸蕃国远隔大海，岂能窥伺中国"。因此，很快便改变做法，规定："除北界、交趾外，其余诸蕃国未尝为中国害者，并许前去。"① 所谓"北界"，指的是朝鲜半岛和中国山东半岛。有关市舶的条法"庆历编敕""嘉祐编敕"都明文规定："客旅于海路商贩者，不得往高丽、新罗及登、莱州界。""庆历"（1041—1048）、"嘉祐"（1056—1063）是宋仁宗的年号。此后，神宗时期的"熙宁编敕"（熙宁，1068—1077）也规定："往北界高丽、新罗并登、莱界商贩者各徒二年。"② 北宋政府禁止海商去北界，是防止商人乘机前往辽朝控制地区，泄露本国情况。但到元丰二年（1079），便取消了这一禁令。交趾因一度与宋朝发生战争，故亦在禁止之列。南宋时期，则没有明确的禁令。

　　元朝统一之初，沿用南宋的有关规定，但执行不严，官吏上下其手，弊端百出，结果造成中国商船出海锐减，海外商船前来的也很少。至元三十年（1293）八月，经过各方面官员共同研究，以"亡宋市舶则例"为基础，结合当时的实际情况，制定了"整治市舶司勾当法则"二十一条。仁宗延祐元年（1314），又修订颁布了"市舶法则"二十二条。③ 元朝有全国统一的市舶管理法令，这是与宋朝不同的地方。从内容来看，宋、元二代市舶法令的基本方面是相同的，但具体规定有相当大的差别。

　　第一，舶船出海与回港手续。舶商出海，要向市舶司申请，要有"物力户"作保。市舶司发给出海凭证称为"公验""公凭"，"舶商大船请公验，柴水小船请公凭"。每大船一支许带柴水船一支，八橹船一支。"公验""公凭"上"明填所往是何国土经纪"，还要填船主和船上人员姓名、职务，以及舶船的长、阔、

---

① 李充出海公凭，见《宋元时期的海外贸易》，第75页。
② 苏轼：《论高丽进奉状》，《东坡奏议》卷六，《四部备要》本。
③ 至元三十年法则，见《元典章》卷二二《户部八·市舶》。延祐元年法则，见《通制条格》卷一八《关市·市舶》。以下引用资料未注明出处者，均引自以上二法则。

樯高、载重量（"力胜若干"）。"公验"后空纸八张，"行省用讫缝印于上"。先写贩去货物种类、数量，到达目的地后，所买回的物品，也要一一填明。没有"公验""公凭"的船只，"即是私贩，许诸人告捕，得实，犯人决一百七下，船物俱没官"。"不往元报国家贸易，转投别国博易物货，虽称风水不便，并不凭准，船物尽行没官，舶商、船主、纲首、事头、火长各杖一百七下。"舶船回国时，市舶司派官在指定地点"封堵坐押，赴元发市舶司。又行差官监般入库，检空船只，搜检在船人等怀空，方始放令上岸"。如果途中私自变卖或偷运货物，"不行抽解，即是渗泄，并听诸人告捕，全行断没，犯人杖一百七下"。这些规定，比起宋代来严密得多，而对违反者的处罚，则是很严厉的。

  第二，抽解和舶税。元代不对舶货实行"禁榷"和"博买"，而是以抽解为主，又有舶税。至元三十年（1293）的法则"定例抽分，粗货十五分中一分，细货十分中一分"。"更于抽讫物货内，以三十为率，抽要舶税钱一分。"延祐元年（1314）的法则，改为"粗货十五分中抽二分，细货十分中抽二分"；"并依旧例，于抽讫物货内，以三十分为率，抽要舶税一分"。抽分（解）的比例提高了一倍。抽分（解）是一种实物形式的市舶税。抽分（解）以外，又收舶税钱，这实际上是重复征收，巧立名目。"抽分""抽税"之后，才许"舶商发卖与般贩客人"。

  第三，关于权豪官吏与寺院兴贩海外的规定。至元二十一年（1284），元朝政府规定："凡权势之家皆不得用己钱入蕃为贾，犯者罪之，仍籍其家产之半。"[①] 但在至元三十年（1293）的法则中，便作了修改，允许"权豪富户每"用"自己的船只"去做买卖，但必须"依着百姓每的体例"抽分；禁止"官人每"将钱物交给商船代为经营。此外，还特别规定，"和尚、先生、也里可

---

① 《元史》卷九四《食货志二·市舶》。

温、答失蛮""过番买卖",必须依例抽分,如违以漏舶论罪断没。"也里可温"即基督教教士,"答失蛮"是伊斯兰教职业者。元代各种宗教团体在政治上、经济上都有很大势力,往往设法"避免抽分",所以专门有这方面的规定。延祐元年(1314)的法则再一次明确了这些规定。

第四,禁止某些物品出口。至元三十年(1293)的法则中规定,"金、银、铜钱、铁货、男子、妇女、人口,并不许下海私贩诸番"。后来禁止出口的货物有所增加,弓箭、军器、丝绵、布帛都在其列。延祐元年(1314)法则中说:"金、银、铜钱、铁货、男子、妇女、人口、丝绵、缎匹、销金绫罗、米粮、军器,并不许下海,私贩诸番。违者,舶商、船主、纲首、事头、火长,各决一百七下,船物俱行没官。"这一法则明确规定了处罚的办法,是至元三十年法则中没有的。

第五,蕃商管理办法。外国商船所带货物,"至舶司照数依例抽解"。"番人回还本国,亦于所在番船公验内附写将去物货,不许夹带违法之物。"

上面简要介绍了宋、元二代的市舶条例(法则)。可以看出,这些规定的目的,在于保护国家的市舶税收不致受到损失。这些规定(特别是元代的法则)应该说是很严密的,这是海外贸易繁荣兴盛的表现,也是历代王朝管理海外贸易的经验长期积累的结果。但是,条例(法则)的制定是一回事,实际执行又是另一回事,两者之间的差别是很大的。宋、元二代普遍存在权贵官吏的贪污舞弊风气,在这种风气下,条例(法则)常常只成为徒具形式的一纸空文。

第四节 宋元时期由海道进出口的物品

宋元时期的海上交通,同前代一样,是以贸易作为主要内容的。政治上的交往，其目的主要亦在于发展彼此之间的贸易往来。"风化既通，梯航交集，以此之有，易彼之无，古人贸通之良法也。"① 输出本国的农产品、手工业产品，购买海外诸国的种种特产，以满足国内各等级的不同需要，这就是海外贸易，也就是当时习惯称呼的"市舶"。

宋元时期中国出口的货物，和前代大体相同，但也有一些差别。总的说来，以手工业产品为主，其中尤以纺织品和陶瓷制品最为重要。其次是金属制品、日常生活用品、农产品和副食品等。

纺织品中主要是丝织品，其次是麻、棉织品。宋代，《诸蕃志》中记载的出口南海的丝织品有锦绫、假锦、缬绢等。南宋嘉定十二年（1219），"臣僚言以金银博买［香料］，泄之远夷为可惜。乃命有司止以绢、帛、锦、绮、瓷、漆之属博易"②。绢、帛、锦、绮都是丝织品，宋朝政府用来交换南海出产的香料，说明它们是受南海居民欢迎的物品。北宋元丰五年（1082），三佛齐"主管国事国王之女""寄龙脑及布与提举市舶孙迥，迥不敢受，言于朝。诏令估直输之官，悉命帛以报。"③ 互赠礼物的背后是等价的货物交换，而作为一种常见丝织品的帛，显然是受到三佛齐重视的物品。元代，《岛夷志略》记载的用于南海（东西洋）各国贸易的丝织品有建阳锦、五色绢、阜绫、建宁锦、苏杭五色缎、龙缎、诸色绫罗帛匹等，其中以五色绢和五色缎最受欢迎。丝织品之外，还有棉织品。《诸蕃志》记载只有层拔国（非洲东部桑给巴尔）需白布；而《岛夷志略》记载行销南海（东西洋）各国的则有花布、小花印布、青布、红布、海南布、土印布、红油布等多种。宋元之际，中国的棉花种植和棉纺织业得到了迅速的发展。

---

① 《大德南海志》卷七《舶货》。
② 《宋史》卷一八五《食货下七·香》。
③ 《宋会要辑稿》职官四四之六。

从宋到元，布在外销的纺织品中突然增多，应与棉纺织业的发展有关。也就是说，《岛夷志略》记载的各种外销布，主要应是棉布。《真腊风土记》记载，当地行用中国麻布、黄草布。

对于东方的日本、高丽来说，中国的丝织品也是很受欢迎的货物。当时日本称中国的丝织品为唐绫、唐锦，而称本国的同类产品为和绫、和锦。唐绫、唐锦的价值在和绫、和锦之上。中国方面的记载说，日本居民"所衣皆布，有极细者，得中国绫、绢则珍之"[1]。北宋崇宁四年（1071）泉州商客李充前往日本，船上所载货物中有"象眼四十匹，生绢十匹，白绫二十匹"[2]。"象眼"大概也是一种丝织物的名称。高丽的丝织品主要来自中国。12世纪访问那里的中国使臣发现，"其丝线织纴皆仰贾人自山东、闽、浙来"[3]。元末，张士诚、方国珍赠给高丽国王的礼物中有彩缎、彩帛，说明丝织品为高丽宫廷所欢迎。

元代中期，一度禁止丝、绵、布、帛下海。延祐元年市舶法则中规定，"丝绵、缎匹、销金绫罗""并不许下海，私贩诸番。"但从《岛夷志略》（它成书于元朝末年）的记载来看，各种丝织品都可下海贩卖，说明上述禁令如不是很快取消，便是不曾认真执行。

陶瓷器在宋元时期海外贸易中占有特殊重要的地位。中国的陶瓷器由海道出口很早，但只有到了这一时期，其重要性能与丝织品并列。《诸蕃志》记载向南海各国出口的陶瓷器有盆钵，《真腊风土记》记载有"泉、处之青瓷器"和"中国瓦盘"。《岛夷志略》所载品种最多，有处州瓷器、青白花碗、瓦坛、大小埕、粗碗、瓷器盘、大瓮、瓷壶、青器、小罐、瓦瓶等。前引嘉定十一

---

[1] 周密：《癸辛杂识》续集下《倭人居处》，中华书局1988年版。
[2] 李充出海公凭，见《宋元时期的海外贸易》，天津人民出版社1981年版，第76页。
[3] 徐兢：《宣和奉使高丽图经》卷二三《土产》。

年（1218）记事中，宋朝政府用来"博易"进口香料的，除了丝织品之外，还有瓷。至元三十年（1293）"市舶法则"中说："咱每这田地里无用的伞、摩合罗、磁器、家事帘子这般与了，博换他每中用的物件来。"伞、摩合罗（玩具）、家事帘子销量有限，价值也不高，最重要的显然是瓷器。考古发掘说明，在东起菲律宾群岛、中南半岛，西抵阿拉伯半岛、非洲东北岸的广大地区内，到处可以发现宋元瓷器的遗迹，以越窑青瓷和龙泉窑青瓷为主，也有其他窑系的青白瓷、白瓷、青花瓷等。特别值得注意的是，这一时期有的瓷器是专为出口生产的，如军持、贴花青瓷碗等。军持（Kandika）是盛水瓶，行销于印度及其以西地区。贴花青瓷碗即碗心贴着一块饼干形的大菊花纹，用作装饰，而贴花的反面即碗的圈足底部中央则有一孔。这种瓷器在土耳其、埃及、伊朗都有发现。[①]《岛夷志略》中多处提到"处瓷""青处器"，可见处州（治所今浙江丽水）龙泉的瓷器当时在海外特别受欢迎。另据《真腊风土记》记载，真腊行销"泉、处之青瓷器"，泉州瓷器主要产于德化，在泉州附近，出海很方便。马可·波罗提到刺桐附近的德化"制造碗及瓷器，既多且美"[②]。摩洛哥旅行家伊本·白图塔说，中国瓷器品质最佳，远销印度及其他国家，直至他的家乡。[③] 由于陶瓷器的大量出口，我国海船在装运方面积累了丰富的经验，大小相套，充分利用船舱的空间，"无少隙地"[④]。

陶瓷器也是中国向日本出口的重要货物。前述李充商船装载的物品中，除丝织品外，还有"磁碗二百床，磁碟一百床"。在日本港口博多（今福冈）及其所在的北九州地区，到处可以发现宋代陶瓷，其中有越窑、龙泉窑、同安窑、景德镇窑等窑系的产品。

[①]　[日] 三上次男：《陶瓷之路》中译本，第62—66页。
[②]　《马可波罗行记》，第609页。
[③]　张星烺：《中西交通史料汇编》第二册，中华书局1976年版，第69页。
[④]　朱彧：《萍洲可谈》卷二。

宋代陶瓷在这一地区的庄园中普遍渗透和日用品化，有的还转运到其他地方。① 20 世纪 70 年代发现的朝鲜半岛西南部木浦附近海底的沉船，据研究是一艘元代从中国出发、以日本为目的地运货船，已打捞出的瓷器即有一万八千件，其中龙泉窑系的青瓷最多，其次有白瓷、青白瓷、黑釉瓷等，分别产于景德镇窑、建窑、越窑等。可以说明当时中国瓷器向日本出口具有很大的规模。②

横贯东西的海上交通线，一般常称之为"海上丝绸之路"。但也有学者称之为"陶瓷之路"或"香瓷之路"。从唐代起，特别是宋代以后海上贸易的实际情况来看，"陶瓷之路"或"香瓷之路"的称呼，也是可以成立的。

金属和金属加工品在出口货物中占有重要的地位。贵金属（金、银）的出口受到限制。原来宋朝政府与海外诸番"并通货易，以金银、缗钱、铅锡、杂色帛、瓷器，市香药、犀象"等物，"金银"是允许出口的。嘉定十二年（1219）"以金银博买，泄之远夷可惜"，不再用金银来博买舶货，已见前述。元代，至元三十年（1293）的"市舶法则"中，明文禁止金、银下海。至大四年（1311）四月的诏书中宣布，允许民间买卖金银（在此以前曾禁止），然而，"其商贾收买下番者，依例科断"③。也就是说，仍在禁止之列。延祐元年的"市舶法则"，再次重申了这一规定。但是，《岛夷志略》中记载，贸易用金、银的国家或地区有二十余处。如渤泥，"货用白银、赤金"；波斯离（即今伊拉克巴士拉），"贸易之货……云南叶金、金银"。可见贵金属出海仍是相当普遍的现象。在一般金属中，铁、铜和铁、铜器皿在出口货物中占有

---

① 冈崎敬：《福冈市圣福寺发现的遗物》，严晓辉译，《海交史研究》1989 年第 1 期。

② 郑良谟：《新安海底发现的陶瓷器的分类与有关问题》，程晓中译，《海交史研究》1989 年第 1 期。

③ 《通制条格》卷二七《杂令·金银》。

相当大的比例。《诸蕃志》记载有铁、铁鼎、铁针、赤铜等。《真腊风土记》记载有铁锅、针、铜盘。《岛夷志略》记载最多,有铁块、铁鼎、铁锅、针、铁线、铁条、铜珠、铜鼎、青铜、白铜等。中国的金属冶炼和金属器皿制造,在当时世界上居领先地位;这些物品的出口,对于南海(东、西洋)各国的生产和人民生活,无疑起着有益的作用。此外出口的金属还有锡、铅等。

各种日常生活用品,如漆器、雨伞、草席、帘子、摩合罗、琉璃制品(珠、瓶)、木梳、绢扇等,也在出口货物中占有一定的地位。这些手工制作的生活用品,或精致美观,或结实耐用,都为海外各国居民所欢迎。漆器是中国的特产,据《诸蕃志》记载,占城、阇婆、麻逸、佛罗安均购买过漆器,《真腊风土记》记载当地人民希望得到中国的温州漆盘。《岛夷志略》记载购买中国漆器的则有民多朗(越南南部)、彭坑、戎(马来半岛南部)等处。《真腊风土记》记载,当地人民希望得到的中国物品还有雨伞、篾簟、木梳等。琉璃制品销路也很广,据《岛夷志略》记载,行销二十余个国家和地区。

中国出口的农产品和农产加工品首先是米。据《诸蕃志》记载,宋代从中国进口米的国家和地区有三佛齐、单马令、凌牙斯加、佛罗安。南宋时,浙西一带"奸民豪户,广收米斛,贩入诸番,每一海舟所容,不下一、二千斛"①。广东产米较多,"常岁商贾转贩,舶交海中"。其中部分用于出口。② 元代,广州一带商人仍于乡村籴米百石、千石甚至万石,搬运到"海外占城诸番出粜,营求厚利"③。另一种出口的重要农产品是茶叶。宋朝官员在讨论海外贸易时说:"彼之所阙者,如瓷器、茗、醴之属,皆所愿

---

① 《宋会要辑稿》食货三八之四四。
② 朱熹:《与建宁诸司论赈济札子》,《朱文公文集》卷二五。
③ 《通制条格》卷一八《关市·下番》。

得。"① 高丽的"土产茶味苦涩不可入口，唯贵中国腊茶并龙凤赐团。自赐赍之外，商贾亦通贩，故迩来颇喜饮茶。"② 荔枝是福建的特产，在北宋时曾大量出口，"其东南舟行新罗、日本、流求、大食之属，莫不爱好"③。上面提到的"醴"就是酒。《诸蕃志》记载从中国进口酒的有占城、真腊、三佛齐、单马令、凌牙斯加、佛罗安。《岛夷志略》记载则有占城、民多朗、丁家庐（在马来半岛）、曼陀郎（在印度次大陆）、高郎步。糖（白糖、糖霜）也在出口货之列，见于《诸蕃志》的需要糖的国家有占城、真腊、三佛齐、单马令；见于《岛夷志略》的有苏门傍〔今印尼马都拉岛（Madura）〕、土塔、大八丹〔今印度马拉巴尔海岸（Malabar）〕。

除了上述几类物品之外，由海道外销的货物还有药材（大黄、川芎、白芷、樟脑等）、染料（朱砂、紫粉）、化妆品（土粉，即铅粉）以及水银、白矾等。朱砂可供"妇人染指甲衣帛之属"，深受苏吉丹、阇婆等地人民欢迎。④ 中国乐器（鼓、鼓板）行销的地区，《诸蕃志》记载有真腊，《岛夷志略》记载有丹马令、彭坑、吉兰丹、针路（马来半岛北部）、尖山〔菲律宾巴拉望岛（Palawan）〕、文诞〔印尼班达群岛（Banda）〕、大乌爹、乌爹（今缅甸西南）等。可见都是颇受欢迎的。中国的刻本书籍大批向日本、高丽出口。日本在这一时期向中国购买了大批佛经、儒家经典和其他各类书籍。北宋时，高丽出高价委托中国商人在杭州雕造夹注《华严经》，用海船装载去缴纳。⑤ 神宗熙宁七年

---

① 《宋会要辑稿》刑法二之一四四。
② 《宣和奉使高丽图经》卷三二《器皿三》。
③ 蔡襄：《荔枝谱》，《百川学海》本。
④ 《诸蕃志》卷上《苏吉丹》。
⑤ 苏轼：《论高丽进奉状》，《东坡奏议》卷二。

(1074），诏国子监"许卖九经、子、史诸书与高丽国使人"[1]。著名高丽僧人义天，在中国旅行期间购买佛经章疏三千余卷。元代，高丽政府派人乘船到江南购书，一次便购得一万八百卷。[2] 中国的纸，销往交趾。[3]

这一时期出口的还有一种特殊的货物，那便是铜钱。铜钱本是作为一般等价物的货币，本身不是商品。但是，日本和一些国家，由于种种原因，以中国的铜钱作为本国的货币，多方设法换取中国的铜钱。这样，铜钱就成了一种特殊的商品。铜钱大量出口，导致本国货币缺乏，必然引起物价上涨，财政困难。因此，宋、元二代政府三令五申，禁止铜钱出口。北宋初年，"铜钱阑出江南、塞外及南蕃诸国，差定其法，至二贯者徒一年，五贯以上弃市，募告者赏之"。统一江南以后，仍然维持这一禁令。神宗熙宁七年（1074），"削除钱禁，以此边关重车而出，海舶饱载而回"。到元丰八年（1085），哲宗嗣位，"复申钱币阑出之禁"。南宋初年，在浙、闽、广置市舶机构，"舶商往来，钱宝所由以泄，是以自临安出门，下江海，皆有禁"。淳祐四年（1244），右谏议大夫刘晋之言："巨家停积，犹可以发泄；铜器钚销，犹可以止遏；唯一入海舟，往而不返。"于是申严漏泄铜钱之禁。八年（1248），监察御史陈求鲁言："蕃舶巨艘，形若山岳，乘风驾浪，深入遐陬。贩于中国者皆浮靡无用之异物，而泄于外夷者乃国家富贵之操柄。"十年（1250），"以会价低减，复申严下海之禁。""会"即"会子"，南宋发行的纸币，与铜钱并用。铜钱大量漏泄，引起会子贬值，所以重申禁令。咸淳元年（1265），南宋政府已在风雨飘摇之中，再次申严"漏泄之禁"[4]。可以看出，严禁铜

---

[1] 《续资治通鉴长编》卷二五〇。
[2] 《高丽史》卷三四《忠肃王世家》。
[3] 《岛夷志略校释》，第51、54页。
[4] 《宋史》卷一八〇《食货下二·钱币》。

钱下海，是宋朝一贯坚持的政策。但这一政策的执行不力，或者说根本难以执行，铜钱私自出海的现象越来越严重，无法遏止，"南渡，三路舶司岁入固不少，然金银铜铁，海舶飞运，所失良多，而铜钱之泄尤甚。法禁虽严，奸污愈密，商人贪利而贸迁，黠吏受赇而纵释，其弊卒不可禁"①。在需要铜钱的海外诸国中，日本最为迫切。南宋时期来中国的日本商舶，常用黄金收买铜钱。"一船可载数万贯文而去。"有一次因私买偷运出海铜钱过多，以致"台城（台州，即今浙江临海——引者）一日之间，忽绝无一文小钱在市行用"②。又如阇婆国，"胡椒萃聚，商船利倍蓰之获，往往冒禁潜载铜钱博换"③。阇婆在爪哇岛，该地在相当长一段时间内以中国铜钱为交换手段。

元朝统一江南之初，一度取消铜钱下海之禁。至元十四年（1277），"日本遣商人持金来易铜钱，许之"④。至元十九年（1282），为了在全国范围内推行钞（纸币），元朝政府下令"以钞易铜钱，令市舶司以钱易海外金珠货物"⑤。但铜钱大量外溢，立即引起钞的贬值，物价上涨。元朝政府被迫改变方针，在至元二十三年（1286）"禁海外博易者毋用铜钱"⑥。至元三十年（1293）和延祐元年的市舶法则，都明确规定铜钱和金、银一样，不许下海。但和宋朝一样，这种禁令并没有多大效力。仁宗延祐五年（1318），有日本商船载客商五百余人，"意投元国庆元路市舶司博易铜钱、药材、香货等项"。被风漂到平阳州。⑦ 可见铜钱仍是日本商船追求之物。《岛夷志略》记载，交趾、爪哇都使用铜

---

① 《宋史》卷一八六《食货下八·互市舶法》。
② 包恢：《禁铜钱申省状》，《敝帚稿略》卷一。
③ 《诸蕃志》卷上《阇婆国》。
④ 《元史》卷二〇八《日本传》。
⑤ 《元史》卷九四《食货志二·市舶》。
⑥ 同上。
⑦ 《康熙温州府志》卷三《杂志》。

钱，显然是中国的铜钱。

宋元时期中国从海外进口的货物，品种很多。据南宋绍兴三年（1133）十二月户部一件文书记载，各市舶司进口的货物有230种左右（其中包括少数海南货物）。[①] 绍兴十一年（1141）十一月，户部又"重行裁定市舶香药名色"，计有330余种。[②] 将两件文书中所载货物名目加以统一，去掉重复，计有400种左右。此外，南宋末年编纂的《宝庆四明志》记载明州市舶司进口的货物名目，共有170余种，其中有10余种是上述四百种中所没有的。因此，现在可知的宋代进口货物，不少于410种。元代没有统一的进口货物记载。《大德南海志》记录的"舶货"不过70余种。《至正四明续志》记录的"舶货"则有220余种，比《宝庆四明志》所载要多出50余种。两者都是明州（庆元，即今浙江宁波）的方志，成书时间相距120年左右。《大德南海志》中说："圣朝奄有四海……故海人兽山之奇，龙珠犀贝之异，莫不充储于内府，畜玩于上林，其来者视昔有加焉。而珍货之盛，亦倍于前志之所书者。"可以认为，由于元朝的统一以及与海外各国联系的加强，进口货物的种类和数量都应比前代有所增加。

宋元时期习惯把从海外进口的货物称为"舶货"，即由海舶运来的货物。有时也统称之为"香药"，因为在进口货物中最重要是香料和药材。《大德南海志》则把"舶货"分成"宝物""布匹""香货""药物""皮货""杂物"六大类，也就是说，除了香料、药材之外，还有宝物、布匹、皮货以及其他物品。下面就按这一分类加以介绍。

宋、元二代进口的香料不下百余种，较重要的有二三十种，如沉香、乌香、速香、黄熟香、降真香、檀香、丁香、苏合香、

---

① 《宋会要辑稿》职官四四之一八、四四之一九。
② 《宋会要辑稿》职官四四之二一、四四之二三。

乳香、龙涎香、安息香、笃耨香、木香、鸡舌香、龙脑香、奇楠木、蔷薇水等。从《诸蕃志》和《岛夷志略》所载可知，南海（东、西洋）的许多国家和地区都出产各种香料。泉州宋代沉船中发现有四千余斤香料木，主要是降真香和檀香，此外有小量乳香和龙涎香。① 这一发现为宋代进口香料提供了实物证据。"蕃商贸易至，市舶司视香之多少为殿最。"② 说明香料在"舶货"中占有举足轻重的地位。这一时期，出现了诸如《香谱》《名香谱》一类专门著作，正是香料大量进口的反映。宋元社会上层阶级以焚香为风尚，饮食中也普遍使用香料。这种风气对下层社会亦有影响。同时，在宗教活动中，烧香是不可缺少的，无论正统宗教或异端宗教，都是如此。此外，某些香料又具有医疗的功能。宋人医书中记载配有香料的汤剂和成药，为数甚多，例如陈自明的《外科精要》一书，共收医方 63 个，其中用乳香的即有 14 个之多。而宋代药物剂型由汤剂为主转而以丸、散为主，也与香料的大量使用有关，因为香料普遍具有挥发成分，不宜煎熬。③ 社会生活各方面的需要，是这一时期香料大量进口的原因所在。

  药物在宋元时期的"舶货"中所占比重，仅次于香料。药物的名目是很多的，仅《大德南海志》所载，便有脑子、阿魏、没药、胡椒、豆蔻、荜拨、荜澄茄、乌爹泥等二十余种，其实远不止此。有不少药物，不见于前代记载，自宋元时期才开始进口，如大风子、乌爹泥。大风子（大枫子）产于中南半岛和印度南部，可用来治疗大风症（麻风病）和皮肤病。它最早见于《宋会要辑稿》所载市舶货物名目中，《岭外代答》《岛夷志略》《真腊风土记》中均曾提及，元代大医学家朱震亨的《本草衍义补遗》正式

---

  ① 《泉州湾宋代海船发掘与研究》，第 24—27 页。
  ② 《诸蕃志》卷下《乳香》。
  ③ 王慧芳：《泉州湾出土宋船的进口药物在中国医药史上的价值》，载《海交史研究》总第 2 期。

将它作为药物使用。① 乌爹泥即孩儿茶，在医学上用作收敛剂。它在元代始见于记载，以《大德南海志》为最早。以上说的是南海（东、西洋）的药物。此外，从高丽、日本进口的货物中，也有不少当地出产的药物。来自高丽的有人参、红花、麝香、茯苓、细辛、甘草、防风、牛膝、白术等。② 日本向中国输出大量硫黄，有一次即达五十万斤之多。③ 硫黄也是一种药物，著名文学家苏轼在一封信中说："舶上硫黄，如不难得，亦告为买通明者数斤，欲以合药。"④ 当然硫黄还有其他用途。

宝物是南海（东、西洋）各处所产的珍奇之物。《宋史》中说，"市舶"是以金银等物"市香药、犀象、珊瑚、琥珀、珠琲、镔铁、鼊皮、玳瑁、玛瑙、车渠、水晶、蕃布、乌樠、苏木等物"⑤。其中大多数属于"宝物"一类。《大德南海志》开列的"宝物"有"象牙、犀角、鹤顶、真珠、珊瑚、碧甸子、翠毛、龟筒、玳瑁"。犀角、象、珊瑚、珠琲（真珠）、玛瑙、水晶都是人所共知的珍贵之物。琥珀是一种树脂化石，可用来制作首饰。镔铁是一种钢，镔铁制成的武器上有花纹，价格昂贵。鼊皮大概是鳄鱼皮。车渠是蚌类海洋动物，壳可以制作饰物。鹤顶是鸟名，其脑盖骨"厚寸许，外红，里如黄蜡之娇，甚可爱"。可用作腰刀靶鞘之类。⑥ 碧甸子又作碧靛子，即绿松石，可作装饰品。翠毛又作翠羽，是翡翠鸟的羽毛，常用作上层妇女凤冠的装饰品。龟筒是大龟的壳，作装饰用。瑇瑁（玳瑁）是一种海龟，其壳也可作饰物。这些"宝物"主要用于装饰，适应上层社会奢侈生活的需

---

① 《岛夷志略校释》，第 78 页。
② 《宝庆四明志》卷六《叙赋下·市舶》。
③ 《宋会要辑稿》食货三八之三二。
④ 苏轼：《与程正辅提刑二十四首》，《东坡续集》卷七，《四部备要》本。
⑤ 《宋史》卷一八六《食货下八·互市舶法》。
⑥ 马欢：《瀛涯胜览·旧港国》，此书有冯承钧校注本，中华书局 1955 年版。

要。南宋时有人说："蕃舶多得香、犀、象、翠，崇侈俗，泄铜镪，有损无益。"①但是，上层阶级对奢侈生活的追求是无止境的，"宝物"进口之风在宋、元二代越来越多。元代中期，回回商人贩卖珠宝给宫廷，"分珠寸石，售直数万"，以致成为国家财政的一大负担。②

南海（东、西洋）一些国家出产的布匹，因其原料和纺织技术的别具特色而受到中国人的欢迎。这些布匹统称为"蕃（番）布"。《大德南海志》所载"舶货"中的"布匹"有"白番布、花番布、草布、剪绒单、剪毛单"。其他文献中常见的有西洋布（印度出产）、巫仑布、阇婆布等。高丽出产的苎麻布，"洁白如玉"，经久耐用，称为毛丝（毛施、毹丝）布，深为中国人所喜爱。③"舶货"的另一类"皮货"，《大德南海志》开列的有"沙鱼皮、皮席、皮枕头、七鳞皮、牛蹄角、白牛蹄"。《岛夷志略》记载有牛皮、豹皮、熊皮、麂皮等。高丽向中国出口的货物中有虎皮。但总的来说"皮货"在"舶货"中所占比重是有限的。

不能归入上述五类的货物，统称为"杂物"。《大德南海志》开列有14种，有黄蜡、藤席、贝子、孔雀毛、鹦鹉、螺壳等。其中值得注意的是贝子，这是特殊的贝壳，产于印度洋海域，元代云南地区作为货币使用，所以大量从海外进口。元朝政府禁止海外贝子进入云南，④但商人私下贩运仍然不断。从日本进口可以归入"杂物"类的有木材。日本出产的杉木、罗木，锯成木板，运到中国东南沿海发售。南宋后期，有人说，浙东沿海一带，日本商舶"每岁往来不下四、五十舟，无非乃木板、螺头等"⑤。甚至

---

① 《宋史》卷四〇五《王居安传》。
② 《元史》卷一七五《张珪传》。
③ 《宣和奉使高丽图经》卷一九《工技》。
④ 《通制条格》卷一八《关市·私贝》。
⑤ 包恢：《禁铜钱申省状》，《敝帚稿略》卷一。

南宋宫廷中的某些建筑，也使用日本罗木。[①] 日本的工艺品如折扇、刀、螺钿器物等，以其制作精巧，在中国广为流传。日本折扇有"外蕃巧艺夺天工"之誉。[②] 北宋名诗人欧阳修、梅圣俞都为日本刀写下了诗篇。[③] 高丽向中国出口的物品可归入"杂物"的有各种食品（栗、枣肉、榛子、紫菜等）、漆、蜡等。高丽的漆"最宜饰镴器，如金色"[④]。

宋、元二代政府都把"舶货"分成粗、细二色。粗色指一般的货物，如胡椒、硫黄、速香等；细色指贵重的商品，如珠、象牙、犀角、人参、麝香等。对于粗、细二色，采用不同的抽税比例，在上一节已经说过。为了增加收入，宋、元二代政府不断扩大"细色"的范围，将许多原来属于"粗色"的物品改为"细色"。南宋绍兴十一年（1141）的户部文书中，"细色"有60余种，"粗色"有120余种，"细色"与"粗色"是一与二之比，此外还有100余种被列为"粗重枉费脚乘"的货物。[⑤] 南宋末的《宝庆四明志》开列的"舶货"，"细色"70余种，"粗色"100种以上。而元代的《至正四明续志》中，"细色"达130余种，"粗色"则减至80余种。从"细色""粗色"数量的变化，可以看出"细色"不断扩大的趋势。

这一时期中国出海的海船，可以分为两类。一类是政府派出的。如北宋太宗雍熙四年（987）遣内侍四人携金帛分四纲到海南诸番国"博买香药、犀、牙、真珠、龙脑"[⑥]。元代有"官本船"，即由政府建造海船，发给本钱，"选人入番贸易诸货"，得到的利

[①] 周密：《武林旧事》卷四《故都宫殿》，《知不足斋丛书》本。
[②] 贡性之：《倭扇》，《元诗选初集·南湖集》，中华书局1987年版。
[③] 欧阳修：《日本刀歌》，《欧阳文忠公集》卷五四。梅圣俞：《钱君倚学士日本刀》，《宛陵先生集》卷五五，《四部丛刊》本。
[④] 《宋会要辑稿》职官四四之二一至四四之二三。
[⑤] 《宋会要辑稿》职官四四之一。
[⑥] 同上。

润，官得其七，商有其三。① 元朝政府一度想以此垄断海外贸易，不许民间商人出海。垄断之法难以行通，很快开禁，但"官本船"这种形式一直维持了很长时间，末代皇帝顺帝时还曾"发两艘船下番为皇后营利"②。另一类是私商，其中有权豪官吏、富商大贾，也有普通的民间中小商人。元代，各种宗教的寺院也从事海外贸易，从中牟利。从南宋末期起，出现了一些势力很大的海商家族，最有名的有泉州蒲氏，太仓朱清、张瑄，澉浦杨氏。他们都拥有大量海船，从事海外贸易。但是，这些家族都没有维持很久，便衰落了。

中国商船与海外各国贸易，采用多种方式。有的采用以物易物，如麻逸附近岛屿，"舶舟至则出而贸易"，中国商舶"驻舟中流，鸣鼓以招之。蛮贾争棹小舟，持吉贝、黄蜡、番布、椰心簟至与贸易"③。巴南巴西（印度次大陆西岸）的细棉布，"舶人以锡易之"。有的则用金、银一类贵金属作为交换手段。如龙涎屿[今印尼苏门答腊岛西北（BreueI）岛]出产的龙涎香，"货用金银之属博之"④。13世纪末的真腊，"小交关则用米谷及唐货，次则用布，若乃大交关，则用金、银矣"。"交关"便是贸易。⑤ 可见当地同时行用以物易物和以金、银博买两种方式。

有的还可以使用中国的铜钱，如交趾、爪哇。值得注意的是，元代通行的货币中统钞，在有些地区亦可行用。如交趾，"民间以六十七钱折中统银（钞）一两，官用止七十为率"。罗斛用贝子作货币，"每一万准中统钞二十四两，甚便民"。乌爹"每个银钱重

---

① 《元史》卷二〇五《卢世荣传》。
② 《元史》卷三八《顺帝纪一》。
③ 《诸蕃志》卷下《麻逸》。
④ 《岛夷志略校释》，第335、44页。
⑤ 《真腊风土记》。

二两八分，准中统钞一十两，易贝子计一万一千五百二十有余"①。

还值得注意的是，中国舶商贩运的并不完全是中国出产的物品。他们常常根据各国各地区的不同需要，将此地物品转运到彼地，起了重要的沟通作用。如须文答剌（今印尼苏门答腊岛）"贸易之货，用西洋丝布、樟脑、蔷薇水、黄油伞、青布、五色缎"。后三项应是中国产品，而前三项均是南海（东、西洋）其他国家的产物。当地出产的斗锡（花斗锡），又被中国舶商运往其他国家交换货物。又如北溜（今马尔代夫群岛北部）出产贝子，"海商每将一船贝子下乌爹、朋加剌，必互易米一船有余"②。中国舶商的活动，促进了南海（东、西洋）地区各国之间的经济交流。此外，南海（东、西洋）的香料、药物，还通过中国舶商，转输到日本和高丽。日本僧人成寻在入宋时回答宋神宗关于日本需要何种中国货物时，回答中第一项就是香药。③

第五节 "蕃客"和"唐人"

随着海上交通的兴旺发达，前来中国的商人、水手、宗教人士等不断增多。中国人称他们为"蕃客"，也就是外国客人的意思。"蕃客"一名，在唐代已经出现。到了宋元时期，便普遍流传开来。这和海外交通的繁荣鼎盛是一致的。

唐代海上来的"蕃客"，主要居住在广州，其次是扬州。到了宋元时期，"蕃客"以泉州、广州最多，其次是杭州、明州、扬州等。以广州来说，北宋仁宗景祐二年（1035），一个官员向政府报告说："每年多有蕃客带妻儿过广州居住。今后禁止广州不得卖与

---

① 《岛夷志略校释》，第51、114、376页。
② 同上书，第240、264页。
③ 成寻：《参天台五台山记》，转引自《日中文化交流史》，第247页。

物业。"第二年，宋朝政府为此下令："广州海南蕃客毋得多市田宅，与华人杂处。"① 从这件事可以看出，当时带着妻儿，在广州购买田宅作长期定居打算的蕃客，是为数不少的。以泉州来说，在宋代已是"蕃商杂处民间"②。到了元代，诗人更有"缠头赤足半蕃商"之句。③ 元朝末年，泉州曾征集蕃客，组成所谓"义兵"，作为安定地方的武装力量。后来这支"义兵"的首领占据了泉州，先后达十年之久。这一事件，足以反映出当地"蕃客"是很多的，否则就难以制造如此长时间的动乱。

在广州、泉州等港口城市，蕃客多数都集中居住在一定的地区。蕃客聚居区的形成，有两个因素起作用。一个因素是，宋朝政府规定，"化外人""不当城居"。④ 也就是说，蕃客必须在城外居住。另一个因素是，蕃客以航海为业，一般都愿住在航运码头附近。广州的蕃客聚居区在南濠（原名西澳），这是与海相连的内河航运码头所在地。泉州的蕃客聚居地在城南一带，也邻近航运码头。宋人有诗："闽人务本亦知书，若不耕樵必业儒。惟有桐城南廓外，朝为原宪暮陶朱。"⑤ "桐城"即刺桐城。城的南墙外是蕃商的聚居地，受他们感染，因此当地居民也都从事贸易。

在广州、泉州等港口居住的蕃客，来自海外许多国家和地区。以广州来说，著名的蕃客有来自大食勿巡的辛押陀罗，"居广州数十年矣，家资数百万缗"⑥。勿巡又作没巽，即今阿曼苏丹国苏哈尔（Sohar），一个重要的港口。大食大商蒲亚里，曾一次向宋朝政府"进大象牙三百九株，大犀三十五株"，每株象牙都在"五、

---

① 《续资治通鉴长编》卷一一八。
② 楼钥：《汪公行状》，《后村先生大全集》卷六二，《四部丛刊》本。
③ 宗泐：《清源洞图》，《全室外集》卷四。
④ 朱熹：《傅公行状》，《朱文公文集》卷九八，《四部丛刊》本。
⑤ 刘克庄：《泉州南郭二首》、《后村先生大全集》卷一二，《四部丛刊》本。
⑥ 苏辙：《龙川略志》卷五，《文渊阁四库全书》本。

七十斤以上"。他也长期留居广州。五年不归。① 占城蒲氏，"番禺有海獠杂居，其最豪蒲姓，号白番人，本占城之贵人也。既浮海而遇风涛，惮于复反，乃请于其主，愿留中国以通往来之货"。他的"富盛甲一时"②。以泉州来说，著名蕃客有撒那威商人纳只卜穆兹喜鲁丁。撒那威即唐代的尸罗夫（Siraf）。他居住在城南，曾创建清真寺。③ 印度南毗国的罗巴智力干父子，"居泉之城南，自是，舶舟多至其国矣"④。宋元之际掌握泉州市舶的蒲寿庚，其祖先应为大食人。元世祖时投奔中国的印度马八儿国宰相孛哈里，就定居在泉州，他的事迹已见前述。元初泉南还有"巨贾南蕃回回佛莲者，蒲氏之婿也，其家富甚，凡发海舶八十艘"⑤。

　　宋元时期有些蕃客"带妻儿"在中国定居，还有不少人则娶汉族女子为妻，从而定居下来。上面说的蒲亚里，"既至广州，有右武大夫曾讷，利其财，以妹嫁之。亚里因留不归"⑥。北宋哲宗元祐年间（1086—1093），"广州蕃坊刘姓人娶宗女，官至左班殿直。刘死，宗女无子，其家争分财产，遣人挝登闻鼓。朝廷方悟宗女嫁夷部，因禁止，三代须一代有官，乃得娶宗女"⑦。这个"蕃坊刘姓人"无疑是个蕃客。而宋朝政府的态度是，对宗女与蕃客的婚姻加以有条件的限制，而对一般女子与蕃客的婚姻则显然不闻不问的。定居和通婚不断增多。在宋代便出现了"土生蕃客"这一名词，用来称呼在中国出生的蕃客的后代。宋朝政府曾专门

---

① 《宋会要辑稿》职官四四之一三。《宋史》卷四九〇《大食国传》。
② 岳珂：《桯史》卷一一，《文渊阁四库全书》本。
③ 吴鉴：《重立清净寺碑》，载福建泉州海外交通史博物馆编：《泉州伊斯兰教石刻》，第9页。
④ 《宋史》卷四九《南毗国传》。
⑤ 周密：《癸辛杂识》续集下《佛莲家赀》。
⑥ 《宋会要辑稿》职官四四之二三。
⑦ 朱彧：《萍洲可谈》卷二。

就"到中国居住,已经五世"的"蕃客"的财产继承问题作出决定。① 到了元代,南海(东、西洋)的蕃客到中国来定居的更多,通婚现象也就更加普遍,例如泉州陈埭丁氏(回族)的四世祖丁善,号仁庵(生于1343年),是丁氏移居陈埭的奠基人,他的妻子庄氏积极赞助此事。丁仁庵是阿拉伯或波斯人的后代,而庄氏则是泉州的名门望族。② 泉州发现的一块墓碑,一面刻着阿拉伯文和波斯文,一面刻汉文,波斯文译成汉文大意是说,艾哈玛德·本·和加·哈吉姆·艾勒德死于艾哈玛德家族的母亲的城市——刺桐城。由此碑文可知死者家族已数代居住在泉州(刺桐),其先辈已娶泉州女子为妻。此碑的汉文记墓主死于元至治辛酉(1321)九月,结尾是:"男阿含抹谨志。"这个阿含抹是在泉州生长的"土生蕃客"③。

唐代,广州蕃客集中居住的地方称为蕃坊,这在第二章中已经说过了。宋代,广州继续有蕃坊存在。"广州蕃坊,海外诸国人聚居。置蕃长一人,管勾蕃坊公事,专切招邀蕃商入贡。用蕃官为之,巾袍履笏如华人。蕃人有罪,诣广州鞫实,送蕃坊行遣。缚之木梯上,以藤杖挞之,自踵至顶,每藤杖三下折大杖一下。……徒以上罪则广州决断。"④ 北宋神宗"熙宁中,其使(大食使节——引者)辛押陀罗乞统察蕃长司公事,诏广州裁度。……六年,都蕃首保顺郎将蒲陀婆离慈表令男麻勿奉贡物,乞以自代,而求为将军。诏但授麻勿郎将"⑤。可见,蕃坊是特殊的行政管理区,宋朝政府从蕃客中任命其代表人物,担任蕃长,

---

① 《宋会要辑稿》职官四四之八。
② 陈国强:《陈埭回族的形成与历史发展》,见《陈埭回族史研究》,中国社会科学出版社1990年版。
③ 《泉州伊斯兰教石刻》,第20—22页,图46—162。
④ 朱彧:《萍洲可谈》卷二。
⑤ 《宋史》卷四九〇《大食国传》。

进行管理。蕃长司就是以蕃长为首的蕃坊管理机构。蕃长具有政府官员的身份，有"巾袍履笏"，还有郎将、将军等散官官阶。蕃人犯罪，由广州地方政府审理，作出判决。宋代刑分五等，即死、流、徒、杖、笞。凡判处笞刑或杖刑的，交付蕃长司执行。这是因为外国（大概是伊斯兰国家）的刑具和行刑方法不同，如中国笞、杖刑都用木杖（笞杖和杖杖有粗、细之别），而外国用藤杖；中国笞、杖刑打臀、股，外国则"自踵至顶"。凡判处笞、杖刑的，一般是罪行较轻的；至于罪行重大，判处徒、流、死刑的，则都由广州地方政府执行。可见，蕃长有一定的司法权力，但是很有限的。除了管理蕃坊之外，蕃长的一个重要职责是"招邀蕃商入贡"，实际上就是通过他们招徕更多的外国商人，开展海外贸易。北宋太宗淳化四年（993），大食国舶主蒲希密"至南海，以老病不能诣阙"，便以方物托人献给皇帝，所上表文中说："昨在本国，曾得广州蕃长寄书招谕，令入京贡奉。"[1] 可见蕃长在这方面确实发挥过积极的作用。

宋代泉州有蕃客的聚居区，已见前述。但是泉州的聚居区是否也叫蕃坊，设置蕃长，在文献中没有记载，因而一直存在争论。南宋高宗绍兴六年（1136），大食蕃客蒲罗辛"造船一只，搬运乳香投泉州市舶，计抽解钱三十万贯"，宋朝政府授予承信郎官阶，"赐公服履笏"，而且要他"说喻蕃商广行般贩乳香前来"[2]。所给予的，实际上是蕃长的待遇，要求他说喻蕃商前来，也正是蕃长的职责。由此可见，泉州设有蕃长的可能性是很大的。前面说过，到了南宋时期，泉州在海外交通中的重要性已可以和广州并驾齐驱，而泉州蕃客之多，也绝不在广州之下。在这种情况下，采用广州的蕃坊、蕃长制度进行管理，是很自然的事。如果泉州不设，

---

[1] 《宋史》卷四九〇《大食国传》。
[2] 《宋会要辑稿》蕃夷四之九四。

反倒不好理解了。

　　随着时间的推移，有不少蕃客已经不在聚居区内居住，他们根据自己的需要，迁居城市的其他地区。前述在广州定居的占城蒲姓，"岁益久，定居城中，居室稍侈靡逾禁，使者方务招徕，以阜国计，且以其非吾国人，不之问"①。蒲姓定居城中，显然违反了"化外人""不当城居"的禁令，而且也脱离了蕃客聚居区即蕃坊。宋代的泉州，也是一样。南宋时，泉州"有贾胡，建层楼于郡庠之前"。"郡庠"即地方官办的学校，此事引起当地士子的反对。可作为蕃客城居的例证。② 到了元代，政府将全国百姓分为蒙古、色目、汉人、南人四等，蕃客多数在"色目"之列，其政治地位在汉人、南人之上，"化外人""不许城居"的限制不复存在。因此，一方面，传统的聚居区仍然存在；另一方面，蕃客与本地居民混杂居住的情况更加普遍。

　　北宋末代皇帝徽宗时期，广州、泉州请建蕃学③。这是由于定居的蕃客人数越来越多，从而产生了为其子弟建立专门学校的需要。在广州还有"蕃市"④，应是设立在蕃坊中的市场。广州、泉州都有蕃客的专有墓地。广州城西有"蕃人塚"，"累累数千，皆南首西向。"⑤ 南宋时，"有蕃商曰施那帏，大食人也。蹻寓泉南，轻财乐施，有西土气习。作丛冢于城外之东南隅，以掩胡贾之遗骸"⑥。"施那帏"即唐代的尸罗夫，也就是上面提到撒那威，这是以地名作为人名。泉州蕃客墓地所在地名东坂，"既剪薙其草莱，夷铲其瓦砾，则广为窀穸之坎，且复栋宇，周以垣墙，严以扃钥，

---

① 岳珂：《桯史》卷一一。
② 朱熹：《傅公行状》，《朱文公文集》卷九八。
③ 蔡絛：《铁围山丛谈》卷二，《文渊阁四库全书》本。
④ 《续资治通鉴长编》卷一二八。
⑤ 方信孺：《南海百咏》。
⑥ 《诸蕃志》卷上《大食国》。

俾几绝海之蕃商有死于吾地者,举以于此葬焉"。它建立于绍兴三二年到隆兴元年(1162—1163)。①从现存的墓葬遗迹来看,分布在泉州东门、南门、东南门外各处,说明施那帏修建的仅是其中之一。泉州现存有大批蕃客墓碑,以伊斯兰教徒的墓碑为主,也有一部分基督教徒的墓碑。从伊斯兰教徒的墓碑来看,他们主要来自波斯和阿拉伯世界,也有其他地方。其中一块阿拉伯文墓碑,当中插入"蕃客墓"三个大字。这些墓碑,是当时大批蕃客在华定居的物证。②

上面说的是广州和泉州的蕃客。其他港口城市,或多或少也有类似的情况。例如杭州,蕃客的聚居地是城市东部的荐桥。元代,"荐桥侧首,有高楼八间,俗称八间楼,皆富实回回所居"③。杭州清波门外的聚景园,有"回回丛冢在焉"④。"园亦回回主之。"⑤

伴随蕃客大量定居的,是他们信奉的各种宗教——伊斯兰教、基督教、印度教等——的传播。蕃客中伊斯兰教徒最多,各港口城市相继建立了不少清真寺,如泉州,"宋绍兴元年(1121),有纳只卜穆兹喜鲁丁者,自撒那威从商舶来泉,祔兹寺(清净寺——引者)于泉州之南城"。后来毁坏,元代末年修复。此时"泉造礼拜寺增为六、七"⑥。现存的泉州清净寺应是北宋时创建,时间是1009—1010年,原名艾苏哈卜寺,与上述南宋绍兴元年创建的清净寺是两回事。⑦也就是说,宋代泉州至少有两座伊斯兰寺

---

① 林之奇:《泉州东坂葬蕃商记》,《拙斋文集》卷一五,《文渊阁四库全书》本。
② 《泉州伊斯兰教石刻》,第26页,图63。
③ 陶宗仪:《南村辍耕录》卷二八《嘲回回文》。
④ 同上。
⑤ 《癸辛杂识》续集上《回回送终》。
⑥ 吴鉴:《重立清净寺碑》,载福建泉州海外交通史博物馆编:《泉州伊斯兰教石刻》,第9页。
⑦ 《泉州伊斯兰教石刻》第1—14页。

第三章 宋元：海外交通的鼎盛 123

院，元代则有六七座之多。广州怀圣寺，传说建自唐代，已见前述。但怀圣寺的光塔，在宋代才有明确的记载，"轮囷直上，凡六百十五丈（尺），绝无等级。其颖标一金鸡，随风南北。每岁五、六月，夷人率以五鼓登其绝顶，叫佛号，以祈风信，下有礼拜堂"①。"中海内外，窣堵表雄。乃立金鸡，翘翼半空。商舶是脉，南北其风。"② 光塔既是宗教建筑，又与海外交通有密切关系，这正反映了港口城市的伊斯兰教传播的特色。杭州有真教寺，元代中期"回回大师阿老丁所建"③。总之，宋元时期尤其元代是伊斯兰教在中国传播、发展的重要阶段，这和海上交通的繁荣兴盛有着密切的关系。泉州有数处基督教教堂。从当地遗留的石刻和文献相印证，其中有的属于景教，有的属于方济各派（天主教）。基督教无疑是元代传入泉州的，首先是一些基督教徒来到泉州，他们中有的来自北方，有的则来自海外，例如，泉州发现一些刻有叙利亚文的祭坛式石墓盖，便应是航海而至的波斯景教商人的遗迹。④ 有了教徒，便有建立礼拜堂的需要。元代泉州至少有一座名叫兴明寺的景教寺。⑤ 至少有两三座方济各派的教堂。⑥ 历任泉州方济各派的主教，都是罗马教廷派来的西方传教士，他们是经过印度来到中国的，走的显然是海道。⑦ 泉州还发现有印度教寺院的

---

① 方信孺：《南海百咏》。

② 郭嘉：《重修怀圣寺记》，见《广州伊斯兰古迹研究》，第5—6页。宁夏人民出版社1989年版。

③ 田汝成：《西湖游览志》卷一八，《武林掌故丛编》本。

④ 杨钦章：《泉州景教石刻初探》，《世界宗教研究》1984年第4期。

⑤ 杨钦章、何高济：《泉州新发现的元代也里可温碑述考》，《世界宗教研究》1987年第1期。

⑥ 意大利教士鄂多立克（Odoric）在14世纪20年代到过刺桐，他说"城内有方济各会修士的二所教堂"。40年代到中国的意大利教士马黎诺里（Msrignolli）则说"方济各会修士在该城有三座非常华丽的教堂"。见穆尔《一五五〇年前的中国基督教史》，郝镇华译，中华书局1984年版，第272、289页。

⑦ 约翰·孟帖·科儿维诺、教友佩里格林和佩鲁贾人安德鲁的信件，见道森编《出使蒙古记》，吕浦译，第262—275页。

遗迹。现存印度教宗教石刻有二百多方，足以证明当地传说中的"蕃佛寺"即印度教寺院。印度教可能是经过爪哇，再由爪哇向泉州传播的。[①]

　　历史上存在过的各种大宗教是各民族文明的重要组成部分。在古代，宗教的传播是各民族文化交流的一个重要内容。宋元时期，各种宗教经过海道传入我国的港口城市，对于文化交流，起了积极的作用。

　　上面所说的蕃客，主要指来自南海（东、西洋）地区的外国人。至于东方航线的日本、高丽，情况则有所不同。宋元时期，中、日两国关系先后颇多变化，双方政府在不同时期曾分别采取某些限制交往的措施，因而没有出现过大批日本人在中国定居的现象。在中国时间较长的是求法的僧侣，他们一般都回到了日本。高丽与宋朝的关系比较微妙，宋代基本上没有高丽人来中国定居之事。元朝统一以后，高丽人来中国定居者甚多，但一般均由陆道前来。总之，"蕃客"的概念，严格来说，并不包括日本和高丽。

　　宋代以前，中国人前往海外定居的现象不多，只有日本可以说是个例外。到了宋元时期，随着海外交通的空前繁荣，中国人移居海外的也多起来了。北宋徽宗政和二年（1112），有官员上奏说："访闻入蕃海商，自元祐（1086—1093）以来，押贩海船人时有附带曾经赴试士人及犯过停替胥吏，过海入蕃。或名为住冬，留在彼国，数年不回，有二十年者。娶妻养子，转于近北蕃国，无所不至。"宋朝政府为此发布命令，除了重申不许犯罪作过者出海的禁令之外，特别规定："曾预贡解及州县有学籍士人不得过海。"[②] 所谓"住冬"，是当时南海航行的专门名词。舶船从中国前

---

① 杨钦章：《泉州印度教雕刻渊源考》，《世界宗教研究》1982 年第 2 期。
② 《宋会要辑稿》刑法二之五七。

往大食出发的时间都在冬天，利用北风航行。到达三佛齐、阇婆等国后，必须住下，等待下一年的东北季节风，才能继续前进。中途停留，就称为"住冬"①。据此可知，上面这条记载中讲的，应是中国人前往南海各国居住的情况。从这条记载可以看出，当时出海不归者大有人在，"赴试士子及犯过停替胥吏"如此，商人、水手更多。他们在海外长期居留，有的已达二十年，并在当地"娶妻生子"，实际上已是定居当地的侨民。在此以前，宋神宗曾说："福建、广南人因商贾至交趾，或闻有留彼用事者。"② 高丽的王城，有"华人数百，多闽人因贾至者"③。有的还做了官。

南宋时出海定居者仍有不少。例如温州人薛氏，便是理宗景定初年（1260—1262）到真腊落户定居的。三十五年后，周达观访问真腊时见到了他，并在《真腊风土记》中有所记载。南宋灭亡时，不少人逃亡海外。最有名的是丞相陈宜中，他先逃往占城，后来又到暹国，死在那里。④ 另据越南史籍记载，在咸淳十年（1274）十月，就有宋人"以海船二十艘载其妻子货物，浮海"到交趾避难。⑤ 不见于记载的一定更多。南宋时，不少中国僧人泛海到日本，对佛教禅宗在日本的发展起了重要的作用。除了僧侣之外，"还有其他宋朝人侨居在镰仓"。铸造著名的东大寺大佛时，就有中国的铸造师参与。⑥

元朝统一，海外交通空前繁荣，中国人移居海外的也比以前增多。周达观在真腊见到很多"唐人"（海外各国对中国人的称呼），在当地生活。"唐人之为水手者，利其国中不着衣裳，且米

---

① 《岭外代答》卷二《大食诸国》。
② 《续资治通鉴长编》卷二七三。
③ 《宋史》卷四八七《高丽国传》。
④ 《宋史》卷四一八《陈宜中传》。
⑤ 吴士连：《大越史记全书》本纪卷五《陈纪一》。
⑥ [日]木宫泰彦：《日中文化交流史》，第386页。

粮易求，妇女易得，居室易办，器用易足，买卖易为，往往皆逃逸于彼。"元朝顺帝初年，暹国派遣来中国的使节，就是一个在当地定居的中国"钱塘人"（杭州人）。[①] 在加里曼丹附近的海岛上，有"唐人与番人丛杂而居之"[②]。元朝曾与日本发生军事冲突，但两国之间的海上交通很快便得到恢复，不断有中国僧侣、工匠前往日本。来自中国的雕刻工匠对这一时期日本印刷业的发展起了重要的作用。元朝末年，全国处于战乱之中，又有不少人移居海外。明初，洪武六年（1373）暹罗派遣来华的副贡使陈举成，洪武十四年（1381）暹罗的正贡使陈子仁，都是"唐人"，显然是元末或更早移居的。元末移居高丽的李敏道，当出使张士诚处的高丽使者从海上回国时，"敏道请与俱来，以医、卜见称，往往有验"。后来他成了朝鲜李朝（14世纪90年代取代高丽王氏王朝）的开国功臣。[③]

应该指出的是，中国、移居海外虽然不少，但从地区分布来说，主要限于与中国距离较近的日本、高丽、中南半岛和印尼列岛等地，尽管这一时期中国与印度洋诸国及其以西的波斯湾、阿拉伯半岛、东北非之间已有频繁的接触，但是几乎看不到有中国人移居到那些地区。这和大批阿拉伯商人、波斯商人以及印度商人移居中国的情况，形成强烈的对照。形成这种差异的原因可能涉及宗教观念、民族心理状态等多方面原因，有待进一步研究。无可否认的是，这种状况必然制约海上交通（特别是海外贸易）的深入发展。

[①] 王尚志：《暹国回使歌》，《皇元风雅》卷五，《四部丛刊》本。
[②] 《岛夷志略校释》，第248页。
[③] 吴晗辑：《朝鲜李朝实录中的中国史料》上编，卷一。

第四章 明代：海外交通由盛转衰

第一节 明代前期的海外交通政策

公元1368年，朱元璋建立明朝，逐步统一全国。1644年，明朝亡。先后统治达二百七十余年。明代是我国古代海上交通由盛而衰的转变时期。这种转变，在明朝政府的海外交通政策中，得到了充分的反映。明朝政府的有关政策，与前代相比，有很大的变化。

明朝政府海外交通政策的变化是从朱元璋统治时期开始的。在称帝的前一年（吴元年，1367）朱元璋接连消灭了浙西的张士诚、浙东的方国珍，发兵北伐。这一年十二月，在太仓黄渡（今江苏太仓县浏河镇）设市舶司。以浙东按察使陈宁为太仓市舶提举。[①] 元代末期，浙西张士诚、浙东方国珍都努力开展海外交通，太仓已是一个重要的海港，这在上一章已有论述。朱元璋在平定张、方之后，立即建立市舶司，其用意显然要将海外交通继续进行下来。明初制定的《大明律》中有"舶商匿货"律："凡泛海客商，舶船到岸，即将物货尽实报告抽分。若停塌沿港土商牙侩之家不报者，杖一百。虽供报而不尽者，罪亦如之，物货并入官。

---

① 《明太祖实录》卷二八，台北"中研院"史语所刊本。

停藏之人同罪。告获者，官给赏银二十两。"① 实际上是元代"市舶法则"的延续。从这条律文可知舶商出海是允许的，政府只要求他们按照规定尽数抽分。朱元璋还曾专门接见从事海外贸易的商人，给予优遇："朱君道山，泉州人也，以宝货往来海上，务有信义，故凡海内外之为商者皆推焉以为师。时两浙既臣附，道山首率群商入贡于朝。上嘉纳道山之能为远人先，俾居辇毂之下，优游咏歌，以依日月末光，示所以怀柔远人之道。海外闻之，皆知道山入贡之荣如是也，至是海舶集于龙河，而远人之来得以望都城而瞻宫阙。"② 这位朱道山是当时舶商的领袖，他在两浙平定后率领群商入贡，目的显然是希望朱元璋保护海外贸易。而朱元璋也加以笼络，安排他住在都城应天（今江苏南京），以兹号召。果然，海舶就纷纷前来了。建国的第二年（1369）朱元璋先后派遣使者，分赴日本、占城、爪哇、西洋等国，接着又遣使前往真腊、暹罗、三佛齐、浡泥等国，主动建立政治上的联系。总的来说，在建国之初，朱元璋对于海外交通的态度，是积极的。他显然想沿袭宋元的方针。

但是，客观情况的变化促使他采取另一种态度。首先是倭寇的骚扰。元朝后期，倭寇不断侵扰中国沿海地区，在上一章已作叙述。明初，倭寇问题更加严重。洪武二年（1369）三月，朱元璋派使者到日本，"诏谕其国，且诘以入寇之故"，③ 诏书中说：

---

① 《大明律》卷八《户律五·课程》，怀效锋点校本，法律出版社1999年版。按，吴元年朱元璋命中书省制定律令，洪武元年正月颁行。以后经多次修订，内容有所增删。最后定于洪武三十年。关于"舶商匿货"的律文，在禁民下海后不可能见诸律文，只能是明初制定的。但是，朱元璋在多次修订以后仍在《大明律》中保留这条文，似乎说明，他并不把禁民下海作为永久不变的国策，还是准备有朝一日重新开放商舶出海的。

② 王彝：《送朱道山还京师序》，《王常宗集》补遗，《文渊阁四库全书》本。

③ 《明史》卷三二二《日本传》，中华书局点校本。

"间者山东来奏，倭兵数寇海边，生离人妻子，损伤物命。"① 但日本方面置之不理，还杀了七名使者中的五人。在此以后，倭寇不仅攻掠山东，而且"转掠温、台、明州旁海民，遂寇福建沿海郡"②。其次是张、方余部和中国海盗在沿海地区活动。例如，洪武元年（1368）五月，昌国州（今浙江定海）兰秀山民作乱，有船二百余一度进攻明州。作乱者是以方国珍的"行枢密院印"作号召的。③ 张、方余部和海盗，常常与倭寇勾结在一起。"明兴，高皇帝即位，方国珍、张士诚相继诛服。诸豪亡命，往往纠岛人（指倭寇——引者）入寇山东滨海州县。"④ 为了防备这两股势力对沿海地区的骚扰，朱元璋逐步采取多种措施，加强海禁。洪武四年（1371）十二月，下令："籍方国珍所部温、台、庆元三府军士及兰秀山无田粮之民尝充船户者，凡十一万二千七百三十人，隶各卫为军。仍禁濒海民不得私出海。"⑤ 洪武五年（1372）九月，"上谕户部臣曰：石陇、定海旧设宣课司，以有渔舟出海故也。今既有禁，宜罢之，无为民患"⑥。一方面，将原方国珍部下士兵和曾经作乱的兰秀山百姓，强制编入军队，防止他们与倭寇勾结，或再行闹事；另一方面，禁止沿海百姓私自下海，连捕鱼也在取缔之列。诏令中说"仍禁"，可见在此以前已颁布过禁令。禁民私自下海，是否经过申请，得到批准仍可出海贸易呢？从种种迹象看来，应是禁止百姓通过一切渠道出海，包括原有的合法渠道（向市舶司申请）在内。洪武四年（1371）十二月，朱元璋对官员们说："朕以海道可通外邦，故尝禁其往来。"显然，他的

---

① 《明太祖实录》卷三九。
② 《明史》卷三二二《日本传》。
③ 《明太祖实录》卷三二。
④ 《明史》卷三二二《日本传》。
⑤ 《明太祖实录》卷七〇。
⑥ 《明太祖实录》卷七六。

意思是禁止百姓的一切海上交通活动。而作为管理海外贸易机构的市舶司，也因此遭到裁撤的结局。太仓黄渡市舶司在洪武三年（1370）"以海夷黠勿令近京师"的理由停罢。① 到洪武七年（1374）正月，复设。九月，又罢。② 自此到朱元璋死，一直没有恢复。

洪武十四年（1381）明朝与日本的关系进一步恶化。朱元璋加强了沿海的战备，在这一年的十月，再一次下令"禁濒海民私通海外诸国"③。十七年（1384）正月，"命信国公汤和巡视浙江、福建沿海城池，禁民入海捕鱼，以防倭故也"④。洪武二十年（1387）六月"废宁波府昌国县，徙其民为宁波卫卒。以昌国濒海民尝从倭为寇，故徙之"⑤。禁海的措施包括禁民下海捕鱼、废县徙民等极端措施，禁止出海通商当然更不在话下了。但海外贸易是利之所在，尽管三令五申，沿海走私者仍络绎不绝，不少官员也卷了进去。洪武十九年（1386）发生了"泉州卫指挥张杰等私下蕃事"⑥。洪武二十三年（1390）十月，据地方官员报告："两广、浙江、福建百姓，以金银、铜钱、缎匹、兵器等，交通外蕃，私易物货"。针对这种情况，朱元璋除了"申严交通外蕃之禁"外，⑦ 并于洪武二十七年（1394）正月，"禁民间用蕃香、蕃货。先是，上以海外诸夷多诈，绝其往来，唯琉球、真腊、暹罗斛许入贡。而缘海之人往往私下诸蕃，贸易香货，因诱蛮夷为盗。命礼部严禁绝之，敢有私下诸蕃互市者，必置之重法。凡蕃香、蕃

---

① 《明太祖实录》卷四九。
② 《明太祖实录》卷九三。
③ 《明太祖实录》卷一三九。
④ 《明太祖实录》卷一五九。
⑤ 《明太祖实录》卷一八二。
⑥ 朱元璋：《大诰续编·追问下蕃第四十四》，载《洪武御制全书》，黄山书社1995年版，第823页。
⑦ 《明太祖实录》卷二〇五。

货皆不许贩鬻。其见有者，限以三月销尽。民间祷祀，止用松、柏、枫、桃诸香，违者罪之。其两广所产香木，听士人自用，亦不许越岭货卖。盖虑其杂市蕃香，故并及之"①。显然，严禁私自下海并未取得预期的效果，朱元璋改而禁止蕃香、蕃货在国内市场的流通和使用，企图以此来打击走私活动。直到洪武三十年（1397）四月，朱元璋还"申禁人民，无得擅出海与外国互市"②。一年以后，朱元璋病死。可见，禁止百姓下海，是朱元璋长期坚持的一个方针。这在中国历史上是前所未有的。

上述朱元璋的海禁政策，主要是禁止中国百姓出海。对于外国人由海道来华，也采取了限制的措施。具体的办法是，只允许少数海外国家定期前来朝贡，同时进行一些贸易活动，对于外国民间商人，则不许入境。在撤销市舶司以后，允许由海道来朝贡的国家，仅限于暹罗、真腊、占城和琉球。真腊、占城，在前代便和中国有密切的关系。暹罗在前代是罗斛和暹两国，"其后罗斛强，并有暹地，遂称暹罗斛国。"洪武十年（1377），明朝赐印，"文曰：暹罗国王之印"，"自是，其国遵朝命，始称暹罗"。③ 琉球即今日本冲绳，"自古不通中国"。明初，朱元璋派人"以即位建元诏告其国"，琉球中山王遣使来贡，自此来往频繁。洪武十六年（1383），占城国王"贡象牙二百枝及方物。遣官赐以勘合文册及织金文绮三十二、磁器万九千"④。同年，遣使去真腊，"赍勘合文册赐其王。凡国中使至，勘合不符者，即属矫伪，许絷缚以闻。复遣使赐织金文绮三十二、磁器万九千"⑤。同时还遣使去暹罗，"赐

---

① 《明太祖实录》卷二三一。
② 《明太祖实录》卷二五二。
③ 《明史》卷三二四《暹罗传》。
④ 《明史》卷三二四《占城传》。
⑤ 《明史》卷三二四《真腊传》。

勘合文册及文绮、磁器，与真腊等"①。所谓"勘合文册"，实际上就是一种凭证。分勘合与号簿两种。每国勘合二百道，号簿四册。以暹罗国为例，二百道勘合中，以一百道为暹字，一百道为罗字。四册号簿中，两册为暹字号，两册为罗字号。将暹字号勘合一百道，暹字、罗字号簿各一册，存在礼部，以罗字号勘合一百道，暹字号簿一册，颁发给暹罗。另将罗字号簿一册，放在福建布政司。凡是暹罗的贡船，每艘都要持勘合一道，上面写明使臣姓名、贡物数量等。到达广东后，由布政司将勘合与号簿加以核对，确实无误，便将勘合送到都城，由礼部核对无误，才许贡使携带贡品入京。反之，明朝遣使去暹罗，要携带暹字号勘合。暹罗方面用颁发的暹字号簿进行核对，确实无误，才予接待。每位新帝即位以后，都要收回前帝颁发的勘合、号簿，另颁新的勘合、号簿。没有勘合的外国船，明朝政府一般不予接待。对于外国贡船进贡的物品，明朝政府都要给予回赐；对于外国商船带来的其他物品（称为"国王附进物"和"使臣自进、附进物"），则采取收购的办法。收购之余，允许使者在住处（会同馆）开市五天，由官府指定的商人入馆贸易。进贡和回赐，实际上是交换物品；至于附进物，其数量均大大超过贡品，都由明朝政府用钱购买；会同馆开市更是公开的贸易。因此，可以认为，这一时期的朝贡，是一种官方严格控制下的贸易活动。由于朝贡活动是通过勘合这种形式进行的，所以有人又称之为"勘合贸易"。

  朱元璋厉行禁海，推行勘合制度，导致海外交通的衰落。洪武三十年（1397）朱元璋自己说："洪武初，诸蕃贡使不绝。"而到此时，"商旅阻遏，诸国之意不通。惟安南、占城、真腊、暹罗、大琉球朝贡如故"。朱元璋要暹罗向爪哇、三佛齐转达，希望

---

① 《明史》卷三二四《三佛齐传》。

重新建立联系。因三佛齐内乱，未能实现。① 可以看出，朱元璋在晚年有意扩大海外的交往，但是没有取得成果。

洪武三十一年（1398）闰四月，朱元璋去世。其孙朱允炆嗣位，年号建文。朱允炆在对外关系上完全沿袭朱元璋的政策。建文四年（1402）朱元璋第四子燕王朱棣夺取了帝位，改元永乐（1403—1434）。朱棣继承了朱元璋的海禁政策，即位之初，便宣布："沿海军民人等，近年以来，往往私自下番，交通外国。今后不许。所司以遵洪武事例禁治。"② 永乐二年（1404）因"福建濒海居民，私载海船，交通外国"，下诏"禁民间海船。原有民间海船悉改为平头船，所在有司防其出入"。③ 改造船型，使船只无法出海行驶，这和朱元璋的禁止蕃香、蕃货，可以说异曲同工，都是想从根本上防止下海私贩。同时朱棣也坚持朝贡贸易之法，仍然实行勘合制度。但和朱元璋不同的是，朱棣积极、主动扩大与海外国家交往，鼓励海外国家来中国朝贡。即位后不久他宣布："今四海一家，正当广示无外，诸蕃国有输诚来贡者听。……其以土物来市者，悉听其便。"④ 永乐二年（1404）十月，再次宣告："自今诸蕃国人愿入中国者听。"⑤ 为了使海外各国了解他的诚意，朱棣接连派出使者，出海访问海外各国，仅永乐元年派往的，就有占城、真腊、爪哇、西洋（又作西洋琐里，即宋代的注辇，元代的马八儿）、日本、苏门答剌、暹罗、琉球、满剌加［今马来西亚的马六甲州（Malacca）］、古里［今印度西南海岸科泽科德（Calicut）］、柯枝［今印度西海岸柯钦（Cochin）］等国。作为回报，从永乐元年到三年（1403—1405），先后前来中国朝贡的海外

---

① 《明史》卷三二四《三佛齐传》。
② 《明太宗实录》卷一〇。
③ 《明太宗实录》卷二七。
④ 《明太宗实录》卷一二。
⑤ 《明太宗实录》卷二三。

国家，有琉球、暹罗、占城、爪哇、剌泥［今印度西部古吉拉特（Gajarat）］、真腊、苏门答剌、满剌加、古里、浡泥、碟里（在今印尼爪哇岛或苏门答腊岛）、日罗夏治（在爪哇岛或其附近）、合猫里（同上）、婆罗（今文莱）、日本等。其中如琉球、占城、暹罗、爪哇、日本、真腊都在两次以上。日本原来不与明朝往来，建文三年（1401），掌权的幕府将军义满遣使到明，表示愿意通好。第二年，朱允炆派两名僧人持国书到日本，并于次年回国，日本使同行。他们到达中国时，朱棣已即位，正准备遣使去日本。见到日本使者，大为喜悦，便派赵居任为使，送日本使者回国，携带国书，并赠给金印和勘合文册。① 从此日本也被纳入朝贡贸易的范围之内。与这种变化相适应，明朝政府恢复了三处市舶司。永乐元年八月，"以海外蕃国朝贡，贡使附带货物前来交易者，须有官以主之，遂命吏部依洪武初制，于浙江、福建、广东设立市舶提举司，隶布政司"②。和前代一样，浙江市舶司在宁波（元代的庆元），福建市舶司在泉州（后迁福州），广东市舶司在广州。新司的性质与过去有明确的不同，它只管理外国海船的朝贡及其有关事宜，不管民间的海外贸易。除了性质的不同之外，三市舶司有明确的分工，"宁波通日本，泉州通琉球，广州通占城、暹罗、西洋诸国"③。这和前代也是不一样的。正因为市舶司以接待进贡为任务，所以三司都有专门的接待使节的驿馆，"福建曰来远，浙江曰安远，广东曰怀远"④。

既坚持海禁和朝贡贸易，又力求扩大与海外国家的交往，这就是朱棣的政策。它既是朱元璋时代制定的海外政策的延续，又有变化。永乐三年（1405）开始的郑和下西洋事件（见第五章第

---

① ［日］木官泰彦：《日本文化交流史》，第 516—520 页。
② 《明太宗实录》卷二二。
③ 《明史》卷八一《食货志五·市舶》。
④ 同上。

二节），正是朱棣所推行的海外政策的必然产物。郑和下西洋是中国和世界历史上罕见的规模巨大的海上活动，但是它并没有改变明朝海外政策的性质。在郑和下西洋的同时，明朝政府仍然严格执行禁民私自下海和海外诸国的朝贡贸易制度。

郑和下西洋，先后七次，持续了近三十年，到宣宗宣德八年（1433）才告结束。明朝政府对海外的大规模和持久的交往，必然刺激民间开展海外贸易的欲望，在得不到官方允许的情况下，沿海地区私贩之风盛行起来。就在郑和结束航海事业的宣德八年七月，宣宗朱瞻基"命行在（南京——引者）都察院严私通蕃国之禁。上谕右都御史顾佐等曰：私通外夷，已有禁例。近岁官员军民，不知遵守，往往私造海舟，假朝廷干办为名，擅自下蕃，扰害外夷，或诱引为寇。比者已有擒获，各置重罪。尔宜申明前禁，榜谕沿海军民，有犯者许诸人首告。得实者给犯人家赀之半，知而不告及军卫、有司之弗禁者，一体治罪"①。下西洋的结束和下海禁令的重新颁布，标志着明代海外交通出现新的转折。宣德十年（1435），宣宗朱瞻基死，英宗朱祁镇嗣位（年号正统，1436—1449年；天顺，1456—1464）。"英宗幼冲，大臣务休息，不欲疲中国以事外蕃"，②完全停止了向海外派遣大规模船队的活动。派往海外各国的使节，也大为减少。对于外国的贡船，也下令加以限制。正统二年（1437）六月，广东官员奏："占城国每岁一贡……使人往复，劳费甚多，乞令依暹罗等国例三年一贡。"英宗同意，以此告谕占城国王。③ 正统八年（1443），广东官员奏："爪哇国贡频数，供亿浩繁，劳弊中国，以事远夷，非计，宜者节之。"英宗谕爪哇国王改为三年一贡。④ 正统十四年（1449）六

---

① 《明宣宗实录》卷一○三。
② 《明史》卷三三二《哈烈传》。
③ 《明英宗实录》卷三一。
④ 《明英宗实录》卷一○六。

月，重申"滨海人民，私通外夷，贸易蕃货，泄漏事情，及引海贼劫边地者，正犯极刑，家人戍边，知情故纵者同罪"[1]。代宗朱祁钰（年号景泰，1450—1456）、宪宗朱见深（年号成化，1465—1487）、孝宗朱祐樘（年号弘治，1488—1505）在海外政策方面大体上和英宗是一致的。在孝宗朱祐樘统治时期，对朝贡贸易加强了管理。弘治五年（1492）十月，户部研究决定，"各蕃进贡年限"，由"广东布政使出给榜文于怀远驿张挂，使各夷依限来贡。如蕃舶抵岸，布政司比对勘合，字号相同，贡期不违，然后盘验起送"[2]。弘治六年（1493）三月，两广总督都御史闵桂上奏："宜照原定各蕃来贡年限事例，揭榜怀远驿，令其依期来贡。凡蕃船抵岸，备倭官军押赴市政司，比对勘合相同，贡期不违，方与转呈提督市舶太监及巡按等官，具奏起送。如有违碍，捕获送问。"[3] 弘治十三年（1450）二月又对入贡"夷人"在京的贸易办法作出了具体规定，加以限制。[4] 总之，从英宗到孝宗，海外政策的基本内容是，坚持禁民下海和继续朝贡贸易，同时一改成祖—宣宗时的积极、主动方针，在对外交往中采取收缩、保守的态度。

在明代前期的朝贡贸易中，海外国家进贡的物品有：（1）香料。包括降真香、檀香、乳香、沉香、龙涎香、龙脑、蔷薇水、苏合油、苏木、胡椒等。（2）珍宝。包括玛瑙、水晶、象牙、犀角、孔雀翎、宝石、龟筒、珊瑚、玳瑁、珍珠等。（3）药材。包括人参、阿魏、没药、肉豆蔻、大枫子、血竭、荜澄茄、芦荟等。（4）珍奇动物。如孔雀、鹦鹉、象、犀、白鹿、麒麟等。（5）纺织品。如西洋布、蕃花手巾、红丝花手巾、各色苎布等。（6）日用器皿。如金银器皿、描金粉匣、洒金厨子、琉璃瓶等。（7）其

---

[1]《明英宗实录》卷一八二。
[2]《明孝宗实录》卷六八。
[3]《明孝宗实录》卷七三。
[4]《明孝宗实录》卷一五九。

他。如硫黄、回回青、牛皮、铜、刀、剑等。① 可以看出，与宋元时期从海外进口的商品大体上是相同的。香药在朝贡贸易的进口物品中仍占有特别重要的地位。由于产地价和明朝政府收购价之间的差额悬殊（如胡椒在苏门答剌每百斤价银一两，而洪武末年收购价为二十两），② 海外诸国大量运来作为贡物，以致明朝政府库藏过多，不得不在一段时间内以香料折抵俸钞。在其他物品中，日本刀剑的输入是比较突出的。宋元时期，已有日本刀输入，是颇受欢迎的物品。明代，日本刀剑大量输入中国，在日本进贡的物品中占有首要地位。最初贡船前来，不过三千把，后来逐渐增加，最多时一次达三万七千余把。其主要原因，也是因为利润优厚，如有一次进贡，在日本一把刀售价八百文至一千文，而明朝给价为五千文，利润达四五倍。③ 又有回回青，即苏麻离青，是制造青花瓷器的重要原料。④ 元代景德镇已开始生产青花瓷器，到明代成为主要产品，远销海外，因此需要大量的回回青。

　　明朝政府"回赐"给海外诸国的物品，主要有丝绸、瓷器、铜钱、铁器、书籍等。前面说过，洪武十六年（1383）向真腊等国颁勘合文册时，就赏赐文绮和瓷器。琉球国使臣"言其国不贵纻绮，惟贵磁器、铁釜，自是赏赉多用诸物"⑤。但其他诸国大多以丝织品为主。铜钱在海外不少国家行用，因而也在赏赐物品中占有重要地位。永乐九年（1411）满剌加国王率妻子、陪臣五百四十余人来朝贡。除了入朝赏赐外，临行时赐国王"金箱玉带一，仪仗一副，鞍马二匹，黄金百两，白金五百两，钞四十万贯，铜

---

①《明会典》卷一〇五、一〇六《朝贡一、二》，中华书局1989年版。
② 韩振华：《论郑和下西洋的性质》，见《郑和研究资料选编》，人民交通出版社1985年版。
③ ［日］木宫泰彦：《日中文化交流史》，第577页。
④ 张浦生、程晓中：《郑和下西洋与明代永乐、宣德青花瓷器》，见《郑和下西洋论文集》第二集，南京大学出版社1985年版。
⑤《明史》卷三二三《琉球传》。

钱二百六十万，锦绮纱罗三百疋，绢千疋，浑金文绮二，织金通袖膝襕二。王妃冠服一副，白金二百两，钞五千贯，锦绮纱罗绢六十疋，织金文绮纱罗衣四袭。王子侄及陪臣白金、钞、钱、彩币有差"①。由此一例，可见其余。日本对铜钱的要求特别迫切，有时甚至公开提出要求赏赐，如第二期第四次遣明使时（1468），提出："书籍、铜钱，仰之上国，其来久矣。今求二物，伏希奏达，以满所欲。……永乐年间多给铜钱，近无此举，故公库索然，何以利民，钦侍周急。"第五、第六次又重复了这一要求。第六次还明确提出要十万贯。②

　　朝贡贸易是一种不受价值规律支配的不等价交换。明朝政府在朝贡贸易中支出的比得到的要大得多。招待贡使，搬运贡品，都要花费大量的人力、物力。明朝政府的回赐物品，其价值总是大大高于进贡品，像上述对满剌加国王的赏赐数量之多，价值之高，都是很惊人的。至于附进物的收购，尽管从表面来看政府收购某些物品也许有利可图，但由于贡使不断以次作好，源源送来，大大超过了中国市场的需要，实际上成了无用之物。前面所说明朝政府以香料折代俸钞，正是香料过剩的表现。在成祖扩大海外交往以后不久，朝贡贸易就成为明朝政府的沉重负担，海外诸国的贡使常为贡期和贡物的收购问题与明朝政府发生争论，使明朝政府疲于应付。英宗正统年间开始海外政策的转折，正是朝贡贸易内在矛盾不断加深的必然结果。由于海外政策向收缩、保守的转变，海外诸国前来进贡的船只渐趋减少，自弘治元年（1488）到弘治十七年（1504），海外各国来贡者，仅占城三次，暹罗四次，爪哇两次，日本一次，琉球八次。③不难看出，朝贡贸易实际

---

　　① 王世贞：《弇山堂别集》卷七七《赏赉考下·四夷来朝之赏》，中华书局1985年版。
　　② 《日中文化交流史》，第571—572页。
　　③ 《明史》卷一五《孝宗记》。

上已无法继续下去了。

第二节　郑和下西洋

　　明成祖朱棣即位之后，既继承了禁民下海和朝贡贸易的方针，又积极发展与海外诸国的联系。永乐元年（1403）、二年（1404），他接连派遣使节，分赴各国，到了永乐三年（1405），便派遣郑和率领大规模的船队，出海远航。

　　郑和（1371—1433），云南昆阳州（今云南晋宁县）人，回族。本姓马，小名三宝。洪武十五年（1382）明军攻云南时被俘入宫，后拨在燕王朱棣府中听用。朱棣发动"靖难之役"，抢夺皇位，郑和立下了功劳。永乐二年（1404），赐姓郑，始名郑和。永乐三年（1405），他以内官监太监的身份，率领将士、水手以及其他人员共二万七千余人，乘坐各式海船二百余艘，首次远航，取得了成功。自此以后，连续进行了六次，直到宣德八年（1433），郑和领导的大规模航海活动，才告结束。宋元时期，人们将我国以南的海洋区分为东、西洋，在本书第三章中已作过叙述。郑和每次航行，都以西洋为目的地，因此民间习惯称为"郑和下西洋"。

　　郑和的七次航行情况，大体如下：

　　第一次，永乐三年（1405）到永乐五年（1407）。永乐三年六月，郑和受命"帅舟师使西洋诸国"[1]。与郑和同行的有太监王景弘，两人同任正使，但以郑和为主。船队"自苏州刘家河泛海至福建，复自福建五虎门扬帆，首达占城，以次遍历诸国"[2]。刘家河即刘家港，属太仓，元代便是一个重要港口，特别在当时南

---

[1]《明史》卷六《成祖纪二》。
[2]《明史》卷三〇四《郑和传》。

北海运中起过重要作用。明初，曾在当地立市舶司，虽然很快裁撤，但亦可见其地位的重要。五虎门属福建省长乐县，又称五虎山，由五个岛屿组成，位于闽江出海口。郑和船队的船只主要在南京的龙江船厂（宝船厂，位于今南京三汊河附近的中保村一带）制造，开到太仓刘家港集中。整个船队出长江口，沿海岸线南下，到福建长乐的太平港停泊，等候信风出海。太平港在县城西五里，"太平"一名便是郑和为了祈求航行平安而取的。它是郑和下西洋的基地，至今仍保留不少与此有关的古迹。

郑和此次航行，经历的国家和地区主要有占城、爪哇、苏门答剌、古里和旧港。这次航行显然是一种试探，主要目的在于熟悉航路和掌握大型船队航行的经验，所以航线不长，只到古里为止，历经的国家和地区也不多，而且这些国家和地区在此以前都和明朝建立过联系。这次航行发生了两起意外事件。一起在爪哇，当地原来东、西王对立。永乐四年（1406），"西王与东王构兵，东王战败，国被灭。适朝使（郑和船队——引者）经东王地，部卒入市，西王国人杀之，凡百七十人。西王惧，遣使谢罪"[①]。此事应发生在郑和前往西洋途中，由于郑和采取克制的态度，得以和平了结。另一起发生在旧港（即三佛齐），明初，爪哇"破三佛齐，据其国，改其名曰旧港，三佛齐遂亡。国中大乱，爪哇亦不能尽有其地，华人流寓者往往起而据之"。旧港的华人首领梁道明、陈祖义，都是广东人。梁道明归附明朝，"入朝贡方物，受赐而还"。祖义也遣子朝贡，但他"虽朝贡，而为盗海上，贡使往来者苦之"。永乐五年（1407），郑和从西洋回来，"遣人招谕之。祖义诈降，潜谋邀劫。有施进卿者，告于和。祖义来袭被擒，献于朝，伏诛"[②]。郑和对陈祖义的斗争，保证了这条海上航线的安

---

① 《明史》卷三二四《爪哇传》。
② 《明史》卷三二四《三佛齐传》。

全畅通，从而提高了船队的声望。郑和等在记述下西洋经过的《天妃灵应碑》中说："永乐三年，统领舟师至古里等国。时海寇陈祖义聚众三佛齐国，劫掠蕃商，亦来犯我舟师。即有神兵阴助，一鼓而歼之。至五年回。"① 可见这是首次航行中的大事。

第二次航行，是永乐五年（1407）至永乐七年（1409）。郑和的首次航行结束，于永乐五年九月初二日回到京师，同月十三日就奉命再次航海，出使各国。显然，通过郑和的报告，朱棣对海外的情况有了比较清楚的认识，便决定进一步扩大航队的活动。郑和等在《天妃灵应碑》中说："永乐五年，统领舟师，往爪哇、古里、柯枝、暹罗等国，王各以珍宝、珍禽、异兽贡献。至七年回。"此次航行除了爪哇、古里、柯枝、暹罗以外，至少还到过占城、南巫里、加异勒、满剌加、锡兰山等国。占城是船队出航的必经之地。"六年，郑和使其国。王遣其孙舍杨该贡象及方物谢恩。"② 南巫里在元代已与中国来往，位于苏门答腊岛北部。"永乐三年遣使赍玺书、彩币抚谕其国。六年，郑和复往使。"③ 加异勒"西洋小国也。永乐六年遣郑和赍诏招谕，赐以锦绮、纱罗"④。即今印度东南卡异尔（Cail）。满剌加即今马来西亚西部的马六甲州（Malacca）。从14世纪起，满剌加崛起，成为东南亚的强大势力。它处于东、西洋主航道的枢纽马六甲海峡的一侧，位置十分重要。永乐元年（1403）十月，"遣中官尹庆使其地，赐以织金文绮、销金帐幔诸物"。尹庆到达时，满剌加"无王"，是暹罗的属地。当地首领拜里迷苏剌立即遣使"随庆入朝贡方物，三年九月至京师。帝嘉之，封为满剌加国王，赐诰、印、彩币、袭

---

① 此碑在福建长乐，见《郑和史迹文物选》，人民交通出版社1985年版，第53—54页。
② 《明史》卷三二四《占城传》。
③ 《明史》卷三二六《南巫里传》。
④ 《明史》卷三二六《加异勒传》。

衣、黄盖，复命庆往"。永乐五年（1407）九月，"遣使入贡。明年，郑和使其国，旋贡"①。永乐七年（1409），郑和从西洋回来，到九洲山，"差官兵入山采香，得径有八九尺、长六七丈者六株，香味清远，黑花细纹。山人张目吐舌，言我天朝之兵，威力若神"②。九洲山即马来半岛西岸霹雳（Perak）河口外的淡美兰（Sembiln）群岛，可知回途经过满剌加。满剌加是郑和航行必经之地，后来出使时，郑和都在满剌加建立基地，然后分赴各地。此次航行中郑和还经过锡兰山。1911年，当地发现一块郑和树立的石碑，碑文用三种文字（汉、波斯、泰米尔），碑末所署时间是永乐七年二月申戌，应是郑和回航停泊时作，此碑现存斯里兰卡首都科伦坡博物馆，是郑和此次航行的重要物证。郑和此次航行的范围有所扩大，交往的国家和地区增多，但其到达最远之地，仍限于印度次大陆西海岸。

第三次航行，从永乐七年（1409）到永乐九年（1411）。这次航行和第二次一样，是前一次结束以后立即开始的。第二次航行的结束，应是永乐七年的七月、八月或九月初，而同年九月，新的航行又告开始，"永乐七年己丑，上命正使太监郑和、王景弘等统领官兵二万七千余人，驾驶海舶四十八号，往诸番国开读赏赐。是岁秋九月自太仓刘家港开船，十月到福建长乐太平港停泊。十二月于福建五虎门开洋。张十二帆顺风十昼夜至占城国"③。这次历经的国家和地区有：占城新洲港（今越南归仁）、灵山［今越南中部的华列拉角（Cap Varella）］，宾童龙［今越南藩朗（phan Rang）］、昆仑山［今越南南部昆仑岛（Pulo Eondre）］、暹罗、交栏山［印尼加里曼丹岛西南之格兰岛（Calam）］、爪哇、

---

① 《明史》卷三二五《满剌加传》。
② 费信：《星槎胜览》前集《九洲山》。此书有冯承钧校注本，中华书局1954年版。
③ 《星槎胜览》前集《占城国》。

旧港、满剌加、九洲山、苏门答剌、花面国〔今印尼苏门答腊北部之实格里（Sigli）一带〕、龙涎屿（今苏门答腊岛西北之 Brcueh 岛）、翠蓝屿〔今印度尼科巴群岛（Nicobar）〕、锡兰山、小唄喃〔即故临，今印度西南之奎隆（Quilon）〕、柯枝、古里。此次航行中，郑和船队在锡兰山遇到了麻烦。锡兰山国王亚烈苦奈儿与邻国之间常有冲突，"屡邀劫来往使臣，诸蕃皆苦之"。他对中国船队采取不友好的态度。当郑和回国经过时，"发兵五万劫和，塞归路"。郑和被迫应战，"率步卒二千，由间道乘虚攻拔其城，生擒亚烈苦奈儿及妻子、头目"，将他们带回中国。朱棣将亚烈苦奈儿等释放，根据被俘者的建议，另立邪把乃那为主，"乃遣使赍印、诰，封为王，其旧王亦遣归"①。锡兰山之役，影响很大，很多国家纷纷前来朝贡，出现了前所未有的高潮。郑和这次航行在永乐九年（1411）六月回国。

第四次航行的时间是永乐十一年（1413）到十三年（1415）。永乐十年（1412）十一月，郑和奉命出使西洋。② 但这次下西洋的目的是古里以西地区，航线漫长，需做比较充分的准备（包括寻求合适的翻译人员等），所以实际的开航时间，应是永乐十一年（1413）的冬天。此次航行历经的国家和地区，有占城、暹罗、爪哇、旧港、满剌加、阿鲁〔印尼苏门答腊岛日里（Deli）河流域〕、苏门答剌、喃勃利（即南巫里）、彭亨、急兰丹（即前代的吉兰丹）、加里勒、古里、柯枝、忽鲁谟斯、比剌、孙剌、溜山〔今印度洋中马尔代夫群岛（Medive）和拉克代夫群岛（Lacadive）〕等。忽鲁谟斯（Hormuz）在波斯湾内，"西洋大国也。自古里西北行，二十五日可至。""其国居西海之极。自东南诸蛮邦及大西洋商舶、西域贾人皆来贸易，故宝物填溢。""永乐

---

① 《明史》卷三二六《锡兰山》。
② 《明太宗实录》卷八六。

十年，天子以西洋近国已航海贡琛，稽颡阙下，而远者犹未宾服，乃命郑和赍玺书往诸国，赐其王锦绮、彩帛、纱罗，妃及大臣皆有赐。王即遣陪臣巳即丁奉金叶表，贡马及方物。"① 忽鲁谟斯在元代与中国来往密切，进入明代以后，直到此时才发生联系。溜山就是元代的北溜，元朝商舶已到过该地。到了明代，郑和此次航行建立了双方的联系。"又有国曰比剌，曰孙剌，郑和亦尝赍敕往赐。以去中华绝远，二国贡使竟不至。"② 关于这二地的所在，说法不一。但由以上所述可知，本次航行的范围比起前三次已有明显的扩大，明朝的船队开始进入波斯湾，这是很有意义的突破。

这次航行过程中，发生了一次武装冲突，地点是苏门答剌："先是，其王之父与邻国花面王战，中矢死。王子年幼，王妻号于众曰：'孰能为我报雠者，我以为夫，与共国事。'有渔翁闻之，率国人往击，馘其王而还。王妻遂与之合，称为老王。既而王子年长，潜与部领谋，杀老王而袭其位。老王弟苏干剌逃山中，连年率众侵扰。十三年，和复至其国，苏干剌以颁赐不及已，怒，统数万人邀击。和勒部卒及国人御之，大破贼众，追至南渤利国，俘以归。其王遣使入谢。"③ 这次事件是由苏干剌挑起的。郑和只向在位的苏门答剌王"颁赐"是合理的。对于苏干剌的"邀击"，郑和除了反击以外，别无选择。

永乐十二年（1414），满剌加王死，其子嗣立。十三年（1415），郑和船队归国，满剌加新王"亲率妻子朝贡"④。是年七月，船队回到京师。

---

① 《明史》卷三二六《忽鲁谟斯传》。
② 《明史》卷三二六《溜山国附》。
③ 《明史》卷三二五《苏门答剌传》。按《天妃灵应碑》所记略有不同："其苏门答剌国有伪王苏斡剌，寇侵本国。其王宰奴里阿比丁，遣使赴阙陈诉，就率官兵剿捕。赖神默助，生擒伪王。"则是苏门答剌王要求明朝予以支持。又，《明史》的苏干剌应是苏斡剌之误。
④ 《天妃灵应碑》。

同年，朱棣又派遣宦官侯显等"统舟师，赍诏敕赏赐"榜葛刺（今孟加拉国和印度孟加拉邦 Bengal）的"国王、王妃、头目"。榜葛刺从永乐六年（1408）起，多次遣使朝贡。对于中国派遣的使者，举行了盛大的欢迎仪式。侯显的出使，是郑和航行的补充。① 侯显后来又出使沼纳朴儿（今印度江普尔 Jaunpur）。

第五次航行是永乐十五年（1417）到永乐十七年（1419）。

永乐十四年（1416）十二月，"古里、爪哇、满剌加、占城、锡兰山、木骨都束、溜山、喃渤利、卜剌哇、阿丹、苏门答剌、麻林、剌撒、忽鲁谟斯、柯枝、南巫里、沙里湾泥、彭亨诸国，及旧港宣慰司使臣辞还，悉赐文绮、袭衣，遣中官郑和等赍敕及锦绮、纱罗、彩绢等物，偕往赐国王"②。保存在泉州的郑和《行香碑》记："钦差总兵太监郑和前往西洋忽鲁谟斯等国公干。永乐十五年五月十六日于此行香。"③ 可见当时郑和尚在泉州，这次航行应在十五年（1417）冬北风起时开始。此次航行所历经的，就是上述派使臣向明朝进贡的国家。其中喃渤利与南巫里应是同一个国家。木骨都束即今索马里首都摩加迪沙（Mogadishu）。卜剌哇即今索马里东南布拉瓦（Brava）。阿丹即今也门的亚丁（Aden）。麻林即今肯尼亚东部的马林迪（Mulindi）。剌撒在今阿拉伯半岛南部木卡拉（Mukalla）附近。沙里湾泥即今也门东北的沙尔伟恩角（Ras Sharwayn）。因此，郑和此次航行已到达阿拉伯半岛和非洲东北部，比前一次又进了一大步。郑和在《天妃灵应碑》中记此次航行说："永乐十五年，统领舟师往西域，其忽鲁谟斯国进狮子、金钱豹、大西马。阿丹国进麒麟，蕃名祖剌法，并长角马哈兽。木骨都束国进花福禄并狮子。卜剌哇国进千里骆驼并驼

---

① 《明史》卷三〇四《侯显传》，卷三二六《榜葛剌传》。
② 《明太宗实录》卷一八三。
③ 《郑和史迹文物选》，第59页。

鸡。爪哇、古里国，进麋里羔兽。若乃藏山隐海之灵物，沉沙栖陆之伟宝，莫不争先呈献。或遣王男，或遣王叔、王弟赍捧金叶表文朝贺。"这次航行的声势和影响，都达到了高峰。

永乐十七年（1419）七月，郑和等回到京师。

第六次航行"从永乐十九年（1421）到永乐二十二年（1424）。

永乐十九年（1421）正月"戊子（二十五日），忽鲁谟斯、阿丹、祖法儿、剌撒、不剌哇、木骨都束、古里、柯枝、加异勒、锡兰山、溜山、喃渤利、苏门答剌、阿鲁、满剌加、甘巴里等十六国，遣使贡名马、方物，命礼部宴劳之"。"癸巳（三十日）忽鲁谟斯等十六国使臣还国，赐钞币表里，复遣太监郑和等赍敕及锦绮纱罗绫绢等物，赐诸国王，就与使臣偕行。"① 郑和此次航行，历经的就是以上这些国家。其中以前未曾去过的有祖法儿、甘巴里。祖法儿即今阿曼的多法尔（Dhufar）。甘巴里即今印度南部的科因巴托尔（Coimbatore）。永乐二十年（1422）八月，郑和回京。

永乐二十二年（1424）正月，朱棣命郑和出使旧港。但在等待信风期间，朱棣病死，其子朱高炽嗣位，这就是明仁宗。朱高炽即位后立即"罢西洋宝船"。诏书中说："下西洋诸国宝船悉停止，如已在福建、太仓安泊者，俱回南京。"② 这次航行就取消了。

第七次航行，从宣宗宣德六年（1431）到宣德八年（1433）。

宣宗朱瞻基是洪熙元年嗣位的，他曾得到祖父朱棣的宠爱，即位以后，也想以祖父为榜样，有所作为。宣德五年（1430）六月，"帝以践阼岁久，而诸番国远者犹未朝贡，于是和、景弘复奉命历忽鲁谟斯等十七国而还"③。关于这次航行的过程，留下了一

---

① 《明太宗实录》卷二三三。
② 《明仁宗实录》卷一上。
③ 《明史》卷三〇四《郑和传》。

份珍贵的资料，这便是祝允明《前闻记》中的记载："宣德五年闰十二月六日，龙湾（在南京）开船。十日到徐山打围，二十日出附子门，二十一日到刘家港。大年二月二十六日到长乐港。十一月十二日到福斗山。十二月九日出五虎门。行十六日，二十四日到占城。七年正月十一日开船。行二十五日，二月六日到爪哇斯鲁马益。六月十六日开船，行十一日，二十七日到旧港。七月一日开船，行七日，八日到满剌加。八月八日开船，行十日，十八日到苏门答剌。十月十日开船，行三十六日，十一月六日到锡兰山别罗里。十日开船，行九日，十八日到古里国。二十二日开船，行三十五日，十二月二十六日到忽鲁谟斯。八年二月十八日开船回洋。行二十三日，三月十一日到古里。二十日，大䑸船回洋，行十七日，四月六日到苏门答剌。十二日开船，行九日，二十日到满剌加。五月十日回到昆仑洋。二十三日到赤坎，二十六日到占城。六月一日开船，行二日，三日到外罗山。九日见南澳山。十日晚，望见望郎回山。六月十四日到崎头洋。十五日到碗碟屿。二十日过大小赤。二十一日进太仓。七月六日到京。二十一日关赐奖衣宝钞。"[①] 从出国到回国，共用了一年半左右时间。其中在爪哇停留约四个月，这是为了等候信风。资料中只记载八个国家和地区，而且最远是忽鲁谟斯，这显然是船队主体部分（大䑸船）的航程。十七国中的其余国家，则是由分船队（分䑸船）前去访问的。郑和此次航行，实际上超过了十七国，有溜山、加异勒、剌撒、阿丹、卜剌哇、喃渤利、阿鲁、祖法儿、柯枝、木骨都束、暹罗等。在古里时，正遇古里国派船去天方［又作默伽，今沙特阿拉伯麦加（Mecca），伊斯兰教圣城］，郑和便派遣通事等七人，随船去天方国。到达天方以后，购得奇珍异宝及麒麟、狮子、鸵鸟等物，"并画《天堂图》真本回京。其默伽国王

---

① 《前闻记》常见为《纪录汇编》本。

亦差使臣将方物跟同原去通事七人献赍于朝廷"①。所谓《天堂图》中的"天堂"，应指默伽的克尔白（Ka'bah）礼拜寺。它是穆斯林朝拜的中心，有"天房"（Bait-Allāh）之称。郑和此次出使中派人访问天方（默伽）并取得成果，是中国与阿拉伯交往史以及中国伊斯兰教历史上的一件大事。

这次远航的船队在宣德八年（1433）七月回到南京。郑和本人在古里病死，归葬于南京牛首山。这个将一生献给航海事业的伟大航海家，在海上走完了他的人生历程。

郑和的船队，每次都在两万人以上。首次航行为二万七千八百余人，末次航行为二万七千五百五十人。② 其他各次大体亦与之相近。船队由正使、副使统领。每次航行中正使至少两人，副使人数不等。以第七次航行为例，"正使太监郑和、王景弘，副使太监李兴、朱良、周满、洪保、杨真、张达、吴忠"③。郑和是历次航行的主要负责人。协助他的是王景弘，至少参与了其中五次航行，起了重要作用。民间相传有"太监王三保作《赴西洋水程》"④，王三保即王景弘，此事说明他有丰富的航海经验。其他副使的任务是协助正使工作，而当派出分艚船队时，便指派副使负责。

船队的人员，大体上可以分为三类。第一类是海船上的船工，包括火长（掌管指南针）、舵工、碇手、水手等。他们负责驾驶海船航行。第二类是军队，保卫船队的安全，包括士兵和军官。军官中职位最高的是都指挥。明代制度，各行省设都指挥使司，"掌一方之军政，各率其卫所以隶于五府，而听于兵部"。都指挥使官

---

① 马欢：《瀛涯胜览·天方国》。
② 《前闻记》。
③ 《天妃灵应碑》。
④ 郁永河：《裨海记游》，《昭代丛书》本。黄叔璥：《台海使槎录》，《文渊阁四库全书》本。

二品。① 以都指挥使统兵护航，可见对船队安全之重视。第三类是各种技术人员，包括通事、书算手、医士、买办等。通事就是翻译，海外诸国，语言各不相同，没有翻译，难以沟通，因此郑和很注意通事的人选。例如第四次航行开始以前，"求所以通译国语可佐信使者"，找到了西安清净寺掌教哈三。② 长途海上航行，得病必多，医务人员十分重要。郑和船队中有不少颇有成就的医师，如太仓的郁震，常熟的匡愚，都为保障船队人员的健康立下功劳。③ 书算手管理财务，买办采购货物，也都是不可缺少的。

郑和船队人数很多，还要装载船队人员长途海上航行所需的食物、淡水、衣服、武器，以及赏赐和贸易用的物品，所需海船之多，是可想而知的。郑和在长乐的《天妃灵应碑》中说："统率官校旗军数万人，乘巨舶百余艘。"其他各种文献中记载多少不等。"巨舶"也就是民间所谓"宝船"，到底有多大，一直存在争论。《明史·郑和传》说，郑和"造大舶，修四十四丈、广十八丈者六十二"。有人认为是可信的，也有人认为在当时技术条件下是难以办到的。这个问题尚在讨论之中。每艘"巨舶"（宝船）各有名称，"如清和、惠康、长宁、安济、清远之类，又有数序一、二等号"。还有一些辅助船只，如大八橹、二八橹之类。④ 整个船队称为大䑸，分出一部分船队进行活动则称为分䑸。大䑸沿主航线活动，分䑸则前往不在主航线上的国家和地区。大䑸的主航线实际上就是第七次航行的路线，即长乐—占城—爪哇—旧港—满剌加—苏门答剌—锡兰山—古里—忽鲁谟斯，同宋元时期的主航线相同。据文献记载，郑和航行时曾在满剌加建立基地，"立排栅城垣，设四门更鼓楼，夜则提铃巡警。内又立重栅小城，

---

① 《明史》卷七六《职官志五》。
② 西安重修清净寺碑，《郑和史迹文物选》，第74—75页。
③ 张耀宗：《随郑和下西洋的医士匡愚》，见《郑和下西洋论文集》第二集。
④ 《前闻记》。

盖造库藏仓廒，一应钱粮，顿在其内。去各国船只，回到此处取齐，打整蕃货，装载船内"①。这既因为满剌加所处地理位置正好在主航线中途，便于与各国交往；同时也由于它与明朝保持特殊的友好关系。海外基地的建立，对于远洋航行，无疑有重要的保障作用。

现存的明代的《自宝船厂开船从龙江关出水直抵外国诸蕃图》（载茅元仪《武备志》卷二四〇），经学术界反复研究，公认是郑和下西洋的航海图。它所表示的航线，以南京为起点，沿江而下，出长江口，沿海岸线南下，经中南半岛、马来半岛海岸，穿过马六甲海峡，经当时的锡兰山，到溜山国或古里，然后到忽鲁谟斯。此外还有溜山到东非各国、东非各国沿阿拉伯半岛与忽鲁谟斯连接等航线。根据不同海域的各自航行特点，此图有的航段看重以地形、地物来表示位置；有的地段则注记针位（航向、方位）、更数（原为计时单位，后成为计程单位，一更约六十里）；有的航段因是越海航行，在针路、更数之外，还有牵星图，就是利用对不同方位的几个星体的同时观测，来确定海船的所在位置。也就是说，在航行中，将磁罗盘导航与天文导航结合使用。此图对于研究郑和的航海路线具有重要的价值，同时它也可以帮助我们认识这一时期中国人在航海科技方面所取得的成就。②

郑和下西洋七次，持续近三十年。其规模之大，时间之久，在中国和世界航海史上，都是前所未有的。众所周知，这样一场声势浩大的活动，是由明成祖朱棣发起和主持的。朱棣为什么要这样做，其真正目的何在，在历史上有过不同的说法。有人说，朱棣夺取了侄儿朱允炆的皇位，朱允炆下落不明，传说逃亡海外，

---

① 马欢：《瀛涯胜览·满剌加国》。
② 此图中外学者作过许多研究，成果丰富。朱鉴秋、李万权主编的《新编郑和航海图集》（人民交通出版社1988年版）采用古今对照、图文并茂的方式，较好地反映了学术界的已有研究成果。

郑和下西洋为的是寻找他的下落。有的说，这是为了联合西洋各国，共同对付当时中亚强大的帖木儿帝国等。这些说法都没有足够的证据。就前一种说法而言，当时海外中国人侨居之处，主要是东洋，也就是马六甲海峡以东的地方。如果要寻找朱允炆的下落，应把主要活动放在东洋地区。然而，郑和的航海活动，重点在西洋。可见，这种说法是难以自圆其说的。就后一种说法而言，当时中亚的帖木儿帝国与明朝交往不多，相隔甚远，明朝并未感到帖木儿帝国的威胁，当然也不会就此采取任何行动。

从当时的形势来看，朱棣派遣郑和下西洋的原因，不外乎政治和经济的需要。政治方面的原因，主要是想扩大明朝在海外的影响，巩固朱棣自己的统治地位。朱棣是用武力夺取帝位的，他需要有一些特殊的做法来证明自己统治的合理性。加强与海外各国的来往，造成众多国家前来"朝贡"的盛况，"圣明一统混华夏，旷古于今孰可伦"[①]，无疑有助于塑造自己真命天子的形象，有助于统治的巩固与稳定。经济方面的原因，主要是上层统治阶级奢侈生活的需要。在朱元璋时代，蕃货、蕃香都在禁止之列。而蕃货、蕃香的主要消费者，不是下层大众，而是上层统治阶级。可以说，社会地位越高，对蕃香、蕃货的兴趣也越大，这是一切朝代带有普遍性的现象。朱棣本人就是奢侈生活方式的追求者。他既了解朱元璋坚持"海禁"的用心，继续加以贯彻，同时又希望得到众多的蕃香、蕃货，满足自己和上层统治阶级享受的欲望。因而，派遣官方的船队，开展直接贸易，便是最切实可行的办法。郑和七下西洋，正是朱棣基于以上两方面考虑的结果。

朱棣有派遣船队下西洋的愿望，出于上述原因。他的愿望能变成现实，而且发展成为持久的大规模活动，则是由于当时的几方面的条件。首先，在此以前，中国人已有长期海上活动的经验，

---

① 马欢：《瀛涯胜览·纪行诗》。

对海外地区的风土、人情、物产，已有相当多的了解。特别是宋、元二代，航海技术、造船业都有显著的进步，这对于长期的海上航行，无疑是很有利的。其次，明朝建立以后，推行一系列恢复和发展生产的措施，国家有比较充裕的物力和财力，可以负担庞大船队长期活动的巨额开支，同时也有大量的土特产品可供赏赐和交换之用。如果没有足够的物力和财力，大规模的航海活动是难以持久的。最后，明朝是个高度中央集权的国家，皇帝掌握至高无上的权力，一旦作出决定，可以调动各方面的力量，特别是朱棣，他通过残酷的斗争夺取了帝位，善于使用权力，在个人意志的贯彻方面，明朝其他皇帝（除朱元璋外）是无法和他比拟的。正是由于以上各方面条件的结合，使郑和七下西洋成为事实。

郑和船队的贸易活动，是应该充分予以重视的。从郑和随行人员的记载可以看到，船队每到一地，首先是与当地的首领建立联系，然后便开展贸易活动。例如在古里，有专门负责交易的头目，他们先将船队带去的货物"逐一议价"，然后当地富户"将宝石、珍珠、珊瑚等物来看"，由头目从中说合计价。[①] 又如，中国宝船到祖法儿，"开读赏赐毕，其王差头目遍谕国人，皆将乳香、血竭、芦荟、没药、安息香、苏合油、木别子之类，来换易纻丝、磁器等物"[②]。船队的贸易活动，激起了海外各国居民加强与中国联系的热情，他们纷纷随同中国船队或自行前来"朝贡"，实际上是前来贸易。郑和有几次出航，主要任务是护送使节归国。一来一往，郑和船队实际上起着保护海上贸易安全的作用。

在船队携带的物品中，丝织品和瓷器最为重要。占城欢迎中国的青瓷盘碗、纻丝、绫绢等物，爪哇欢迎的是青花瓷器和销金纻丝，锡兰山居民用宝石、珍珠换易中国的麝香、纻丝、色绢、

---

① 均见《瀛涯胜览》的有关各国记载。
② 同上。

青瓷盘碗等。船队带回的，是各种珍宝、香料、药材以及珍禽异兽，"由是明月之珠，鸦鹘之石，沉南龙速之香，麟狮孔翠之奇，梅脑薇露之珍，珊瑚瑶琨之美，皆充舶而归"[①]。从交换的物品种类来说，和以往没有大的差别。

郑和下西洋具有重要的意义。

郑和的航行是中国和世界历史上空前的盛举，说明中国人能够对航海事业做出自己的贡献。航海事业是人类征服海洋的活动，航海事业的发展，意味着人类征服自然能力的增长。郑和船队规模之大，组织之严密，航行持续时间之久，经历地区之多，都是历史上罕见的，也是同时代世界其他国家所无法做到的。郑和的成功充分说明，在15世纪前半期，中国人居于世界航海事业的前列。

郑和的航海活动，加深了中国与海外各国之间的相互了解，发展了彼此的友谊。郑和船队所到之处，注意与各国、各地区的首领们联络，并且努力调停各国、各地区之间的纠纷，从而取得了这些首领们的信任。船队以互通有无和自愿的原则，开展贸易的活动。这是一种友好的互利的贸易关系，很自然地受到海外各阶层人民的欢迎。在郑和航行期间，许多国家和地区的首脑和使节，纷纷来到中国。而东、西洋的不少地方，都长期保留与郑和航行有关的传说、遗迹。这些都是彼此友好的见证。还应该指出的是，通过郑和下西洋，中国人对海外世界有更多的了解。郑和的随行人员编著的有关书籍，如马欢的《瀛涯胜览》、费信的《星槎胜览》、巩珍的《西洋蕃国志》，对东、西洋各国的风土、人情、物产作了介绍，在当时既开阔了人们的眼界，也给后代留下了珍贵的历史资料。今天研究14、15世纪东、西洋地区各国的历史，同时期的中国有关文献，具有特殊重要的价值。

---

① 黄省曾：《西洋朝贡典录·自序》。此书有谢方校注本，中华书局1982年版。

郑和下西洋，对于中国和东、西洋各国的社会经济，起了有益的推动作用。庞大的船队，需要建造大批船只；对中国的造船业、纺织业、陶瓷业来说，每次下西洋，都是巨大的推动。而在郑和下西洋以后，人们对海外诸国的商品需求有所认识，民间的海外贸易发展起来，从而带动一些农业和手工业部门的进步。另外，对于海外各国来说，开展与中国的经济交流，也有助于他们本国社会生产的发展。

但是，郑和船队下西洋，是一项开支浩大的活动，对于明朝政府的财政，是沉重的负担。下西洋所得的宝货、香料，主要只能供上层统治集团消费，不能为国家增加收入。因而，在永乐十九年（1421）四月，就有人提出："连年四方蛮夷朝贡之使相望于道，实罢中国。"朱棣为此下诏，"往诸蕃国宝船……暂行停止"[①]。朱棣去世，子朱高炽嗣位，在即位诏书中宣布："下西洋诸蕃国宝悉皆停止。"宣宗朱瞻基组织了第七次下西洋活动。此后，英宗朱祁镇于天顺元年（1457）准备派人去西洋，宪宗朱见深成化九年（1473）又有意此事，都遭大臣劝阻，未能实现。成化九年皇帝下令索取郑和"下西洋水程"（即航海图或航海记录），兵部车驾郎中刘大夏反对说："三保下西洋，费钱粮数十万，军民死且万计，纵得奇宝而回，于国家何益！此特一时敝政，大臣所当切谏者也。"[②] 刘大夏这段话，代表了当时很多人的看法。随着明朝社会矛盾加深，财政困难严重，再也没有哪一位皇帝敢于继续这一事业了。

郑和的航行，发生在 15 世纪前期。再过几十年，在 15、16 世纪之交，便发生了世界史上著名的"地理大发现"。"地理大发现"首先是新航路的发现，其主要代表人物是哥伦布、达·伽马

[①] 《明太宗实录》二三六。
[②] 参见严从简《殊域周咨录》卷八，中华书局 1993 年版。

和麦哲伦,他们的船队规模都比郑和少得多,例如哥伦布远征队第一次出发时,只有三艘船,九十人。但是,新航路的发现,给欧洲以巨大的刺激,对西方资本主义的发展起了重要的作用。郑和下西洋的活动,虽然壮观,对中国和世界的历史进程,并没有很大的影响。造成这种差别的主要原因是,欧洲在15、16世纪已有相当程度的资本主义萌芽因素;而在中国,封建的生产关系仍占绝对的统治地位。因此,两种航行便有完全不同的目的,产生截然不同的后果。郑和航行是为了建立、发展与海外诸国的联系,主要是以和平、友好方式进行的。航行的结果并没有引起中国和海外国家社会结构的变化。而哥伦布、达·伽马、麦哲伦一类西方冒险家的船队则相反,他们远航探险就是为了掠夺财富,并把"发现"的地区变成他们的殖民地。对殖民地的掠夺,是资本原始积累的重要组成部分。西方资本主义正是依靠掠夺殖民地才得以勃兴。

第三节　明代中、后期海外交通政策的变化

明代前期,政府实行海禁政策,只允许官方控制的朝贡贸易存在,不许百姓私自下海,甚至在郑和下西洋的时代,也不例外。朝贡贸易所得的物品,主要用来满足宫廷和上层统治集团的需要,至于其他社会集团对蕃香、蕃货的需要,便难以满足。另外,海外各国普遍希望得到更多的中国丝绸、瓷器和其他物品。"华夷同体,有无相通,实理势之所必然。中国与夷,各擅生产,故贸易难绝。利之所在,人必趋之。"①沿海地区的一部分居民,以海为生,例如福建"海滨一带田皆斥卤,耕者无所望岁,只有视渊若陵,久成习惯。富家征货,固得捆载归来,贫者为佣,亦博升米

---

① 唐枢:《覆胡梅林论处王直》,《明经世文编》卷二七〇,中华书局1962年版。

自给"①。禁止出海，无疑断绝了他们的生路。富户为了谋取更多的财富，贫民被生活所迫，便都走上私贩的道路，经济生活的要求，不是国家的禁令所能取缔得了的。因此，尽管几朝皇帝三令五申，严禁私贩，但私贩仍然存在。以福建来说，"成（成化）、弘（弘治）之际，豪门巨室间有乘巨舰贸易海外者"②。这些私贩海外的活动，常常得到地方官吏的默许和纵容，因为他们可以从中得到好处。弘治年间，"私舶以禁弛而转多，蕃舶以禁严而不至"③。所谓"禁严"指的是朝贡贸易限制过多，外国商船不肯前来。所谓"禁弛"指的是官吏执行海禁不力，以致私贩船日益增多。

面对这种情况，明朝政府不能不作一些改革。武宗正德四年（1509）三月"暹罗国船有为风漂泊至广东境者，镇巡官会议，税其货以备军需。市舶司太监熊宣计得预其事以要利，乃奏请于上。礼部议阻之。诏以宣妄揽事权，令回南京管事，以内官监太监毕真代之"④。本来，只有持勘合文书的外国贡船，才许入境。现在广东对没有勘合文书的漂泊海船征税，意味着允许它入境从事贸易活动。正德四年（1509）三月是下诏以毕真代替熊宣的时间，暹罗船漂泊而至应在正德三年（1508）。武宗根据礼部的意见斥责熊宣"妄揽事权"，应是指市舶司只负责接待朝贡的船只，不宜插手其他事务，这从以后发生的争论中可以看得很清楚。正德五年（1510），新的广东提举市舶太监毕真与地方镇巡官发生争论。毕真认为，"泛海诸船"都应由市舶司管理，现在却"领于镇巡及三司官"，他要求照"旧制"执行。毕真的意见实际上和熊宣一样，他所说的"旧制"应是将"泛海诸船"和朝贡船混为一谈。

---

① 张燮：《东西洋考》卷七《饷税考》，中华书局1981年版。
② 同上。
③ 《明孝宗实录》卷七三。
④ 《明武宗实录》卷四八。

礼部认为"泛海客商及风泊蕃船",不应由"职司进贡方物"的市舶司管理,也就是坚持原来的意见。但是,由于掌握朝政的太监刘瑾倾向毕真,这一次皇帝下令将此事交给毕真负责。① 只是刘瑾很快失势被杀,抽税的权力又归于地方镇巡官。所谓"泛海客商"指不是贡使的外国商人,而"风泊蕃船"顾名思义是指没有勘合因风漂流而来的外国商船,两者实质上并无区别。从以上所引记载来看,从广东到明朝中央政府,对于向没有勘合的外国商船征税一事,并无不同意见,分歧在于由谁来管理此事。因此,在正德三、四年间,广东已允许没有勘合的外国商船进入,"税其货",然后可以买卖。这是海禁政策的一大突破。

正德五年(1510)九月,"户部覆议两广镇巡官奏,谓:'盗贼连年为乱,军饷不支,乞将正德三年、四年抽过蕃货,除贵重若象牙、犀角、鹤顶之类解京,其余粗重如苏木等物,估计该银一万一千二百有奇,宜变卖留充军饷。'报可。"② 这里所说"正德三年、四年抽过蕃货",指的就是没有勘合的蕃舶带来的货物。可以看出,明朝政府改制的重要原因,在于解决地方财政的困难。

改制的结果必然刺激沿海民间贸易的发展,带来新的社会问题。不少官员反对改制,要求恢复原有的办法。正德九年(1514),广东布政司参议陈伯献提出:"岭南诸货,出于满剌加、暹罗、爪哇诸夷。计其所产,不过胡椒、苏木、象牙、玳瑁之类,非若布帛菽粟民生一日不可缺者。近许官府抽分,公为贸易,遂使奸民数千,驾造巨舶等私置兵器,纵横海上,勾引外夷,为害地方,宜亟禁绝。"礼部采纳了他的意见,下令要"抚按官禁约蕃舶,非贡期而至者,即阻回,不得抽分,以启事端。奸民仍前勾

---

① 《明武宗实录》卷六五。《明史》卷八一《食货志五·市舶》。
② 《明武宗实录》卷六七。

引者治之"①。这就是说,仍旧把海外贸易严格限制在朝贡贸易许可的范围之内,其他蕃舶立即"阻回"。次年,巡抚广东御史高公韶又以同样的理由要求重申禁约,以杜后患。② 正德三、四年的改制遭到了否定。

没有多久,又出现了变化。正德十二年(1517)五月,明朝政府"命蕃国进贡,并装货船舶,榷十之二,解京及存留饷军者俱如旧例,勿执近例阻遏"。这是广东布政使吴廷举请求的结果。"先是,两广奸民私通蕃货,勾引外夷,与进贡者混以图利,招诱亡命,略买子女,出没纵横,民受其害。参议陈伯献请禁治。其应供(贡)蕃夷,不依年分,亦行阻回。至是布政使吴廷举巧辩兴利,请立一切之法,抚按官及户部皆惑而从之。"③ "装货船舶"与"蕃国进贡"并列,前者显然指的是进贡以外的蕃舶。对二者都采取抽分十之二的办法,意味着允许非朝贡的外国商船进口贸易。所谓"俱如旧例"指的是正德三、四年的改制,而"近例"则是正德九年(1514)陈伯献的建议。这是重申正德三、四年改制有效的命令。而在这一命令贯彻执行以后,"蕃舶不绝于海澨,蛮夷杂逯于州城",广州呈现出繁荣的景象。④ 但是,就在正德十二年八月,佛郎机(葡萄牙)的舰队在屯门港(属东莞县,今属香港新界)强行登陆,接着闯入珠江,前往广州,要求通商。佛郎机人的行为,引起人们的愤慨。御史丘道隆、何鳌对此提出强烈的意见。何鳌认为,"祖宗朝贡有定期,防有常制,故来者不多"。因为吴廷举实行"不问何年,来即取货"之法,"禁防既疏,水道益熟,此佛郎机所以乘机突至也"。他主张"悉驱在澳番舶及番人潜居者,禁私通,严守备,庶一方获安"。礼部研究,同

---

① 《明武宗实录》卷一一三。
② 同上。
③ 《明武宗实录》卷一四九。
④ 《明武宗实录》卷一九四。《明史》卷三二五《佛郎机传》。

意他的建议，经皇帝批准，取消吴廷举的改制，恢复朝贡贸易之法，"蕃舶非当贡年，驱逐远去，勿与抽盘"。此事发生在十五年（1502）十二月。① 也就是说，吴廷举的改制，没有多久，便遭到了否定。紧接着，又发生了嘉靖二年（1523）的"争贡"事件。分别由日本的两个地方封建藩主派出的贡使，在宁波发生争执。其中一方向市舶太监行贿取得了合法的贡使地位。另一方不服，率众攻掠，造成一场动乱。明朝与日本之间的朝贡贸易，因此中断了十余年。后来虽然一度恢复，但已难以为继，很快又停止了。"争贡"事件诱发了大规模的"倭乱"。受佛郎机和日本两起事件的刺激，加强"海禁"的主张在明朝政府中占了上风。嘉靖三年（1524），刑部审覆同意御史王以旗的建议："福建滨海居民，每因夷人入贡，交通诱引，贻患地方。今宜严定律例。"具体来说，诸如"凡蕃夷贡船，官未报视，而先迎贩私货者"；"交结蕃夷，互市称贷，给财构衅，及教诱为乱者"；"私代蕃夷收买禁物者"；"揽造违式海船，私鬻蕃夷者"；"各论罪"。② 总之，不许中国人与夷人有任何来往。接着，在嘉靖四年（1525）、嘉靖八年（1529）两次下令没收、拆毁双桅海船，目的仍是禁止百姓私自下海。

嘉靖八年（1529），提督两广军务侍郎林富上疏，请求恢复朝贡贸易。他说："今以除害为民，并一切之利禁绝之，使军国无所资，忘祖宗成宪，且失远人之心，则广之市舶是也。谨按《皇明祖训》，安南、真腊、暹罗、占城、苏门答剌、西洋、爪哇、彭亨、白花、三佛齐、勃泥诸国，俱许朝贡，惟内带行商，多行诡诈，则击却之。其后趋通。又按《大明会典》，惟安南、满剌加诸国来朝贡者，使回，俱令广东布政司管待。见今设有市舶提举司，

---

① 《明武宗实录》卷一九四。《明史》卷三二五《佛郎机传》。
② 《明世宗实录》卷三八。

又勒内臣一员以督之，所以送往迎来，懋迁有无，柔远人而宣盛德也。至正德十二年（1517），有佛郎机夷人，突入东莞县界，时布政使吴廷举许其朝贡，为之奏闻，此则不考成宪之故也。厥后犷狡彰闻，朝廷准御史邱道隆等奏，即行抚按，令海道官军驱逐出境，诛其首恶火者亚三等，余党闻风慑遁，有司自是将安南、满剌加诸蕃舶，尽行阻绝。皆往漳州府海面地方，私自驻扎，于是利归于闽，而广之市井萧然矣。"他认为，"佛郎机……驱南绝之宜也"。但其他"素恭顺与中国通者，朝贡贸易尽阻绝之，则是因噎而废食也"。他列举了允许朝贡贸易的种种利益，建议允许朝贡国船只"照旧驻扎"，而将佛郎机驱逐出境。① 兵部研究，同意了他的建议，并指出："且广东设市舶司，而漳州无之，是广东不当阻而阻，漳州当禁而不禁。请令广东蕃舶例许通市者，毋得禁绝；漳州则驱之，毋得停泊。"世宗批准了这个处理办法。② 可以看出，林富上疏是针对广东一度将朝贡船舶"尽行阻绝"而发的，他主张并得到中央政府批准的是恢复原有的朝贡贸易，驱逐佛郎机。《明史·食货志》说林富的意见是"今许佛郎机互市有四利"，这把他的原意完全歪曲了。有的研究者认为林富的主张是"再次恢复吴廷举所定的则例"，也是与事实不符的。此后，嘉靖九年（1530）都御史汪鋐（他曾指挥驱逐屯门佛郎机人的战斗）上疏，强调要加强对蕃船的管理，允许朝贡的国家，"其依期而至，比对朱墨勘合相同，夹带蕃货，照例抽分，应解京者解京，应备用者备用，抽分之外，许良民两平交易，以顺夷情。……敢有违例交通者，治于重罪"。皇帝批准了他的主张。③ 因此，朝贡

---

① 林富奏疏见《天下郡国利病书》第三三册《交趾、西南夷》，《四部丛刊》本。按，此文系黄佐代作，见《泰泉集》卷二〇《代巡抚通市舶疏》，《文渊阁四库全书》本。

② 《明世宗实录》卷一〇六。

③ 《明世宗实录》卷一一八。

贸易又成了唯一合法的贸易形式。随之而来的又是对民间私贩的严厉取缔。如嘉靖十二年（1533）九月，世宗命令兵部："其亟檄浙、福、两广各省，督兵防剿，一切违禁大船，尽数毁之。自后沿海军民，私与贼市，其邻舍不举者连坐。"① 在武宗一朝，开始了海外贸易政策的改革，但不断出现反复。而到了世宗一朝，则完全回到前期的"禁海"和"朝贡贸易"的老路上去，而且有变本加厉之势。

从武宗末年开始到世宗一代的严行"禁海"，带来了几个明显的后果。首先是蕃货、蕃香的缺乏。嘉靖三十四年（1555）五月，"上命采访龙涎香，十余年尚未获。至是令户部差官往沿海各通蕃地方，设法访进"②。第二年八月，"壬子，上谕户部，龙涎香十余年不进，臣下欺怠甚矣。其备查所产之处，具奏取用。户部覆请差官驰至福建、广东，会同原委官于沿海蕃舶可通之地，多方寻访，勿惜高价。委官并三司掌印官，各住俸待罪，俟获真香方许开支。"③ 龙涎香是抹香鲸的肠道分泌之物，具有奇特的香味，定香能力强，是很好的香料安定剂，还可入药。它至迟在唐代已输入中国，深受上层人物的欢迎。郑和下西洋时，收购龙涎香，"一斤该金钱一百九十二个，准中国铜钱四万九十（千）文，尤其贵也"④。明初之制，钞一贯准钱千文，银一两，则一斤龙涎折合银四十九两。到了此时，皇帝严令寻求，龙涎香价钱大涨："嘉靖三十四年三月，司礼监传谕户部取龙涎香百斤。檄下诸蕃，悬价每斤价一千二百两。往香山澳访买，仅得十一两以归。内验不同，姑存之，亟取真者。广州狱夷囚马那别的贮有一两三钱，上之……通前十七两二钱五分，驰进内办。……自嘉靖至今，夷舶

---

① 《明世宗实录》卷一五四。
② 《明世宗实录》卷四二二。
③ 《明世宗实录》卷四三八。
④ 《星槎胜览》前集《龙涎屿》。

闻上供稍稍以龙涎来市，始定买解事例，每两价百金，然得此甚难。"① 如此高价，所得仍极有限，可知匮乏到何等程度。宫廷尚且如此，其他社会阶层更可想而知。蕃货、蕃香虽以奢侈消费品为主，但其中也有不少实用之物，"禁海"造成的匮乏给社会各阶层都带来了不便。其次，地方财政收入减少。前述林富奏疏的主旨虽是要求开放朝贡贸易，但却讲到了改制以后的一些好处："蕃货抽分解京之外，悉充军饷。今两广用兵连年，库藏日耗，借此定以充羡而备不虞，此其利之大者二也。广西一省，全仰给于广东，今小有征发，即措办不前。虽所俸椒、木，久已缺乏，科扰于民，计所不免。查得旧蕃舶通时，公私饶给，在库蕃货，旬月可得银数万两。此其为利之大者三也。"他认为这样的结果是"助国给军，既有赖焉，而在官在民，又无不给"。对照上面所说正德四年、五年的情况，林富所说的"利"从哪里来，是很清楚的。仅仅恢复朝贡贸易，蕃舶来的数目极为有限，抽解所得可想可知，哪有可能补充军饷、得银数万两呢！这对"库藏日耗"的广东地方财政，是颇为沉重的打击。最后，是海上走私泛滥。海上走私的社会根源在本节开头已有所说明。在明代前期，海上走私屡禁不绝。正德改制原因之一，便是走私的压力。嘉靖重申旧制，不仅没有达到目的，而且激起了走私的高潮。嘉靖十三年（1534），海商林昱等舟五十余艘，"冒禁入海"。② 嘉靖二十一年（1542），福建漳州人陈贵等七人连年"下海通番"，当年率领二十六艘船到琉球贸易，同时到达的有广东潮阳的海船二十一艘，船工一千三百人。③ 自嘉靖二十三年（1544）十二月至嘉靖二十六年（1547）三月的两年多时间里，到日本从事走私贸易被风刮至朝鲜因而押

---

① 《东西洋考》卷一二《逸事考》引《广东通志》。
② 《明世宗实录》卷一六六。
③ 严嵩：《琉球国解送通番人犯疏》，《明经世文编》卷二一九。

送回国的福建人就在千人以上。① 以上仅是几个比较突出的例子。正是在这一时期，在沿海一带，形成了几个走私贸易的活动中心，有福建漳州月港、浙江定海双屿港、广东南澳港等。月港在漳州城东五十里，港湾曲折，附近海域是传统的国际交通海道，附近多岛屿，便于私商活动。宣德、正统时开始兴起，正德、嘉靖时私贩更加兴盛。前引林富奏疏中所说各国蕃舶"皆往福建漳州府海面地方"，指的就是这里。双屿在今浙江普陀县，系由两个对峙小岛组成的港湾，位于南北交通孔道。正德年间，葡萄牙船只来到双屿停驻，自此逐渐兴盛。嘉靖初年，宁波港因"争贡"事件停止开放，离宁波不远的双屿便取而代之，成为一个国际性的走私贸易港。"每岁孟夏以后，大舶数百艘，乘风挂帆，蔽大洋而下。"② 南澳是个海岛，港湾交错，岛屿众多，而且处于闽、粤交界处，易于私商活动。从事海上走私的，有不少是穷苦的百姓，也有许多富商大贾、豪门贵室。为了对抗官府的缉捕，私商逐渐发展成为一些拥有武装的走私集团，在走私的同时，也从事劫掠。亦商亦盗，是这些集团的特色。著名的武装走私集团头目有王直、林道乾、林凤等。他们的活动，往往得到沿海地区一些官员和驻防军队的纵容和支持。

　　与中国沿海居民走私活动交织在一起的，是佛郎机的骚扰和倭寇的破坏活动。佛郎机人在明朝拒绝通商要求后，仍然占据屯门（原属广东东莞，现属香港新界）。嘉靖元年（1522），被明军逐走。此后，他们沿海岸线北上，到漳州月港、定海双屿港等处，勾结中国走私商人，进行活动。在嘉靖三年（1524）以后二十余年时间内，双屿港成为佛郎机人在中国活动的基地。自永乐初年明朝和日本建立联系以后，双方定期进行勘合贸易。但与此同时，

---

① 《明世宗实录》卷三二一。
② 张邦奇：《西亭饯别诗序》，《明经世文编》卷一四七。

日本武士、浪人、破产农民纠集在一起，到中国沿海地区从事劫掠，始终没有停止过。中国人称之为"倭寇"。嘉靖二年（1523）"争贡"事件发生后，双方贸易中断。在此前后，日本国内情况发生变化。一是原来掌权的室町幕府名存实亡，无力控制全国局面，诸侯各自为政，尤其是南方沿海的封建主，将掠夺中国沿海地区作为增加财富手段；二是由于封建主之间的战争，造成日本各阶层大量破产失业，流为盗贼，也把到中国抢劫作为出路。嘉靖二十一年（1542），倭寇大规模侵犯中国，蹂躏了北至山东、南到福建的广大沿海地区，所到之处，大事烧杀劫掠，仅江浙一带百姓被杀者即有数十万人之多。不少私人海商集团，与倭寇互相勾结利用。倭寇的骚扰，可以说与世宗一朝相终始，直到嘉靖四十四年（1565），才被中国军队基本肃清。佛郎机和倭寇的骚扰破坏，是明朝政府严行"禁海"的重要原因，而他们的继续活动，特别是与中国走私海商集团的联系，使明朝政府面临的形势复杂化。

总之，明世宗前期推行的"禁海"和朝贡贸易政策，并没有取得预期的效果。面对复杂的形势，明朝政府内部存在不同的意见，有的主张进一步贯彻严禁的方针，有的主张改制。嘉靖二十六年（1547）主张严禁的朱纨提督浙闽海防军务，巡抚浙江。他整顿海防，进剿双屿港，破坏了这个国际走私贸易港。他认为海上走私难以根治的关键在于沿海地区的"势家"，提出："去外国盗易，去中国盗难；去中国濒海之盗犹易，去中国衣冠之盗尤难。"把矛头指向与海上走私有牵连的官员、地方大姓。不久，在一些官员攻击下朱纨被免职，饮药自杀。他死后，"中外摇手不敢言海禁事"[①]。朱纨的失败，反映出当时朝野反"海禁"力量的强大，"海禁"实际上是难以维持下去了。而在反倭寇斗争中，倭寇与私人海商集团相勾结利用的事实，也使不少官员认识到，"禁

---

① 《明史》卷二〇五《朱纨传》。

海"断绝了沿海百姓的生计,只能把越来越多的人逼上反抗的道路,因而寻求解决这一矛盾的途径。嘉靖三十年(1551)明朝政府中有人提出:"将广东、福建、浙江三省,尽许开通番舶,照常抽税,以资国用。"这个建议在讨论中遭到激烈的反对,只好作罢。① 此后,主张放宽海禁的意见,以一种比较隐晦的方式提了出来。嘉靖三十五年(1556)十二月,工部尚书赵文华条陈海防事宜,其中之一是弛海禁。他说:"滨海细民,本借采捕为生。后缘海禁过严,以致资生无策,相煽从盗。宜令督抚等官,止禁通番大船,其余各听海道官编成排甲,稽验出入,照旧采捕。"② 海禁严厉时,渔民出海捕捞亦在取缔之列。赵文华承认海禁造成了百姓的生活困难,提出允许渔民在官府严格管理下出海捕捞,这可以说是开放海禁的先声。嘉靖四十三年(1564)九月,福建巡抚谭纶回籍守制前条陈"善后六事",其中之一是"宽海禁"。他说:"闽人滨海而居,非往来海中则不得食。自通番禁严而附近海洋鱼贩一切不通,故民贫而盗愈起,宜稍宽其法。"③ 他的意见和赵文华是基本相同的。既然出海捕鱼可以开禁,那么,出海经商也不是不可以考虑了。特别在嘉靖末年"倭寇"之患已基本消除之后,开放海禁、许民通贩,便成了大势所趋。

世宗去世(1566)穆宗朱载垕嗣位。隆庆元年(1567),"福建巡抚都御史涂泽民,请开海禁。准贩东、西二洋"。这时的东洋指菲律宾群岛和印尼加里曼丹岛北部,西洋指中南半岛、马来半岛和印尼列岛,和以前的东、西洋概念不同(参看本章第四节)。而日本则仍在禁贩之列。④ 原有的设有市舶司的港口,仍然负责接待朝贡的外国船只;新开放的办理民间商人出海贸易的港口,是

---

① 冯璋:《通番舶议》,《明经世文编》卷二八〇。
② 《明世宗实录》卷四四二。
③ 《明世宗实录》卷五三八。
④ 张燮:《东西洋考》卷七《饷税考》。

漳州月港。如前所述，月港在嘉靖年间已发展成为国际性的走私贸易港，原属漳州府龙溪县。为了加强管理，嘉靖四十四年（1565）割龙溪县及漳浦县部分地区另设海澄县，月港便属于海澄县。当地居民"农贾杂半，走洋如适市"①。月港开放，适应了他们的要求。

明朝政府原在月港设立靖海馆，缉捕海上走私。后来改为海防馆，设海防同知，"颛理海上事"②。月港开禁以后，海防馆就承担了管理出国海商的任务。万历二十一年（1593），改名为督饷馆。其管理办法是："凡船出海，纪籍姓名，官给批引，有货税货，无货税船，不许为寇。"③ 具体来说，可以分为两个部分。一部分是商船进出口的管理，另一部分是征税。

商人出海贸易，都要到海防馆（督饷馆）提出申请，登记姓名、年龄、户籍、住址、船只大小、货物种类、所去国家等，由海防馆（督饷馆）发给船引。每张船引"征税有差，名曰引税"。船引有限制，"每请引百张为率，尽即请继，原未定其地而限其船。（万历）十七年，中丞周寀议将东、西洋贾舶题定额数，岁限船八十有八，给引如之。后以引数有限，而愿贩者多，增至百一十引矣"。东、西洋每引征税三两，后增至六两。商船出海时，海防馆（督饷馆）官员在厦门检验通过，才能放行。后因来往不便，改在出海的圭屿岛盘验。商船回航，入港前"先委官封钉"，"防漏货也"④。对商船往来期限有严格的规定。西洋每年十一月、十二月起航，次年六月内必须回港；东洋则于春初起航，五月内回港。在海外"压冬"不回，就要拘禁家属。⑤

---

① 萧基：《东西洋考》小引，《东西洋考》卷首。
② 何乔远：《闽书》卷三〇《方域志》，明崇祯刻本。
③ 王世懋：《策枢》卷一，《丛书集成》本。
④ 张燮：《东西洋考》卷七《饷税考》。
⑤ 许孚远：《疏通海禁疏》，《明经世文编》卷四〇〇。

对于出海贸易的商船，征收水饷、陆饷和加增饷。水饷是按船的大小征收的，对前往东、西洋的船只采取不同的标准。以西洋来说，"船阔一丈六尺以上，每尺抽税银五两，一船该银八十两"。递增至"二丈六尺以上阔船，每尺抽税银十两，一船该银二百六十两"。而贩东洋的船只，则按照西洋船的丈尺税则，"量抽十分之七"。陆饷是按不同货物，分别征收一定的白银。贵重的十斤为征税单位，一般的以百斤为征税单位，毛皮以十张、百张计，布以匹计，少数货物以床、枝、石、个计。贵重的如冰片，每十斤上等税银三两二钱，而一般香料如乳香每百斤税银二钱。加增饷是专门向吕宋回船征收的。"东洋吕宋，地无他产，夷人悉用银钱易货。故归船自银钱外，无他携来，即有货亦无钱。故商人回澳，征水、陆二饷外，属吕宋船者，每船更追银百五十两，谓之加征。"后来减为一百二十两。① 不难看出，加征饷实际上是对陆饷的补充。无论水、陆加征，都征收白银，这和以前通行的抽分实物的征税办法相比较，是一个很大的变化，也是一大进步。

月港开禁后，每年请引出海的商船少则数十艘，多则百余艘，出现了颇为兴旺的局面。明朝政府征税所得，最初为数千两，到万历十一年（1583）累增至两万余两，成为地方政府的一项重要收入。当时有人说："我穆庙（穆宗朱载垕，年号隆庆）时，除贩夷之律，于是五方之贾，熙熙水国，刳艅艎，分市东西路。其捆载珍奇，故异物不足述，而所贸金钱，岁无虑数十万。公私并赖，其殆天子之南库也。"②

开禁后的月港，只许中国商船由此出口，但外国商船并不能进入。按照明朝政府的规定，只有广州、泉州、宁波三处设有市舶司的港口才能接待前来朝贡并从事贸易的船只。泉州市舶司后

---

① 张燮：《东西洋考》卷七《饷税考》。
② 周起元：《东西洋考》序，《东西洋考》卷首。

移至福州，只接待琉球贡使。嘉靖二年"争贡"事件发生后，宁波、福州二市舶司都被撤销，只保存广州市舶司。后来福州、宁波二市舶司时开时停，万历二十七年（1599）又恢复。① 但在16世纪末，日本与琉球来中国的船都很少，两处市舶司恢复后并不起多大作用，广州市舶司一度移到电白县，连贡船也在拒绝之列，后来虽然恢复，但不许佛郎机入境，其他东、西洋国家随着西方殖民者东来纷纷沦为殖民地，因而前来朝贡者亦日益减少。后来，市舶司移到壕镜（即澳门）。"先是，暹罗、占城、爪哇、琉球、浡泥诸国互市，俱在广州，设市舶司领之。正德时，移于高州之电白县。嘉靖十四年，指挥黄庆纳贿，请于上官，移之壕镜，岁输课二万金，佛郎机遂得混入。"② 澳门于是"成为番夷市舶交易之所。往年夷人入贡，附至货物，照例抽盘，其余蕃商私赍货物至者，守澳官验实，申海道，闻于抚按衙门，始放入澳，候委官封籍，抽其十之二，乃听贸易焉"③。对于"私赍货物"的"蕃商"，何时开始允许征税入境，尚不清楚。但由这一记载看来，澳门原来实行的还是抽分之法。到了隆庆五年（1571），"以夷人报货奸欺，难于查验，改定丈抽之制，按船大小以为额税"。"西洋船定为九等，后因夷人屡请，量减抽三分。东洋船定为四等。"④ 所谓"丈抽之制"，显然就是月港的水饷。万历四十二年（1614）广东海道俞性之"条具五事，勒石永禁"。其中规定："凡蕃船到澳，许即进港，听候丈抽。""凡夷趁贸货物俱赴省城公卖输饷。"⑤ 可见，蕃船进入澳门后，由中国政府有关机构按船大小征

---

① 《明世宗实录》卷三三一。
② 《明史》卷三二五《佛郎机传》。
③ 庞尚鹏：《抚处濠镜澳夷疏》，《百可亭摘稿》卷一，清道光刊本。
④ 梁廷枏：《粤海关志》卷二二《贡舶》，广东人民出版社2002年版。
⑤ 印光任、张汝霖：《澳门纪略》卷上《官守篇》，广东高等教育出版社1988年版。

税；然后，外国商人将货物运到省城广州交易，另行"输饷"。后者显然是货物税，也就是海澄的陆饷。濠镜成为广州的外港。海澄和广州、澳门采取了大体相同的税制。

万历二十一年（1593）日本丰臣秀吉侵略朝鲜，国际形势紧张，福建等地一度又实行"海禁"，但"人辄违禁私下海，或假借县给买谷捕鱼之引，竟走远夷"①。福建巡抚都御史许孚远坚决反对，他用嘉靖"海禁"与隆庆"开禁"二者作对比，认为如果再次实行"海禁"，很有可能再次激起沿海民变。②明朝政府有鉴于历史的经验，同意了他的意见。许孚远"移檄招谕，凡留贩人船，不论从前有引无引，日远日近，俱许驾回诣官输饷如故事。凡私通及压冬情罪，一切宥免"。于是不少商人驾船回港，饷税因此增加。③许孚远的做法，意味着出海限制的进一步放松，同时说明开禁确已成为明朝政府对待海外交通的基本方针。此后由于沿海地区某些特殊的情况，仍曾实行过"海禁"，但为时不长，便重新开禁。

开放"海禁"以后，海上走私仍然存在，而且规模很大。这主要有几方面的原因。一是官府的限制过严（如不许压冬等），而且有关官员常常利用职权，敲诈勒索，严重损害海商的正当利益。以出港检查来说，"一概嗜为利孔，尽行留难，总哨目兵，次第苞苴，藉声掯诈，阻滞拖延"。而在回港时，"仓巡下属逢船至，营求差使，如田夫逐鹿，一有奉委，骤以富名。称验查而常例不赀，称押送而常例不赀，称封钉而常例又不赀。……故差官是瘠商之蟊贼也"。"夫衙役之横，无如饷馆之甚。……报货则匿其半，而输半直于吏书。量船则匿其一，而酬其二分于吏书。喜则啸虎，

---

① 张燮：《东西洋考》卷七《饷税考》。
② 同上。
③ 同上。

怒则张鸱，甚官坏而吏仍肥，饷亏而书悉饱。……故衙党是残商之蜂虿也。"[1] 二是官府立禁不许往日本贸易，但日本离中国较近，而两国商品差价很大，经营中、日之间贸易利润很高，不少商人便冒险前往。三是只开放福建月港一处，对浙、广商人不便。因此，走私贸易难以断绝，尤以中、日之间的走私最为突出，其次则是吕宋等地。在嘉靖"海禁"时期开始形成一些大规模海商集团，已见前述。开禁以后，又有一些新的海商集团形成，他们亦盗亦商，武装走私，成为强大的海上势力。福建泉州南安人郑芝龙，便是其中的代表人物。郑芝龙后接受明朝的招抚，但他所控制的海上力量并未解散，反而利用其在官府中的地位，进一步扩大自己的势力。明朝末年，郑氏家族并吞了其他海商集团，以厦门港为基地，自行派船出海贸易。其他前往外国贸易的商船，也要得到他的许可。"郑氏家族独有南海之利，商船出入诸国者，得芝龙符令乃行。"[2] 明亡前夕，亦官亦商的郑氏集团，垄断了海外贸易，而明朝政府在这方面却是无足轻重的了。

综上所述，明朝政府的海外交通政策，和宋元时期比较，有很大的不同。宋元时期，总的说来，采取的是开放政策，政府鼓励民间商人出海贸易，虽然也有过"禁海"，为期很短。明朝政府却不同，在隆庆改制以前的二百年左右时间（占明朝统治时间的三分之二以上）基本上都实行"海禁"和朝贡贸易的政策，不许民间商人出海。这就导致私贩的盛行。隆庆改制，开放海禁，民间商人可以出海贸易，但措施不善，通过官方轨道出海者有限，走私商船为数更多。如果把"海禁"为主作为明代海外交通的一个特点的话，那么，走私贸易的盛行，可以说是另一个特点。还有一个值得注意的特点，那便是私人海商集团的形成，而且占有

---

[1] 张燮：《东西洋考》卷七《饷税考》。
[2] 邵廷采：《东南纪事》卷一一《郑芝龙传》，《邵武徐氏丛书初刻》本。

很大的势力。

第四节 明代中期以后交往的海外国家、地区

明代前期，中国和东起日本、西到阿拉伯半岛和非洲东部的许多海外国家和地区之间，有着程度不等的联系。这些国家和地区中的绝大多数，在此以前已与中国有所交往。前代划分海洋区域的观念，即以马六甲海峡区分东洋、西洋，在明代前期仍然流行。但到了明代中期，这种情况发生了变化。

明代前期，实行严格的海禁，不许民间商人出海。郑和下西洋，是政府组织的大规模航海活动。15世纪30年代这一航海活动结束，明朝政府不再派船队出海，而民间商人则受政府的限制不能出海，虽然有一些走私商人在海上活动，但规模是有限的。对于海外国家的船舶来华，明朝政府用发放勘合的方式加以限制。因此，到15世纪末，继续与中国交往的海外国家已经为数不多。正是在15、16世纪，欧洲新兴的葡萄牙、西班牙、荷兰几个国家的统治者，为了掠夺传说中的东方财富（金银、香料），开始了探索前往东方的新航路的活动。葡萄牙人在1488年沿非洲西海岸南下，发现了好望角。十年后，达·伽马率领的船队绕过好望角，横渡印度，到达印度洋。这样，到东方的新航线发现了。葡萄牙人陆续侵占了东非、阿拉伯半岛的一些地区和波斯湾内的忽鲁谟斯，进而控制了印度的部分地区，其中印度西部的果阿成为葡萄牙在东方殖民活动的中心。1511年，葡萄牙征服了满剌加。接着又侵占了盛产香料出名的美洛居诸岛［即今印尼马鲁古群岛（Meucca）］。1517年起，开始了骚扰中国沿海地区的活动。西班牙人先向美洲发展。哥伦布是西班牙殖民势力的急先锋。15世纪末16世纪初，西班牙人在美洲建立了殖民统治。麦哲伦率领船队进行的环球航行（1519—1522），从西班牙起航，越过大西洋和南

美洲，横渡太平洋，到了菲律宾群岛。麦哲伦为当地土人所杀，余众返回西班牙。在这次航行以后，西班牙占领了菲律宾诸岛，建立了殖民统治，并开辟了菲律宾到拉丁美洲的航线。西班牙殖民者还努力发展菲律宾诸岛与中国的贸易，将菲—中航线与菲—拉丁美洲航线连接起来。西班牙人也曾要求与中国正式通商，但遭到拒绝。1626 年侵入台湾北部，后被荷兰人赶走。与葡萄牙、西班牙相比，荷兰是个后起的殖民国家。16 世纪 80 年代，荷兰从西班牙统治下争取到独立，便积极向外扩张。16 世纪末，荷兰船队来到爪哇岛西北部的下港（即万丹或班丹，Bantan）。1602 年成立联合东印度公司，垄断对东方的贸易。1611 年起，荷兰人开始在雅加达（Jakarta，今印尼首都）营建基地。1619 年，在该地另建新城，改称巴达维亚（Batavia），以此作为经营东方贸易的大本营。与此同时，荷兰人到中国沿海地区活动，两次侵入澎湖，因明朝政府坚决反对而退出。17 世纪 20 年代侵入台湾。英国在 1600 年便成立了东印度公司，获得皇家特许，垄断东方贸易的经营权。他们积极在印度洋地区和东南亚扩展自己的势力。英国曾支持荷兰反对西班牙的斗争，但是在掠夺东方殖民地上，两个过去的盟友成了敌人。在几次武装冲突之后，英国人不得暂时从爪哇岛撤走，那里成了荷兰人的天下。

  一方面，明朝政府的海禁和朝贡贸易政策，造成交往的国家日益减少；另一方面，西方殖民者东来，把许多非洲、阿拉伯半岛、波斯湾地区、印度洋地区和东南亚的国家变成他们的殖民地。这样，到 15 世纪末期，苏门答腊岛以西，已经没有中国船舶的活动。进入 16 世纪以后，仍与中国有联系的海外国家，仅限于日本和菲律宾群岛、中南半岛、印度尼西亚群岛上的一些国家。而且，由于其中一部分国家已经为殖民者控制，因而彼此交往的内容也有所变化。明朝隆庆开禁，对这种局面没有实质性的影响。随着这种变化而来的，是中国人的东、西洋观念的变化。从元代到明初的东、西洋,大体上以今卡里马塔海峡和巽他海峡为分界线,以东为东洋,以西为西洋。到了明代中期,原来西洋的大部分地区已不再与中国交往,因而东、西洋的含义发生了重大的改变。东洋包括吕宋、苏禄、猫里务［今菲律宾明多洛岛（Mindoro）］、沙瑶（今菲律宾宿务岛 Cebu 之 Sayao）、呐哔啴（今菲律宾务岛之 Depdap），美洛居（今印尼马鲁古群岛）、文莱（在加里曼丹岛北部,今名同）等地。其范围东起今菲律宾西到加里曼丹岛北部。西洋包括交阯、占城、暹罗、下港（今印尼爪哇岛西北）、柬埔寨、大泥（今泰国北大年 Patani 一带）、旧港、麻六甲、哑齐（今印尼苏门答腊岛北部）、彭亨、柔佛（今马来西亚柔佛 Jokore 地区）、丁机宜［今印尼苏门答腊岛宽坦河（Kuantan）流域］、思吉港（今印尼爪哇岛中部）、文郎马神（今印尼加里曼丹岛南岸）、迟闷［今印尼帝汶岛（Timor）］等。其范围大致包括今中南半岛、马来半岛、苏门答腊岛、爪哇岛和加里曼丹岛南部。东、西洋的新概念,主要是以针路为区分标准的。海船用罗盘导航,罗盘一般分二十四方位,指南针在不同海域指向不同方位,这就是针位。将针位点连接起来,就成了针路。前往上述东洋地区的船舶,航向偏向东南,故名之为"东洋针路";前往上述西洋地区的船舶,航向偏西南,故名之曰"西洋针路"。由航路之名进而成为海区的名称。[①] 新的东、西洋概念所包括的国家,大体上就是明代中期以后仍与中国交往的南方海外的国家。

以下分别将各地区国家作一些说明。

日本:成祖永乐年间开始,日本与明朝之间建立了朝贡贸易（勘合贸易）。嘉靖二年"争贡"事件发生后,朝贡贸易一度中断。嘉靖十八年（1535）起,仍然来贡,明朝政府仍按原有规定予以接待。嘉靖二十七年（1548）,日本贡使请求颁发嘉靖新勘

---

① 张燮:《东西洋考》卷九《舟师考》。

合，明朝政府要求将旧的全部交回，"乃许易新"①。此时沿海倭患日益猖獗，正常的贸易关系无法维持下去。勘合贸易就此中断了。随着防倭斗争的开展，明朝政府严禁下海通倭。甚至在防倭斗争告一段落、隆庆元年开放海禁时，去日本仍在禁止之列。

但就在嘉靖严禁下海通倭之时，仍有不少商人私自出海，前往日本贸易。前面说过，根据中国史籍记载，从嘉靖二十三年（1544）十二月至嘉靖二十六年（1547）三月的两年多时间里，到日本从事走私贸易而为风漂到朝鲜，被遣送回国的福建人即在千人以上，到达者应该更多。朝鲜文献《李朝实录》的有关记载可以互相印证。仅李朝仁宗元年（嘉靖二十四年，1545）七月，即有两艘唐船漂流到朝鲜国界。其中一艘载三百二十六人。他们是"以贸贩往来日本而逢风败船者也"。他们表示："若由陆路还归本国，不如伏死于此，愿给船只。"可见是私贩出海的，害怕送回国后受到严厉惩罚。另一艘的情况估计亦应类似。八月，又有唐船一艘停泊于马岛，"以书二纸结水边木。其一曰：'予乃大明商船，直来日本买卖。不知贵津何处？今欲进港，预先问报，伏乞贵字回知。'"处理这批赴日漂流唐人问题，一时成为朝鲜政府的重要议题。次年（明宗元年，嘉靖二十五年），朝鲜官员在研究处理办法时说："近年以来，中朝法制解弛，故商船往来日本，络绎不绝。"② 可见这种情况连朝鲜也有所了解。日本方面的记载也说这一时期明朝商舶驶来的很多，最频繁的是丰后、肥前平户和萨摩等地。据日本文献记载，天文十年（1541）七月"唐船开到丰后神宫寺，有明人二百八十人来日本。"天文十二年（1542）八月，"又有五艘驶来"③。肥前的平户，则一度成了王直海商集团

---

① 《明史》卷三二二《日本传》。
② 吴晗辑：《朝鲜李朝实录中的中国史料》第四册，中华书局1980年版，第1385—1394页。
③ ［日］木宫泰彦：《日中文化交流史》，第616页。

的基地。王直"始以买卖来日本，仍结贼倭，来往作贼"。他在平户的徒众有两千余。① 隆庆元年（1567）开放海禁，但因倭寇之患方息，仍不许商人去日本。这个禁令同样是没有多大效力的，以福建为例，有的商人以前往鸡笼（今台湾基隆）、淡水（今台湾淡水）为名，"告给文引"，"潜去倭国"。有的则借口前往广东购买粮食，"径从大洋入倭，无贩番之名，有通倭之实"②。

16世纪90年代，日本丰臣秀吉发动了侵略朝鲜的战争。明朝政府派遣军队援助朝鲜。中、日之间的关系紧张起来。在相当一段时间内，两国基本停止了交往。17世纪初，德川家康掌握政权，努力恢复两国之间的贸易关系。他通过各种渠道，向明朝表示，希望恢复勘合贸易，但没有得到答复。"勘合不成，然南京、福建商船，每岁渡长崎者，自此逐年增多。"例如，庆长十六年（1611）八月，开到长崎的外国船共八十余艘，其中有不少是中国船。次年七月二十五日，明朝商船与从吕宋返航的日本商船共二十五艘，同时开进长崎港，郑芝龙首次到日本，就在此时。庆长十八年（1613）六月五日，有漳州商船六艘，开到长崎；同月二十六日，又有明朝商船数艘开到。③ 万历三十八年（1610）十月，福建巡抚陈子贞说："近奸民以贩日本之利倍于吕宋，贪缘所在官司，擅给票引，任意开洋，高桅巨舶，络绎倭国。将来构通接济之害，殆不可言。"④ 可见，尽管有禁止通倭的法令，但商人仍能通过官府得到"票引"出海，禁令名存实亡。至于不领"票引"便私自出海的，也不在少数。万历四十年（1612）八月，明朝兵部官员估计，前往日本的商人，"合福、兴、泉、漳共数万计"⑤。

---

① 吴晗辑：《朝鲜李朝实录中的中国史料》第四册，第1451页。
② 许孚远：《疏通海禁疏》，《明经世文编》卷四〇〇。
③ 《日本文化交流史》，第626—627页。
④ 《明神宗实录》卷四七六。
⑤ 《明神宗实录》卷四九八。

福建之外，还有江浙、广东的海商，也都往来两国之间贸易。天启五年（1625）四月，福建巡抚南居益说："闻闽、越、三吴之人，往于倭岛者不知几千百家，与倭婚媾长子孙，名曰唐市。此数千百家之宗族姻识，潜与之通者，实繁有徒。其往来之船，名曰唐船，大都载汉物以市于倭，而结连萑苻，出没泽中，官兵不得过而问焉。"① 郑芝龙就是"与倭婚媾长子孙"的一个。他到日本后先居长崎，后迁居平户的河内浦，娶妻生子。郑芝龙得势后，一直重视发展与日本的贸易，不断派船前往日本。

在朝贡贸易时代，博多（今福冈）是个重要的港口，"其入贡必由博多，历五岛而行"②。在福冈形成了中国人居住的大唐街。后来，长崎兴起。最初到长崎的是葡萄牙商船，不久明朝商船也来到这里。1635年起，长崎成为日本唯一开放的港口。此外，曾与中国通航的港口还有平户（今长崎县松浦郡）、堺港（大阪南）等。从日本到中国，船舶航行利用东北季节风。"每岁清明后至五月，重阳后至十月，常多东北风，利入寇。故防海者以三、四、五月为大泛，九、十月为小泛。"③ 返航则利用五月以后的西南季节风。

琉球：从洪武五年（1372）起，琉球便与明朝建立了朝贡关系。朝贡的同时，便进行贸易活动。为了通过朝贡获得更多的中国物品，一岁常再贡、三贡。从成化十一年（1475）起，明朝政府将琉球的贡期定为"二年一贡，毋过百人"。万历四十年（1612），琉球遭日本侵扰，国家残破，"礼部仍定十年一贡之例"。天启三年（1623），又改为五年一贡。④ 有明一代，海外国家中，只有琉球与暹罗一直保持朝贡关系，进行官方贸易。琉球

---

① 《明熹宗实录》卷五八。
② 《东西洋考》卷六《外纪考·日本》。
③ 同上。
④ 《明史》卷三二三《琉球传》。

进贡船只上岸的港口，原来是泉州。成化二年（1466）决定将福建市舶司由泉州迁到福州，此后福州就成为对琉球开放的唯一港口。琉球的贡船每次都挟带货物，进行贸易。明朝政府派往琉球册封的船只，也进行同样的活动。此外，中国的民间商人，有的私自出海前往琉球贸易。例如，嘉靖二十一年（1542）福建漳州陈贵等七人连年率船二十六艘到琉球，同时还有广东潮阳的海船二十一艘。[①]

明代前往琉球定居的中国人颇多。朱元璋"赐闽中舟工三十六户，以便贡使往来"。这三十六户移居琉球，对于琉球的航海事业发展起了重要的作用。成化五年（1469）琉球贡使蔡璟言："祖父本福建南安人，为琉球通事，传至璟，擢长史。"则其祖父在明初已移居琉球。成化十四年（1478）礼部言，琉球"近年所遣之使，多系闽中逋逃罪人"[②]。可知不断有人私自前往琉球。他们的落户，无疑有助于琉球经济、文化的进步。嘉靖倭患中，更多的中国人流落琉球。

菲律宾群岛：菲律宾群岛的一些国家从宋代开始与中国交往。明代前期，吕宋、苏禄都与中国有联系。吕宋在洪武、永乐时派使者进贡。永乐十五年（1417），苏禄东王、西王、峒王率家属、头目来中国，受到隆重接待。归国途中，东王死于德州（今山东德州），在当地埋葬。成祖以后，不再至。但是中国有些民间商人，不顾禁海的命令，仍然到菲律宾诸岛贸易。1521年，麦哲伦船队到达宿务岛时，就了解到中国人经常到菲律宾群岛进行贸易。

西班牙殖民者在征服拉丁美洲以后，便以墨西哥为基地，向太平洋活动。起初，西班牙人垂涎美洛居群岛的香料，1525年、1527年、1542年三次从墨西哥派兵远征，均被已经占据美洛居的

---

① 严嵩：《琉球国解送通番人犯疏》，《明经世文编》卷二一九。
② 《明史》卷三二三《琉球传》。

葡萄牙人击败。从1559年起，西班牙决定暂不争夺美洛居，改而占领和经营菲律宾诸岛，并开辟菲岛同墨西哥之间的航路。1564年，黎牙实比（Miguel Lopez de Legazpi）率领一支由四艘战船组成的远征队，横渡太平洋。1565年四月侵入宿务岛建立殖民据点。1571年占领马尼拉，作为首府，并向菲律宾全境扩展。与此同时，联系菲律宾与墨西哥的太平洋航线，也顺利开辟。由于当时菲律宾比较落后，本地物产不多，西班牙殖民者便把注意力转向中国，利用传统的中菲贸易为自己谋利。从征服马尼拉时起，主动鼓励中国商船往来贸易。1573年，菲律宾殖民当局向西班牙国王建议，由墨西哥派商人往来贸易。1574年便有两艘帆船载着中国绸缎、棉布、瓷器前往墨西哥。

万历二年（1574），海商林凤集团因遭明朝政府追捕，转向海外活动。这一年冬天，林凤率船六十二艘，四五千人，向马尼拉进攻，但未能攻下。他向北转移，在班诗兰省（Pangasinan）建立营地。次年，遭西班牙军队包围，后突围而走。他的一些部众，却留了下来。这时明朝政府派人到菲律宾缉拿林凤，在回国时，西班牙殖民当局派代表随行，到中国后与福建地方当局进行了直接的接触。[1] 在此以后，前往菲律宾的中国商船不断增多。据殖民当局统计资料，抵达马尼拉港的中国商船，1575年以后每年约十二艘至十五艘，16世纪80年代每年约二十艘，90年代每年约三十艘。17世纪初期每年约四、五十艘，最多时曾达六十艘。[2] 从福建月港到吕宋，去时利用东北季节风，回时利用西南季节风，因此一般"以十、十一月往，以四、五月归"[3]。中国商船运来的有生丝、丝织品、棉织品、瓷器、各种生活用品等，其中部分满

---

[1] 杨国桢：《明代闽南通琉球航路史事钩沉》，《海交史研究》1991年第2期。
[2] 拉达：《出使福建记》，见《十六世纪中国南部旅行记》，中华书局1990年版。
[3] 高克正：《折吕宋采金议》，载《东西洋考》卷一一《艺文考》。

足当地殖民者需要，大部分（主要是生丝和丝绸）则运往墨西哥。每年由马尼拉开往墨西哥的帆船一艘至四艘不等，每艘载重三百吨至一千吨。这些马尼拉帆船，每当六月西南季节风起时启航北上，在进入北纬三十八度至四十度之间水域后，借西风，向东航行，在距离美洲海岸三四百公里的地方，转舵南下，直达墨西哥西岸的阿卡普尔科港（Acapulco）。航程约需五个月。后来，移至北纬四十度和四十二度之间的水域，这样可以利用日本至美洲间由西向东的海流——"黑潮"，加快航程。从墨西哥回到马尼拉，则先沿墨西哥西岸南行，到北纬十度和十一度之间海域，借东风西行，经马里亚纳群岛（关岛），续航到菲律宾。航线相对短一些，约需三个月。[①] 阿卡普尔原是一个不过两百多户的偏僻小镇，由于马尼拉帆船而繁荣起来。中国丝绸等货物一部分行销墨西哥、秘鲁等地，一部分则越过大西洋转销西班牙和欧洲其他国家。马尼拉帆船从拉丁美洲运回的主要是白银，到菲律宾后用来购买中国货物，从而流入中国。中国—菲律宾—拉丁美洲航线的建立，是西班牙殖民者追求利润的产物，但它促进了亚洲和拉丁美洲的联系，推动了世界市场的形成，在历史上有积极的作用。马尼拉帆船贸易一直到1815年才告最后结束，历时二百四十年。

随着贸易的发展，移居菲律宾的中国人不断增多。1571年西班牙殖民者占领马尼拉时，当地居住的中国人有一百五十人。1588年，菲律宾的中国人增至一万人。1603年，增至三万人左右。当时福建、广东沿海地区特别是泉州、漳州的百姓，纷纷前往吕宋谋生，成为一时热潮。泉州安平镇"俗好行贾，自吕宋交易之路通，浮大海趋利，十家而九"[②]。仅当地颜氏家族从万历十

[①] 沙丁、杨典求：《中国和拉丁美洲的早期贸易关系》，《历史研究》1984年第4期。

[②] 李光缙：《二烈传》，《景璧集》卷一四，转引自傅衣凌《明代泉州安平商人史料辑补》，《泉州文史》第五期。

一年（1583）到天启年间（终于 1627 年）便有十三人移居吕宋。[①] 安平人陈斗岩，娶妻颜氏，原来经商"北走齐、吴，南走粤"。等到"吕宋洋开，鬻财吕宋，转贩所至，人多重之，倚为祭酒"。[②] 中国移民多数居住在马尼拉。西班牙殖民者规定，在菲律宾的中国人不得超过六千人。这主要出于政治上的考虑，因为西班牙在当地的人口从未超过两千人，他们害怕中国人的增多会对殖民统治不利。作为一种预防措施，殖民者将马尼拉中国人集中在当地的八连市场。中国的记载说："华人既多诣吕宋，往往久住不归，名为压冬。聚居涧内为生活，渐至数万，间有削发长子孙者。""涧"就是市场。殖民者在八连市场对面的城墙上架设大炮，随时准备镇压。万历二十一年（1593），殖民者出征美洛居强迫二百五十名中国侨民当兵。这些侨民不堪忍受殖民头目的虐待，起来反抗，杀死头目，驾船逃走。这一事件加深了殖民者的猜忌。万历三十年（1602），一个名叫张嶷的人，为了讨好奉命采金的宦官，上疏说吕宋的山上出产金豆，可以采取。明朝皇帝下诏，由福建当局派人前去吕宋勘查。三名使者到了吕宋，被逐回，殖民者由此更怀疑中国想夺取吕宋，便精心策划，在第二年（1603）九月发起了对中国侨民的大屠杀，死者二万五千人。[③]"往岁夷酋发难，尽歼贾人，安平无一人得脱。讣至家，哭相闻，妇人女子不知其几人称寡。"安平颜氏家族在这次屠杀中死者七人，年龄最大者四十九岁，最少者十九岁，均死于九月初四日。[④] 这一血腥的事件，充分暴露了殖民者的狰狞面目。大屠杀以后，马尼拉的中

---

① 李光缙：《处士陈斗岩公传》，《景璧集》卷一四，转引自傅衣凌《明代泉州安平商人史料辑补》，《泉州文史》第五期。
② 王连茂：《明清时期两个家族的人口移动》，《海交史研究》1991 年第 1 期。
③ 《东西洋考》卷五《吕宋》。
④ 李光缙：《二烈传》，《景璧集》卷一四。转引自傅衣凌《明代泉州安平商人史料辑补》，《泉州文史》第五期。王连茂：《明清时期两个家族的人口移动》，《海交史研究》1991 年第 1 期。

国人所剩无几，社会生活的各个方面都发生困难，中国商船停止前往。殖民当局为了自身的利益，又设法鼓励中国人移居。崇祯十二年（1639），中国侨民又增至二万八千人。殖民者再次感到恐惧，将许多中国人遣送到各地修道士庄园中作劳工，并且加重了捐税。中国侨民难以忍受殖民者的压迫，纷纷起来反抗，但被早有准备的殖民当局用残酷的手段镇压了下去，死亡达两万多人。明朝政府对于西班牙殖民者的暴行，没有采取任何有力的保护措施，这一方面因为国内社会矛盾尖锐，无暇顾及；另一方面则因为明朝政府一贯把"压冬"不归的行为视为触犯刑律，这些长期侨居国外的百姓在当政者看来都是"奸民"，当然不会加以保护。实际上，正是明朝政府这种态度助长了西班牙殖民者的嚣张气焰。后来，进入清朝以后，殖民者又对中国侨民进行了几次大规模的屠杀。

印度尼西亚诸岛：包括苏门答腊、爪哇、加里曼丹岛、马鲁古群岛等。这些岛屿上曾先后出现过不少国家，在历史上一直与中国有密切的交往。明朝前期，与中国发生联系的有苏门答腊、爪哇、旧港、花面、南巫里等，建立了朝贡贸易。成化、弘治以后，"贡使鲜有至者"①。但是民间贸易仍然存在。16世纪初，意大利旅行家卢多维科·迭瓦特马（Ludovico di vrthema）访问苏门答剌岛，他说帕提尔（Pedir，即花面，又作那孤儿）每年有十八只至二十只装载胡椒的船开往中国。②

15世纪初，满剌加兴起，成为东、两洋的国际贸易中心。与此同时，原来爪哇岛上强大的满者伯夷（Majapait）却逐渐衰落，代之而起的一些伊斯兰教王国。1511年，葡萄牙征服了满剌加，

---

① 《明史》卷三二四《爪哇传》。
② 霍尔：《东南亚史》上册，中山大学东南亚历史研究所译，商务印书馆1982年版，第296页。

又于1521年占领满剌加对岸苏门答腊岛西北的巴西（Pasei，元代作不斯麻、八昔）控制了马六甲海峡。各国商人便改而以爪哇西部港湾代替满剌加作为国际贸易中心。这时在爪哇西北部出现了一个信奉伊斯兰的万丹王国，万丹（Banten）在中国记载中又作下港，它既是港口名又是国名。原来西部最重要的港口是咬留吧（Kalapa），后改称雅加达（Djakarta）。万丹兴起后，便取雅加达而代之，成为最重要的国际贸易港。荷兰、英国都在万丹建立商馆。万历十七年（1589）明朝当局规定，出贩东、西二洋的商船限八十八艘，其中下港四艘，在西洋各国中属第一等。据英国方面和荷兰方面记载，从16世纪中叶到末年，每年到万丹的中国商船多时八艘至十艘，少时五艘。到了17世纪初，通常为二三艘，有时为五六艘。虽然数目减少，但船的载重量增加了。中国商船运来生丝、丝绸、陶瓷器、棉织品等，运走的主要是胡椒等香料。[①] 中国文献记载下港贸易的方法是："华船将到，有酋来问船主，送橘一笼，小雨伞二柄。酋驰信报王。比到港，用果币进。王立华人四人为财副，番财富二人，各书记。华人谙夷语者为通事，船各一人。其贸易，王置二涧城外，设立铺舍。凌晨，各上涧贸易，至午而罢。王日征其税。""下港为四通八达之衢，我舟到时，各州府未到，商人但将本货兑换银钱、铅钱。迨他国货到，然后以银、铅钱转买货物。华船开驾有早晚者，以延待他国故也。"[②] 由于中国商船不断前来，因各种原因在当地侨居的中国人为数甚多。荷兰和英国的记载都说万丹有中国人居住的区域。据估计三四千人。[③]

1611年起，荷兰人开始经营雅加达基地。1619年，建筑新

---

① 曹永和：《明末华人在爪哇万丹的活动》，载《中国海洋发展史论文集（二）》台北，1986年。
② 《东西洋考》卷三《下港》。
③ 参见曹永和《明末华人在爪哇万丹的活动》。

城，改称巴达维亚，其间还发生荷、英之间的武装冲突。为了建设巴达维亚，荷兰人采取各种手段，诱引万丹的中国人移居该地。巴达维亚逐渐取代万丹成为重要的国际贸易港，而万丹则衰落了。1682 年，万丹王国屈服于荷兰人。

印度尼西亚其他地方也常有中国商船前往，万历十七年（1589）颁发的船引中，属于这一地区的除下港、交留吧之外，还有顺塔（三艘）、哑齐（一艘）、思吉港（爪哇东部梭罗河 Solo 下游地区，一艘）、旧港（四艘）等。顺塔或说即下港，或说指交（咬）留吧，大概是商人欺骗官府，故意立二名。但由此可知，旧港、哑齐、思吉港等处也有中国舶船前往，尤以旧港为多。旧港即今苏门答腊岛上的巨港（Palembang）在明代前期是中国人聚居之地。"有梁道明者，广州南海县人，久居其国。闽、粤军民泛海从之者数千家，推道明为首，雄视一方。"明成祖朱棣时，设旧港宣慰司，以施进卿为使，进卿死后，其女施二姐嗣职，"其后朝贡渐稀"。此地中国侨民甚多，因而与中国联系也比较密切。"嘉靖末，广东大盗张琏作乱，官军已报克获。万历五年，商人诣旧港者，见琏列肆为蕃舶长，漳、泉人多附之，犹中国市舶官云。"①

中南半岛和马来半岛：这一地区的主要国家有交阯、占城、真腊、暹罗、满剌加等。明代前期，这些国家与中国有比较密切的往来。中期以后，这个地区发生重大变化。首先东来的葡萄牙殖民者，在 1511 年占领了满剌加。满剌加国王出走，请求明朝政府予以援助。但此时的明朝政府，除了表示同情之外，没有也不可能采取任何有力的措施。满剌加国王力图恢复，但终于在 1526 年再次失败。满剌加自此成为葡萄牙人经营东方贸易的重要据点。

---

① 《明史》卷三二四《三佛齐传》。按，《东西洋考》卷三《旧港》引《续文献通考》云："万历丁丑，中国人见大盗林朝曦在三佛齐，列肆为番舶长，如中国市舶官。"

随之而来的是西班牙、荷兰和英国殖民者。他们纷纷向中南半岛和马来半岛扩张自己的势力，插手这一地区的贸易活动，挑拨各国的关系。他们彼此之间争权夺利，钩心斗角，甚至兵戎相见。例如，满剌加便在1641年落入荷兰人之手。总之，从16世纪初开始，这一地区呈现复杂的形势。

在这一地区的国家中，满剌加原来与中国有密切的政治、经济联系。满剌加的船舶定期到中国进行朝贡贸易。中国的商船，不顾禁令，前往满剌加的，数量甚多。较早的如成化七年（1471）福建龙溪海商丘弘敏等私下通蕃，前往满剌加。[①] 成化十年（1474），工科右给事中陈俊等出使占婆（即占城），"其所赍载私货及挟带商人数多，遂假以遭风为由，越境至满剌加国交易"[②]。类似情况还有成化十七年（1481）派往占城的使团。[③] 葡萄牙人在1511年进攻满剌加时，港口有五艘中国船。[④] 这些显然都是民间走私的商船。在葡萄牙人占领满剌加以后，前去的中国商船逐渐减少。万历十七年（1589）颁发的限额船引中，满剌加为两艘，可知仍有一定的贸易往来。

暹罗在有明一代始终与明朝保持着官方的朝贡关系，同时也进行勘合贸易。正德四年（1509）暹罗海船漂泊到广东，地方当局决定抽税，这是明朝海外贸易政策改变的开始，已见前述。可见除贡舶之外，暹罗还有民间商船前来中国贸易。世宗嘉靖年间，暹罗贡船接连前来朝贡、贸易，其中嘉靖三十八年（1559）来贡，明朝政府"仍允其请，还所抽分货物，以佐修船之费"[⑤]。广东东

---

① 《明宪宗实录》卷九七。
② 《明宪宗实录》卷一三六。
③ 《明宪宗实录》卷二二〇。
④ ［英］克尼尔·辛格·桑杜：《华人移居马六甲》，梁英明译，载《中外关系史译丛》第三辑，上海译文出版社1986年版。
⑤ 《明宪宗实录》卷四七六。

莞有《却金亭碑》记嘉靖戊戌（十七年，1538）暹罗贡船事，其中说：“嘉靖戊戌岁，暹罗国人奈治鸦看等到港，有国王文引，自以货物亲附中国而求贸易。有司时而抽分之，是亦抑逐末以宽农征之意也。”①此碑是明代中暹朝贡贸易的物证。与此同时，中国走私商人不断前往暹罗进行贸易活动。嘉靖十九年（1540）海商集团首领王直等，在广东"造巨舰，收买硝黄、丝绵等违禁之物，抵日本、暹罗、西洋等国，往来互市"②。万历十七年（1589）的限额船引中，暹罗为四艘，隶属于暹罗的大泥〔今泰国北大年（Patani）〕、陆坤〔又作六坤，今泰国那空是贪玛叻府（Makhon Srithamarat）〕均为一艘，在西洋各国中占有较大比例，17世纪，暹罗的都城阿瑜陀耶（Ayutia，1757年为缅甸军队毁坏，故址在今曼谷以北）和北大年都是重要的国际贸易港，英国、荷兰都曾在两地设立商馆。中国商人运来丝绸和瓷器，到阿瑜陀耶主要购买皮革和毛皮，到北大年主要购买香料。③据荷兰文献《巴达维亚城日志》记载，1625年华南出发前往暹罗的船有六艘至八艘，次年有两艘，另有一艘去北大年。④

万历十七年的限额船引中，交趾四艘，占城、柬埔寨各三艘，此外，隶属于占城的新州一艘，隶属于交趾的顺化、广南均有一艘，可知在16、17世纪，这些地区和中国有相当密切的贸易关系。据《巴达维亚城日志》记载，1625年由华南出发的船，七艘去柬埔寨，八艘驶往印度支那。次年，各有四艘分驶两处。⑤

明代前期，已有不少中国人到中南半岛各地定居，中期以后，

---

① 袁丁：《东莞却金亭碑小考》，《海交史研究》1988年第2期。
② 诸葛元声：《三朝平攘录》卷一《海寇》，明万历刻本。
③ 霍尔：《东南亚史》上册，第369页。
④ ［英］玛丽—西比尔·德·维也纳：《十七世纪中国与东南亚的海上贸易》，杨保筠译，《中外关系史译丛》第三辑。
⑤ 同上。

为数更多。在葡萄牙人入侵满剌加时，当地已有一经营贸易业的华人社会。而在17世纪初，已存在定居华人的村落，1641年荷兰夺取满剌加时，当地有三四百名中国人。①暹罗的中国侨民很多，成化时，汀州人谢文彬"贩盐下海，漂入其国，仕至坤岳"。便是一例。②大泥"华人流寓甚多，趾相踵也"③。明代中后期，不少海商集团往来于中国、柬埔寨、暹罗之间，有的就当地定居。其中最著名的是林道乾集团。林道乾是广东人，以他为首的集团活动于广东沿海一带，万历元年（1573）为官军所迫，逃到甘埔寨（即柬埔寨）。有一个名叫杨四的广东人，从小随父出洋，到柬埔寨，其父病故，杨四就在当地居住，任把水使。林道乾通过杨四的关系，也被当地首领任为把水使。万历八年（1580），暹罗来华使者说，林道乾"在臣国海澳中，专务剽劫商贾，声欲会大泥国，称兵犯臣国"④。明朝的官方记载也说"大泥、暹罗为之窟穴"⑤。可见他活动于柬埔寨、暹罗之间，万历九年（1581），广东当局派人到柬埔寨，"令其与暹罗并攻林道乾"。被林发觉，扬帆而去，不知所终。⑥林道乾对大泥的开发颇有贡献，他的部众有些就在当地落户。前述安平颜氏家族，从明成化二十三年（1487）到嘉靖年间（终于1566年），移居暹罗的便有五人。颜氏家族成员颜嗣祥，"生成化丁亥年（1467），正德辛巳年（1521）七月二十六卒于暹罗"。当时海禁未开，应是私自下海的。⑦交趾、占城离中国

---

① ［英］克尼尔·辛格·桑杜：《华人移居马六甲》，梁英明译，载《中外关系史译丛》第三辑，上海译文出版社1986年版。
② 《明史》卷三二四《暹罗传》。
③ 《东西洋考》卷三《大泥》。
④ 《万历武功录》卷三《林道乾列传》，中华书局1962年版。
⑤ 《明神宗实录》卷九九。
⑥ 《万历武功录》卷三《林道乾列传》。
⑦ 李光缙：《二烈传》，《景璧集》卷一四。转引自傅衣凌《明代泉州安平商人史料辑补》。王连茂：《明清时期两个家族的人口移动》。

最近，移居的中国人也很多。17世纪末，僧人大汕应邀前往安南（即交趾）的顺化、会安传法，他见到会安有一个华侨社会，"盖会安各国客货码头，沿河直街长三四里，名大唐街。夹道行肆，比栉而居，悉闽人，仍先朝服饰"①。显然从明代起便已存在。

第五节　明代中期以后由海道进出口的物品

明代前期，通过海道进出口的物品，与宋元时期大体上是相同的。进口的物品以香料、药材、珍宝为主，出口的物品以丝绸、陶瓷品为主。这在本章第一、二节已作过说明。中期以后，出口物品仍以丝绸、陶瓷器为主，进口物品却有一些明显的变化。

根据16世纪末17世纪初的记载，当时从月港进口抽税的外国货物有110余种，其中香料十余种（檀香、奇楠香、安息香、木香、乳香、丁香、降香等），药材十余种（没药、肉豆蔻、冰片、血碣、孩儿茶、芦荟、荜拨、阿片等），此外有食品（番米、椰子、绿豆、燕窝、海药、鹿脯、鲨鱼翅、虾米、海参等），宝物（犀角、象牙、鹤顶、龟筒、玳瑁等），纺织品（交趾绢、锁服、暹罗红纱、西洋布、土丝布、粗丝布、东京乌布等），皮货（鹿皮、牛皮、虎豹皮、鲨鱼皮、犀牛皮、蛇皮等），日用器具（嘉文席、草席、琉璃瓶、白琉璃盏、枣泥瓶、青琉璃笔筒等），金属（黑铅、番锡、番金、番铜、红铜等），以及其他杂物。②比起前代来，这时进口的货物特别是香料、药材的种类，减少了很多。例如其中没有珍贵的龙涎香。这大概是因为苏门答腊以西地区不再通航贸易的缘故。但这时进口的物品，也有一些是前代没有的。例如阿芙蓉，即鸦片。大医学家李时珍说："阿芙蓉前代罕闻，近

---

① 释大汕：《海外记事》卷四，中华书局1987年版。
② 《东西洋考》卷七《饷税考》。

方有用者。"① 它主要产于印度，明代的进口，应是殖民者转贩而来。鸦片在清代泛滥成灾，成为严重的社会问题，但其传入，则自明代始。又如燕窝，这是金丝燕所营的巢，以海藻和金丝燕的津液掺和而成，是一种珍贵的食品。明代后期传入后，在中国很流行。

上述货物是由月港经过抽税进口的，因而只限于东、西二洋。当然这并非进口物品的全部。例如满剌加、哑齐等处都出产叆叇，即眼镜，也在明代中叶以后传入中国，可能不在抽税之列。此外有几种特殊的物品，输入中国，发生了重大的影响，却不在抽税的物品名单之中。

首先是白银。主要来自拉丁美洲。前面说过，西班牙在菲律宾建立殖民统治后，逐渐形成了中国—菲律宾—拉丁美洲的海上航线。在这条航线上往返的帆船，运往拉丁美洲主要的是中国丝绸，而从拉丁美洲运回的，主要则是白银。西班牙殖民者统治拉丁美洲后，发现了蕴藏极大的银矿，便大规模开采冶炼。16世纪的秘鲁，成为世界上产银最多的国家。17世纪以后，墨西哥银矿逐渐兴盛，取代了秘鲁的地位。当时的菲律宾—拉丁美洲航线，时间很长，风险很大，运费昂贵。在帆船回转马尼拉时，必须装载有利可图的货物，这就要求符合两个条件，一是适合中国市场的需要，二是货物本身有较高的价值。在16、17世纪拉丁美洲的产品中，只有白银符合这两个条件，它既为中国商人所欢迎，本身又有较高的价值，而且它的体积较小，适于长途贩运。白银之所以受到中国商人的欢迎，与明朝实行的货币制度有密切的关系。明朝建立之初，沿袭元朝的办法，在全国发行大明宝钞，禁止用金、银作流通手段。但是没有多久，宝钞的价值越来越下跌，到了15世纪30年代，明朝不得不承认这一事实，改而

---

① 《本草纲目》卷二三《谷部·阿芙蓉》，人民卫生出版社1982年版。

用白银作流通手段。从此以后，宝钞废而不用，白银成为中国的本位货币，另外以铜钱作辅币。据16世纪中期的估计，市场上的交易，百分之九十以上用白银支付，其余用铜钱，白银的需要量很大。但是，明朝的银矿生产数量有限，而且呈减少的趋势，不能满足市场的需要，迫切要求从其他地方进口白银，补充国内的不足。西班牙人统治菲律宾后，很快便发现中国商人特别喜欢白银。16世纪后期菲律宾和墨西哥的西班牙官员们在他们的报告中，都一再提到这一情况。因此，拉丁美洲的白银，便不断装上帆船，运往菲律宾，再装上中国商船，运往中国。当时中国人已经了解白银来自他处，例如有人说："我贩吕宋，直以有佛郎（机）银钱之故。"[1] 又有人说："东洋则吕宋，其夷佛郎机也。其国有银山，夷人铸作银钱独盛。中国人若往贩……吕宋，则独得其银钱。"[2] 明代记载中常将葡萄牙人和西班牙人统称为"佛郎机"，而称荷兰为"红毛番"。此处吕宋的"佛郎机"，明显指西班牙人。据有关统计，16世纪下半期由菲律宾转手输送到中国的白银，在1586年以前每年为三十万比索（Pesos，西班牙银圆，每枚重七钱二分），1586年超过五十万比索，1596年达一百万比索，1602年达二百万比索。[3] 中国前往菲律宾的商船，因"地无他产，夷人悉用银钱易货，故归船自银钱外，无他携来，即有货无几。"为此专门为吕宋归船设立"加征饷"，每船征银百五十两，后减为一百二十两。[4] 根据中国方面的记载，由菲律宾输入的银钱，"大者七钱五分，夷名黄币峙。次三钱六分，夷名突唇。又次一钱八分，名罗料厘。小者九分，名黄料厘。俱自

---

[1] 徐学聚：《报红毛番疏》，《明经世文编》卷四三三。
[2] 郭造卿：《防闽山寇议》，《天下郡国利病书》第三十九册，四部丛刊本。
[3] 全汉昇：《明清间美洲白银的输入中国》，《香港中文大学中国文化研究所学报》第二卷第一期。
[4] 《东西洋考》卷七《饷税考》。

佛郎机携来"①。"黄币峙"即一比索（Uno peso），"突唇"即半比索（Mitad），"罗料厘"即二里尔（Doe Real），"黄料厘"即一里尔（Uno real）。这些银币近年在福建不时有所发现。②。

除了由菲律宾转输的拉丁美洲白银之外，葡萄牙、英国的商人在与中国进行贸易时也大量使用白银。"在早期的中葡贸易中，胡椒和象牙都是输入广州的价值最大的商品；但当澳门、果亚（即果阿，印度东部 Goa——引者）的贸易开展以后，银便成为自果亚运往澳门的最重要的物品，取胡椒和象牙的地位而代之。""葡人把银运到果阿后，多半由于贸易关系而转运往澳门去。曾于1585—1591年访问东印度的一位英国游历家说，葡人自果亚运银至澳门，每年约达二十万葡元（约二十万两），以便用来在广州购买中国货物，从中取利。到了1609年，一位曾经经营东亚贸易达二十五年之久的马德里商人说，葡人自里斯本输往果亚的银子，都全部经由澳门流入中国去了。这句话可能有些夸大，但当日这些银子的大部分都输入中国，却是一件无可否认的事实。"③1601—1620年，英国东印度公司运往东方的银条和银币，用英镑计达五十四万八千余镑，大多流入中国。④ 崇祯十年（1637），英国东印度公司的船只第一次来中国，结果是："没有卖出一件英国货，只是抛出了八万枚西班牙银圆。"⑤

在东方，日本是个产银国家。明代盛行的走私贸易中，日本

---

① 《东西洋考》卷五《吕宋》。
② 庄为玑：《福建南安出土外国银币的几个问题》；泉州文管会、泉州海交馆：《福建泉州地区出土的五批外国银币》；均见《考古》1975年第6期。
③ [英] 博克塞（C. R. Boxer）：《大帆船》（Great Ship），转引自《澳门港史资料汇编》，广东人民出版社1991年版。
④ [美] 里默：《中国对外贸易》第二章"一八七〇年前的贸易概况"，三联书店1958年版。
⑤ [英] 格林堡：《鸦片战争前中英通商史》第一章"旧的对华贸易"，商务印书馆1961年版。

人常以白银来交换中国进出的货物。"倭人但有银置货，不似西洋载货而来，换货而去也。"① 中国的走私船上，往往有银匠，为的是得到"倭银"后，立即在船熔化，免得被人发现作为私贩的罪证。② 此外，葡萄牙人在日本和中国之间从事转手贸易，将中国丝绸等物运往日本，然后从日本将白银运到澳门，再用来购买中国的货物。在16世纪最后十五年内，日本出产的白银约有一半输往外国，大部分都由葡萄牙人运往澳门。每年约为五六十万两。17世纪最初三十余年内，每年约为一百余万两。据统计，自1599—1637年的三十八年间，葡萄牙船从长崎运出银五万八千箱，每箱一千两，即五千八百万两。而葡人在广州购货，每年约用银一百万两或更多。③

综上所述，明代后期从海外输入中国的白银无疑为数是很可观的。据有的学者估计，"由万历元年到崇祯十七年（1573—1644）的七十一年间，合计各国输入中国的银圆由于贸易关系的至少远超过一万万元以上"④。白银的输入，缓解了中国的银荒，促进了中国的商品流通。与此同时，也导致了中国物价的上涨。

随着中国—菲律宾—拉丁美洲航线的开辟，几种具有重要意义的农作物相继传入中国。这也是上述抽税进口的货物清单没有的。这些农作物是番薯、花生、玉米和烟草，原来都出产在拉丁美洲，先传到菲律宾，再由中国商人带回本国。

番薯是一种适宜于贫瘠土地种植的抗旱的高产粮食作物。清初的一种记载说："番薯，万历年（1573—1620）中得之外

---

① 胡宗宪：《筹海图编》卷二《倭国事略》，《文渊阁四库全书》本。
② 王在晋：《越镌》卷二一《通蕃》，明万历刊本。
③ 全汉昇：《明代中叶后澳门的海外贸易》，《香港中文大学中国文化研究所学报》第五卷第一期。
④ 梁方仲：《明代国际贸易与银的输入》，《中国社会经济史集刊》第六卷第二期。

国，瘠土沙砾之地，皆可以种。初种于漳郡，渐及泉州，渐及莆（福建莆田——引者）。近则长乐、福清皆种之。盖……闽人多贾吕宋焉，其国有朱薯，被野连山而是，不待种植。……润泽可食，或煮，或磨为粉。"殖民当局不肯把番薯品种给中国人，"中国人截取其蔓咫许，挟小盒中以来"①。可以认为，番薯在明代中期以后传入闽、广，逐步传播开来，是多途径的。它的传播，则与渡荒有密切的关系。一个著名的例子是，福建长乐商人陈振龙从吕宋带回了番薯品种。万历二十三年（1594）福建发生饥荒，陈振龙之子陈经纶向福建巡抚金学曾建议推广番薯，果然获得很好的效果。后来人们为了纪念此事，在福州乌石山建立先薯祠，奉祀金学曾和陈振龙。② 到了清代前期，番薯便已遍及大江南北了。

　　花生是油料作物。它传入中国的时间和经过，不很清楚，写成于1530年的《种芋法》（作者黄省曾）已提到落花生，似可认为它的传入不晚于16世纪20年代。最初传入的地点应是福建。万历年间已在浙江某些地区种植。③

　　玉米也是一种产量较高的农作物，原产南美墨西哥、秘鲁等地。有关玉米传入中国的早期记载，是田艺蘅的《留青日札》（1573）和李时珍的《本草纲目》（1578）。田艺蘅说："御麦出于西蕃，归名蕃麦，以其曾经进御，故曰御麦。"根据他的描述，"出于西蕃"的"御麦"无疑就是玉米。田氏杭州人，他说："吾乡得此种，多有种之者。"④ 李时珍则说："种出西土，种者亦

---

① 周亮工：《闽小纪》卷下，《丛书集成》本。
② 陈世元：《金薯传习录》，清嘉庆刻本。
③ 罗尔纲：《落花生传入中国》，《历史研究》1956年第2期。关于花生的传入，说法不一，参见闵宗殿《海上丝绸之路和海外农作物的传入》，载《中国与海上丝绸之路》论文集。
④ 《留青日札》卷二，《丛书集成》本。

罕。"① 可能当时流传不广。玉米的真正广泛种植，应是18世纪的事。②

烟草的原产地也是拉丁美洲。传入中国之初称为"淡巴菰"，就是印第安语烟草的音译。它在明代后期传入中国。"烟草，万历末有携至漳、泉者……渐传至九边。"③ 清初叶梦珠说："烟叶其初亦出闽中。予闻诸先大夫云，福建有烟，吸之可以醉人。号曰乾酒。然而此地绝无也。崇祯之季，邑城有彭姓者，不知何从所得种，种之于本地，采其叶阴乾之，遂有工具事者，细切为丝，为运客贩去。"④ 叶梦珠是松江人。可知烟草也由福建传入，再向其他地方传播。

上述几种农作物的传入，使中国农业生产的面貌发生了重要的变化。它们传入中国，一般都在西班牙殖民者统治菲律宾和拉丁美洲—菲律宾—中国航线开通以后。到明朝灭亡以前，传播种植的区域主要在大江之南。但进入清朝以后，便迅速在全国传播开来。番薯和玉米很快便成为下层百姓的主要食粮品种。花生则成为主要的油料作物。随着烟草的传播，吸烟的习惯在清代逐渐普遍，烟叶的种植面积也不断扩大。花生和烟叶的种植，满足了社会生活的某种需要，也促进了农业生产的商品化，可以认为，这几种海外农作物的传入，标志着中国农业生产进入了一个新阶段。此外，明代后期传入的海外作物还有马铃薯（土豆）、番茄（西红柿）等，这里就不一一说明了。

明代中后期出口的物品，首先是丝绸、瓷器，其次有糖、茶等物。

明代中期以后，西方殖民者东来，开辟了从西欧到中国的航

---

① 《本草纲目》卷二三《谷部·玉蜀黍》。
② 王毓瑚：《我国自古以来的重要农作物（下）》，《农业考古》1982年第1期。
③ 方以智：《物理小识》，《文渊阁四库全书》本。
④ 《阅世编》卷七，《上海掌故丛书》本。

线。葡萄牙殖民者从东方运回欧洲的最重要的货物，一是香料，二是丝和丝绸，自澳门运往果亚的中国货物，以生丝、丝绸最为重要。自 1580—1590 年，每年由澳门运往果亚的生丝有三千余担；后来到 1635 年，有的记载说达六千多担。这个数字也许有些夸大。与此同时装运的还有大量丝绸。① 这些生丝和丝绸都由果亚转运到欧洲。当时欧洲一些城市有相当发达的丝织业，大多以东方生丝为原料。中国生丝一度是主要原料，后来受到波斯生丝、孟加拉生丝的冲击，销路受到相当大的影响。但因质量优良，因而仍有很大的市场。中国的丝绸产品则因价廉物美受到普遍的欢迎。16 世纪末，荷兰人开始东来，他们以印尼巴达维亚为基地，收购生丝和丝绸，运回本国，转销欧洲各处。1624 年占据台湾后，又以台湾为转销生丝、丝绸的基地。生丝、丝绸销售的另一渠道是拉丁美洲—菲律宾航线。从马尼拉前往墨西哥的帆船，在 1638 年以前，每艘载运为三百箱至五百箱，而 1636 年出发的帆船，一艘超过一千箱，另一艘为一千二百箱，每箱装丝绸二百磅以上。据 1637 年的资料，在墨西哥从事中国生丝加工制造的工人，在一万四千人以上。穿着丝绸服装成为拉丁美洲的社会风尚。② 另一部分丝绸则转销欧洲。

生丝和丝绸大量销往日本。很久以来，日本一直是中国丝绸的进口国。明代后期，徐光启说："彼中百货，取资于我，最多者无若丝，次则瓷。"③ 尽管明朝政府在朝贡贸易停止后禁止与日本通商，但中国丝绸仍通过不同渠道流向日本。一是民间走私商人的贩运。1609 年七月有明朝商船十艘来到日本，停泊在鹿儿岛和

---

① 全汉昇：《明代中叶后澳门的海外贸易》，《香港中文大学中国文化研究所学报》第五卷第一期。

② 全汉昇：《自明季至清中叶西属美洲的中国丝货贸易》，《香港中文大学中国文化研究所学报》第四卷第二期。

③ 《海防迂说》，《明经世文编》卷四九一。

坊津，其中一艘即载有各类丝织品（绫、缎、䌷）六百零三匹。①
按此估算，则此次十艘船运载的应在六千匹以上。在此以后，前
往日本的中国商船不断增多，带去了更多的生丝和丝织品。根据
荷兰方面的记载，中国船输入日本的生丝，1633年为一千五百担，
1634年为一千七百担（一作一千四百担），1637年为一千五百担。
1645年日本共输入生丝三千二百担，中国商船运来的为一千三百
担。二是澳门的葡萄牙人。葡萄牙商人从广州收买生丝和丝织品，
经过澳门运往日本发展，换取白银。以生丝来说，16世纪中叶以
后很长时间内，每年平均为一千六百担，自1600—1620年每年平
均为一千担，最高的一年达二千六百担。到17世纪30年代，葡
船输日的生丝减少，但丝织品显著增加。在1600年左右，葡船自
澳门运往长崎的绸、缎为一千七百匹至二千匹，而1638年增至二
千一百箱，每箱约有一百匹至一百五十匹。由于中、日两国价格
不同，葡船转手买卖的利润为百分之七八十，有时超过百分之一
百。三是荷兰人，他们以台湾为基地，经营中、日之间的转手贸
易。1635—1639年，荷兰输往日本的中国生丝，每年都达一千余
担，1640年更多达二千七百担。1635年以后，荷船运往日本的生
丝，已经超过了葡萄牙人。四是日本商人从东南亚各地，和中国
商人贸易，购买生丝和丝绸，运回国内。17世纪上半期，有时每
年买回的生丝多至一千四百担至二千担。② 如1612年七月二十五
日，明朝商船和从吕宋返航的日本商船共二十六艘，同时开进长
崎港，运来生丝二十余万斤。③

由此可见，明代中期以后出口的生丝和丝织品情况，与以前
有所不同。一是出口地区主要为日本、欧洲、拉丁美洲；二是生

---

① 《日中文化交流史》，第622页。
② 全汉昇：《明清间中国丝绸的输出贸易及其影响》，载《陶希圣先生九秩祝寿论文集·国史释论》，台北食货出版社1988年版。
③ 《日中文化交流史》，第626页。

丝占很大比重；三是西方殖民国家的商船在销售中起了重要的作用。还应该指出的是，尽管缺乏正确的统计，但从种种迹象看来，这一时期中国生丝和丝织品的外销数量，远远超过了前代。这对中国的生丝和丝织品生产，无疑是强大的刺激。而大量流入中国的白银，主要也是靠丝绸和生丝出口换来的。白银流入的后果，前面已经讲过了。

瓷器是仅次于丝绸的外销商品。徐光启说日本最需要的是丝，其次便是瓷器，已见前述。别的记载说，"饶之磁器"，"尤为彼国所重"。[①] 指的是景德镇的瓷器。中国瓷器出口日本的数量是相当可观的。仅1637年，中国商人便运去七十五万件粗、细瓷器。[②] 琉球"不贵纨绮，惟贵磁器、铁釜"，因此进口中国的磁器很多。[③] 考古发掘证明，"明代中国陶瓷，尤其青瓷的分布，遍及冲绳全岛，数量极多"。当时的琉球，还在中国与日本之间起着贸易中转的作用，这也是它进口大量瓷器的原因之一。[④] 西方殖民国家的商人也都纷纷贩运中国瓷器去欧洲。最初将瓷器运回欧洲的是葡萄牙人和西班牙人。1602年，荷兰人俘获了一艘名叫"圣亚哥"的葡萄牙商船，将船上装载的瓷器运回欧洲拍卖；两年又拍卖另一艘俘获船上的瓷器，发现有利可图。1610年七月有一艘船载运九千二百二十七件瓷器到荷兰。以后逐年增多，到1636年运回荷兰的瓷器达二十五万九千余件。荷兰东印度公司自1602—1657年运荷瓷器总数在三百万件以上。与此同时，荷兰东印度公司还将中国的瓷器卖到日本、暹罗、印尼、缅甸、波斯和阿拉伯地区。总起来说，从1602年至1682年的八十年间，经过荷兰东

---

① 姚士粦：《见品编》卷上，《盐邑志林》本。
② 转引自陈万里《宋末—清初中国对外贸易中的瓷器》，《文物》1956年第1期。
③ 《明史》卷三二三《琉球传》。
④ [日] 三上次男：《冲绳出土的中国中世纪陶瓷》，郑国珍译，《海交史研究》1988年第2期。

印度公司输出的我国瓷器，便在一千六百万件以上，平均每年超过二十万件。① 此外，中国的民间商人把瓷器运往东南亚各地销售，数量也是相当可观的。

　　除丝、瓷之外，这一时期出口的物品还有各种金属和金属加工品、糖、茶叶、日常生活用品、水产品等。这一时期中国糖的外销数量很大，除了销往日本以外，还向波斯和欧洲等处出口，在外销中其重要性仅次于丝、绢。中国茶于 17 世纪初，由荷兰人运销欧洲。总之，在明代中期以后，对于中国的外销货物来说，一方面是传统市场的缩小；另一方面则是新市场的开辟，实际销售量仍是很大的。而大量货物的外销，对于中国东南沿海地区的农业、手工业发展都是有力的推进。

---

① 转引自陈万里《宋末—清初中国对外贸易中的瓷器》，《文物》1956 年第 1 期。

第五章　清代：海外交通的衰落

第一节　清前期海外交通政策的演变

1644年，清兵从东北入关，从此开始了清王朝对中国的统治。清代（1644—1911）是中国海外交通的衰落时期。鸦片战争前，中国帆船不仅停止了对印度洋地区的航行，并且在东南亚地区的活动也逐渐退缩到近邻国家，海外交通的空间已越来越有限。而鸦片战争后的清朝海外交通，更是身不由己。回溯这两个半世纪中国海外交通的衰落，势必会加深国人对中华民族命运的思索。

与明王朝相比，鸦片战争前的清朝政府除了曾对琉球派遣使节外，既没有向其他海外国家派遣使团，也没有像明朝那样积极开展与海外国家之间的朝贡贸易。清初四十年的国内统一战争，使清朝统治者无暇顾及在海外国家中树立"天朝上国"的外交形象。而且，清朝政府对于民间的海外交通政策，也可谓是"一波三折"。

清朝政府在入主中原不久，为了解决铸造钱币所需的铜斤，在顺治三年（1646）即发布了准许商民出海贩运洋铜的敕令："凡商贾有挟重资愿航海市铜者，官给符为信，听其出洋，往市于东南、日本诸夷。舟回，司关者按时值收之，供官用。"①　然而，由于郑成功集团在东南沿海地区强有力地开展反清复明的斗争，清朝朝廷于顺治十二年（1657）批准了浙闽总督屯泰提出的"沿海省份，应立严禁，无许片帆入海，违者立置重典"②的意见，"敕谕浙江、福建、广东、江南、山东、天津各督抚镇曰……自今以后，各该督抚着申饬沿海一带文武各官，严禁商民船只私自出海。有将一切粮食货物等项，与逆贼贸易者，或地方官察出，或被人告发，即将贸易之人，不论官民，俱行奏闻正法，货物入官。本犯家产，尽给告发之人。其该管地方文武各官，不行盘诘擒拿，皆革职，从重治罪；地方保甲，通同容隐，不行举首皆论死"③。尽管"海禁"政策如此严厉，但由于郑成功集团控制了东南沿海地区的制海权，并未收到预期效果。于是，自顺治十七年（1662）起，清朝政府在沿海地区又推行大规模的"迁界"政策，强迫沿海居民向内地迁移三五十里不等，并规定"凡有官员兵民违禁出界贸易，及盖房居住耕种用地者，不论官民，俱以通贼论处斩"④。这种严刑峻法，不但使清朝的海外交通处于停滞状态，而且对于沿海地区的民生也造成了极大的破坏。康熙十二年（1673）浙闽总督范承谟在奏疏中汇报，自迁界以后，"沿海之庐舍、畎亩化为斥卤，老弱妇子辗转沟壑，逃亡四方者不计其数，所余孑遗，无业可安，无生可求，颠沛流离，至此已极。⑤"

　　康熙二十二年（1683），台湾郑克塽归降清廷，海峡两岸对峙局面结束。次年十一月，圣祖谕令"各省先定海禁处分之例，应

---

①　《皇朝掌故汇编》，钱法一。
②　《清世祖章皇帝实录》卷九二。
③　《清世祖章皇帝实录》卷一百二。
④　《光绪大清会典事例》卷七七六。
⑤　杨廷璋等修：《福建续志》卷八七。

尽行停止"①。不久，清朝政府正式设立粤、闽、浙、江四海关，用以管理商民的出海贸易和外商的来华贸易。粤海关设于广州，在澳门设有监督行署；闽海关设于厦门，在福州也设有监督衙署；浙海关设于宁波；江海关初设于松江府华亭县的漴阙（今金山县漕泾东），康熙二十六年（1687）迁于邑城（今上海十六铺一带）。②清朝政府所规定的海外交通港口，也只限于各海关监督衙署所在港。有些学者曾谓清代海外贸易港口多达一百余处，并据此而认定清朝海外交通政策的开放，实则混淆了各海关挂号口、正税口、稽查口与出洋口的区别，混淆了国内近海交通港口与海外交通港口的区别。雍正六年（1728），福建总督高其倬曾说："漂洋船只出口之处，闽省者总归厦门一处出口，粤省者总归虎门一处出口，其别处口岸一概严禁。如有违禁，在别处放船者，即行查拿，照私越之例治罪。"③

根据清朝政府的规定，"商民人等有欲出洋贸易者，呈明地方官，登记姓名，取具保结，给发执照，将船身烙号刊名，令守口官弁查验，准其出入贸易"④。但清朝政府仍做出了不少苛刻限制：第一，严格限定出海船只的大小尺寸和船员人数。康熙二十三年（1684）规定，出海商船限定在五百石以下，"如有打造双桅五百石以上违式船只出海者，不论官兵民人，俱发边卫充军"⑤。到康熙四十二年（1703），清朝政府又有所放宽，"商贾船许用双桅，其梁头不得过一丈八尺，舵水人等不得过二十八名；其一丈六七尺梁头者，不得过二十四名；一丈四五尺梁头者，不得过十六名；

---

① 《清圣祖仁皇帝实录》卷一一七。
② 参据彭泽益《清初四榷关地点和贸易量的考察》，见《社会科学战线》1984 年第 3 期；林仁川《福建对外贸易与海关史》，鹭江出版社 1991 年版。
③ 《官中档雍正朝奏折》第九辑，第 566 页。
④ 《光绪大清会典事例》卷六二九。
⑤ 《光绪大清会典事例》卷七七六。

一丈二三尺梁头者，不得过十四名"①。第二，严格限制造船出海。清朝政府规定出海商民造船，事先必须报请州县官员审查批准，并要取具澳甲里族各长以及邻佑画押保结，方可打造。造竣还要州县亲验烙号，以核梁头是否过限。另外，船商在承揽出海货运生意时，"客商必带有资本货物，舵水必询有家口来由，方许在船"②。第三，严禁携带军器、军用物资和有关国计民生的用品出洋。清朝政府于康熙三十三年（1694）定例，出洋贸易船只禁带军器出洋。从国外带军器入关，也"一概禁止。至暗带外国之人，偷买犯禁之物者，并严加治罪"③。所谓"犯禁之物"，包括铁器、焰黄、硫黄、军器、樟板、铜、丝、粮食等。清朝政府对于国内商民海外贸易所采取的这种严格限制措施，反映了他们对民间中外往来的担心心理。因此，每逢沿海治安不宁，或国内粮价不稳，或中外争端发生，总有人提出禁止海上商贾。不久，这种担心心理就导致南洋禁航令的下达。

康熙五十六年（1717）三月，清圣祖谕令："凡商船照旧东洋贸易外，其南洋吕宋、噶罗吧等处，不许商船前往贸易，于南澳等地方截住，令广东、福建沿海一带水师各营巡查，违禁者严拿治罪。"④清朝政府之所以严禁南洋而不禁东洋，一方面是由于铸造货币原料的不足，仍需要商船赴日本采办"倭铜"；另一方面则是由于圣祖担心汉族反清势力聚结南洋。诚如乾隆时福建漳浦人蔡新所说："康熙年间，南洋之禁不过谓各口岸多聚汉人，恐酿海贼之阶，非恶南洋也。"⑤但这种南洋之禁，对于东南沿海地区的经济生活产生了十分消极的影响。雍正二年（1724），蓝鼎元曾尖

---

① 《光绪大清会典事例》卷一二〇。
② 《光绪大清会典事例》卷六二九。
③ 《皇朝文献通考》卷三三。
④ 《清圣祖仁皇帝实录》卷二七一。
⑤ 《辑斋文集》卷四《答方望溪先生议禁南洋书》。

锐指出，南洋禁后，"百货不通，民生日蹙，居者苦艺能之罔用，行者叹致远之无方"。从前，"游手之人尽入蕃岛"，"今禁南洋驱游手为盗贼耳"①。

雍正初年，东南沿海地区的地方官员纷纷上疏请开南洋之禁。五年（1727）三月，世宗根据福建总督高其倬的请求，首先在福建省解除南洋禁令。此后，广东、浙江亦相继解禁。然而，清朝政府在开放南洋贸易后，又做了新的限制，规定"嗣后凡出洋船只，俱令各州县严查船主、伙长、头椗、水手并商客人等共若干名，开明姓名籍贯，令族邻保甲出具，切实保结。……如有报少载多及年貌箕斗不符者，即行拿究，保甲之人一并治罪。回棹时照前查点。如有去多回少，先将船户人等严行治罪，再将留住之人家属严加追比"②。同时还特别规定："从前逗留外洋之人，不准回籍。"③

乾隆五年（1740），荷兰殖民者在爪哇巴达维亚城屠杀华人近万名的消息传来，福建总督策楞又上奏朝廷"请禁止南洋商贩"。在朝廷尚未做出最后决定前，内阁学士方苞致书福建漳浦人蔡新，征询其意见。蔡新即回信表示反对，认为商民的出海贸易"一旦禁止，则以商无赀，以农无产，势将流离失所"④。与此同时，沿海地区的部分官员也上奏提出反对南洋再禁的意见，从而避免了清朝政府对于国内商民出海贸易政策的又一次倒退。乾隆十九年（1754），福建巡抚陈宏谋以海洋信风无常和某些海商在短期内难以在外国结清账目为由，奏请朝廷解除对出洋商民回国的时间限定，得到批准，谕令"凡出洋贸易之人，无论年份远近，概准回

---

① 《鹿州初集》卷三《南洋事宜书》。
② 《朱批谕旨》，第四十六册，第26—27页。
③ 《皇朝政典类纂》卷一一八。
④ 李维钰等修：《漳州府志》卷三三。

籍"①。至此，清朝政府在经历了一个多世纪的政策反复后，对于国内商民的出海贸易政策才基本稳定下来。

在对于海外国家来往的政策方面，清朝政府在顺治四年（1647）占领广东时宣布："南海诸国、暹罗、安南，附近广地，明初皆遣使朝贡，各国有能倾心向化称臣入贡者，朝廷一矢不加，与朝鲜一体优待。贡使往来，悉从正道，直达京师，以示怀柔。"②但清朝政府并不像明朝政府立国之初那样大规模向海外国家派遣使团，去通报自己已入主中原的消息，而仅限于欢迎海外国家单方面的入清朝贡。"外国船非正贡时，无故私来贸易者，该督抚即行阻逐。"③显然，入主中原后所面临的反清势力的挑战，使清朝政府无暇派遣使团主动结交海外国家。不过，这种欢迎海外国家前来朝贡的政策，并未因"海禁"政策的实行而停止。如顺治十三年（1656）荷兰特使杯突高啮（Peter de Goyer）等人来华，被清朝政府准其八年一贡。

康熙二十三年（1684），清朝政府在开放"海禁"后，即把外国来华的朝贡贸易扩大到沿海互市贸易。外国商船在广东、福建、浙江、江南等地港口皆可进行交易。不过，从康熙晚期开始，清朝政府对外国来华船只注重了防范。康熙五十六年（1717）三月，圣祖谕示闽浙总督觉罗满保和两广总督杨琳，"其外国夹板船照旧准来贸易，令地方文武官严加防范"④。雍正二年（1724），清朝政府明确规定来粤海关的外国商船俱泊黄埔港，并只许正商数人与行客交易，其余水手人等，俱在船上等候，不得登岸行走，且限于十一月、十二月两月内，乘风信便利返回本国。⑤到雍正十

---

① 《清高宗纯皇帝实录》卷四七二。
② 《清世祖章皇帝实录》卷三三。
③ 《光绪大清会典事例》卷五一〇。
④ 《清圣祖仁皇帝实录》卷二七一。
⑤ 《清世宗宪皇帝实录》卷二五。

年（1732），清朝政府又从广州城安全防范目的出发，将外国来粤商船停泊港从黄埔迁到澳门，"往来货物即用该澳小船搬运，仍饬沿途营汛往回一体拨桨船护送，炮位军器不得私运来省"①。尤其是到乾隆中期，清朝政府又担心外国商船到江浙一带的贸易会影响海防安全。在临时提高浙海关关税以阻止外国商船入浙的措施失败后，高宗于二十二年（1757）十一月七日又旨令沿海督抚，"晓谕蕃商将来只许在广东收泊交易，不得再赴宁波。如或再来，必令原船返棹至广，不准入浙江海口"②。从此开始了对外国商船来华贸易的限关政策。清朝政府之所以把外国商船的来华贸易限制于广州，除了广州自唐宋以来即成为中国海外贸易中心外，还在于它在地理上靠近东南亚地区，海外交通便捷；广州外围的虎门和黄埔建有系统的海防设施；另外，它距离京畿较远，清朝政府也不易感受到"外夷"的威胁。

限关政策执行后，清朝政府对来粤贸易的外国商船严格加以管理和防范，先后颁布《防范外夷规条》（乾隆二十四年，1759）、《民夷交易章程》（嘉庆十四年，1809）、《查禁鸦片烟条规》（嘉庆二十年，1815）、《查禁官银出洋及私货入口章程》（道光九年，1829）、《查禁纹银偷漏及鸦片分销章程》（道光十年，1830）、《防范夷人章程八条》（道光十一年，1831）、《防夷新规八条》（道光十五年，1835）、《洋人携带鸦片入口治罪专条》（道光十九年，1839）等管理外商来粤贸易章程。综合这些章程，清朝政府管理外国商人来粤贸易的主要措施有：第一，清朝政府于乾隆二十五年（1760）在广州专门设立外洋行和本港行等牙行机构。外洋行专办夷船货税，本港行则专管暹罗朝贡及贸易纳饷之事。凡来粤外商，行商不但要为其做保，而且还要为其承销进口

---

① 王之春：《国朝柔远记》卷四。
② 《清高宗纯皇帝实录》卷五五〇。

货物和代置回程货物，代收代纳进出口关税。另外，凡外商遇事必须赴总督禀告者，亦须将禀词交保商或总商代递。① 第二，严禁外商常驻广州。只有在贸易季节，外商才可进入广州。一旦贸易季节结束，外商即使商务未结，亦必须迁往澳门居住，以便等候下一个贸易季节再进入广州。另外，还禁止"夷人私带蕃妇住馆，及在省乘坐肩舆"②。第三，严禁行商向外商借款。凡行商因贸易事务而拖欠外商银两者，限三月内归还。"若逾斯不偿，许该夷商控追。"③ 若该行商拖欠外债而无力清偿者，则由其他行商分摊赔款。第四，严禁外国护货兵船驶入内洋。"各国货船到时，所带护货兵船，概不许擅入十字门及虎门各海口。如敢违例擅进，经守口员弁报明，即行驱逐，停止贸易。"④ 第五，清朝政府于嘉庆二十年（1815）又规定：凡外国来粤商船，"均须逐船查验，如一船带回鸦片，即将此一船货物全行驳回，不准贸易；若各船皆带有鸦片，亦必将各船货物全行驳回，俱不准其贸易，原船即逐回本国"⑤。

从这一时期海外贸易政策的演变看，清朝政府对于国内商民出海贸易的政策，采取了逐渐放宽的措施；而在对待外国商船来华贸易的政策方面，则表现了日益严格限制和防范的趋势。然而，这并不能说明清朝政府在海外贸易政策上采取了一种保护和支持本国商民的政策。相反，清朝政府所推行的海外贸易政策并不利于本国海外贸易商人。

第一，从海外贸易的管理措施看，清朝政府对于国内商民的限制远甚于对外商的限制。清朝政府对于外商来华贸易的限制，

---

① 梁廷楠：《粤海关志》卷二五。
② 《清代外交史料》，道光朝第四册，第41页。
③ 梁廷楠：《粤海关志》卷二九。
④ 《清代外交史料》，嘉庆朝第三册，第9—10页。
⑤ 《清代外交史料》，嘉庆朝第四册，第29页。

主要偏重于贸易以外活动，如与港口所在地人民以及官员的接触等，而对于贸易本身，除有时间和地点的限制外，并没有根本性的限制。而清朝政府对于国内商民出海贸易的限制，则包括有商船航海能力、载重量、安全防卫能力以及商品经营品种等一系列根本性的限制。由于清朝政府严禁国内商民打造大型出海商船，并对商船式样和材料来源也进行粗暴地干涉，使中国商民在国际贸易竞争中，在造船技术和航海能力上就处于劣势地位。到18世纪后期，中国出海商船的载重量一般在一百二十吨至八百吨之间，平均载重量三百吨左右[1]，而英国商船的平均吨位则在一千吨以上[2]，中西商船在运载能力上首先拉开了距离。同时，清朝政府既不愿亦无力给国内商船出海提供安全保护，并且对其安全保卫措施又采取诸多限制，又使中国海商在海盗抢劫面前而乏力自卫，甚至一些西方商船亦从事抢劫中国商船的活动。他们曾声称，中国商船仅有"轻微的防卫，一只帆船上的小艇都可以毫无困难地对它进行抢劫"[3]。尤其荒谬的是，清朝政府除限制生丝等产品外销外，还限定茶叶的外销途径，必须从江、浙、皖、闽等产区，先陆运或河运至广州，再由广州行商垄断与外商的茶叶贸易，从而使本国出海商人无法利用本国商品资源优势来获取利润，而西方商人却从广州源源不断地将中国茶叶运销亚欧美市场，并大发其财。

第二，从关税待遇上看，中国出海商人的关税负担亦重于外国商人。鸦片战争前的清朝关税，基本上分为货税、船钞以及规

---

[1] 据姚贤镐编《中国近代对外贸易史资料》第一册，中华书局1962年版，第60页。

[2] H. B. Morse, *The Chronicles of the East India Company Trading to China 1635—1834*. Vol. II, Oxford, 1926, pp. 444–449.

[3] 据田汝康《十七至十九世纪中叶中国帆船在东南亚洲》，上海人民出版社1957年版，第10—11页。

礼三种。货税按货物征收，无从比较。而船钞则按船只大小征收。从表面上看，根据康熙三十七年（1698）稳定后的船钞税率，清朝政府对于国内出海商船所征要远低于外商船只（见表5-1）。

表5-1　　　　清朝海关对中外商船所征船钞税比较[①]

商船国别 船舶等级	外国商船			本国商船		
	长宽之积（尺）	实征银两（两）	每尺银两（两）	长宽之积（尺）	实征银两（两）	每尺银两（两）
第一等	180	1,220	6.22	160.6	240.9	1.5
第二等	154	880	5.71	140	182	1.3
第三等	120	480	4	108	118.8	1.1
第四等	80	320	4	80	72	0.9

然而，由于船钞的征收，只根据商船的长宽尺度，而不计算深度。据国内学者研究，当时外国商船的吃水深度一般与宽度相等，而中国商船的吃水深度仅约为宽度的46%。这种长宽尺度和吃水深度的差别，使两者之间的载重量和贸易额相距甚大。以贸易额为例，外国商船平均在15万两左右，而中国商船则只在3万—6万元（合21429—42858两）之间。这样，在征收的船钞所占商船贸易额的比例上，即使一等船，外船只占0.75%，国内商船则在0.6%—1.1%，平均为0.85%，[②] 反而高于国外商船。规礼亦称"陋规"，原是海关人员向进出港商人私自征收的各种费用。粤海关自雍正五年（1727）后，因广东巡抚杨文乾的干预，各种规银被奏报归公，汇并征收。粤海关对外商船只所征收的规银，不分等次，每船统收进口规银1125.96两，出口规银500余两，两者都以九折扣算，分别实征1013两和450两，合计1463

---

① 据陈希育《清朝海关对于民间海外贸易的管理》，见《海交史研究》1988年第1期。

② 同上。

两。道光十年（1830），清朝政府又批准两广总督李鸿宾的奏请，将外船进口规银减去十分之二，实征810余两，加上出口规银，合征1260余两。粤海关对于国内商船出海所征规银不详。但在闽海关，乾隆前期，仅向洋行缴纳专供地方大员采买舶来品的规礼，每艘大船出入口各缴600两，中船各缴500两，次中船各缴400两，小船各缴200两。① 就是说，一艘大船出、入口所缴规银也达到1200两，尚不包括其他的规礼。假如再从规银所占贸易额的比例来考虑，则中国商船的规银负担相当于外商来华船只的数倍。

　　清朝政府对于内商出海和外商来华的政策差别，反映了清朝政府制定这两方面政策用意的不同。清世宗曾说，国内商人"贸易外洋者，多不安分之人。若听其去来任意，伊等全无顾忌，则漂流外国者，必致愈众，嗣后应定一期限，若逾期不回，是其人甘心流于外方，无可悯惜"②。清高宗也曾表示，"国家设立榷关，原以稽查奸宄，巡缉地方，即定额抽征，亦恐逐末过多，藉以遏禁限制"③。显然，清朝政府制定这方面政策的依据出于传统的"抑商"观念。而清朝政府制定管理外商来华贸易政策则不然。清高宗曾明确地说：清朝政府之"所以准通洋船者，特系怀柔远人之黎则然"④。清仁宗也曾说，"外洋船来内地贸易，输纳税课，原因其恪守藩服，用示怀柔，并非利其财货"⑤。正是由于这种"抑商"与"怀柔"的不同，才有内外商海外贸易政策的极大差别。如乾隆二十九年（1764），两广总督苏昌奏请粤省出海商船，"请照外洋夷商之例，准其配带丝斤"，结果被清廷直接予以否定，

---

① 《宫中档乾隆朝奏折》第21辑，第235页。
② 《朱批谕旨》，第四十六册，第26—27页。
③ 梁廷枏：《粤海关志》卷一。
④ 《清高宗纯皇帝实录》卷六四九。
⑤ 梁廷枏：《粤海关志》卷二六。

认为"夷商配带丝斤，系出特恩，非商贩所得援照"①。

清前期海外贸易政策所表现出的"抑商"与"怀柔"的两面性，实质上反映了它的闭关性质。关于清前期海外贸易政策的性质，即是闭关还是开放的问题，史家的认识颇不一致。持闭关观点的学者认为，清朝政府限制本国商民出海贸易，限制外国人的种种条规，限制通商口岸，限制外贸商品的数量和种类，具有鲜明的闭关自守性质。② 持开放论的学者则认为，清朝政府给予外商的一些优惠待遇，而且海外贸易的不断发展，表明它实行了一条开放政策。③ 然而，上述两种判断值得进一步的思考。就前一种判断的缺陷看，外贸开放不等于放任自流，严格限制不意味闭关锁国。就后一种判断的逻辑缺陷看，一方面把对外政策的性质简单地等同于对外商的优惠是否存在、海禁是否执行和海关是否设置等非本质内容；另一方面则模糊了海外贸易发展的客观效果与政策的主观动机之间的区别。追本溯源，两种意见都没有廓清闭关与开放概念的历史内涵。

严格地说，作为一种带有闭关或开放性质的对外政策，只是人类交往活动发展到一定阶段的历史产物。具体地说，它开始于15世纪以后欧洲国家的海外扩张，使人类的交往活动从区域性发展到世界性阶段，从而开始了各地区之间相互联系和相互影响的历史进程，各国家、各民族都面临激烈的国际竞争。从此，一些国家政府通过积极利用外部环境的政策来谋求本国政治经济实力的发展，另一些国家政府则通过消极限制外部环境对国内影响来

---

① 《清高宗纯皇帝实录》卷七四〇。
② 参据戴逸《闭关政策的历史教训》，见《鸦片战争史论文专集》，人民出版社1984年版；傅筑夫《中国古代经济史概论》，中国社会科学出版社1981年版。
③ 参据黄启臣《清代前期海外贸易的发展》，见《历史研究》1984年第4期；张彬村《明清两朝的海外贸易政策：开关自守？》，见《中国海洋发展史论文集》第四集，台北，1991年；陈希育《中国帆船与海外贸易》，厦门大学出版社1991年版，第385页。

维护自身的政治统治。所以，界定这种对外政策性质上的闭关或开放，关键是要考察这个国家政府在本质倾向上是消极还是积极反应于外部环境，即怎样解决外部环境与本国生存和发展之间的关系。

清朝政府的海外贸易政策充分体现了它的闭关性质。首先，从清朝统治者对待海外贸易的基本态度看，虽然他们也感到进口某些外国产品（如大米、铜银金属等）可以有助于民生国计，但在观念上认为中国不需要外国商品，不承认海外贸易有互惠性。清高宗致英王乔治三世的敕谕是这一观念的集中反映："天朝物产丰盈，无所不有，原不藉外夷货物以通有无。"[1] 其次，清朝政府制定海外贸易政策的目的，一方面，在于"怀柔远人"，用"怀柔"来消除"外夷"的可能冲击；另一方面，则是对国内商民出海贸易既成事实的承认，以稳定沿海地区的统治秩序。最后，从清朝政府补充和调整具体的海外贸易管理措施看，他们既认不清急剧变化的海外环境的严重挑战，又不能积极地根据现实利害来采取有效的对策，而是一味地按照自身传统或祖宗定制来做出反应，并消极地用防堵、限制和隔离等措施来处理日益激烈的国际竞争环境。这些措施既不能有效对付西方的扩张和挑战，又束缚了中国商民海外交通事业的发展。

另外，虽然不可简单地根据口岸多少来判定外贸政策的性质，但清朝政府之所以把外国来华贸易严格限定于广州，而不定在外贸商品主要出产地的长江下游地区，其目的就是要尽可能地阻断外商与中国腹地的联系。而且在广州，清朝政府又通过洋行商人的垄断制度，阻断了外商与中国普通商人的贸易联系。因此，清前期这种畸形的外贸港口布局以及广州通商体制本身，又鲜明地体现了清朝政府对外闭关的本质倾向。

---

[1] 《清高宗纯皇帝实录》卷一四三五。

第二节　清前期与亚洲国家的海上交通

　　清前期与亚洲国家的海上交通，民间往来已局限于东亚邻国和东南亚国家，而官方的往来更为衰落，仅有琉球、暹罗和苏禄。

　　琉球与明朝政府曾有密切的海上往来。顺治三年（1646），清军南下福建，朝贡明朝并滞留福建的琉球使节李光耀被转送到北京，受到清廷的礼遇。清朝政府并交其带回一份世祖给琉球国王的敕谕，要求琉球政府切断与明朝残余势力的联系。顺治十年（1653）六月，琉球国中山王世子尚质派来马宗毅等人入京缴送明朝原来颁给的敕印。次年七月，清朝政府决定派遣兵科副理事官张学礼和行人司行人王垓率使团前往琉球赍敕印封尚质为中山王。① 张学礼一行到福建后，因海氛不靖，一直到康熙二年（1663）才得以航海成行。至此，清朝政府与琉球之间正式建立起宗藩关系。根据以往明朝与琉球之间宗藩关系的传统，每遇琉球老王去世和新王登位，清朝政府都要向琉球派遣册封使团。至鸦片战争前夕，清朝政府先后于康熙二年（1663）、康熙二十二年（1683）、康熙五十八年（1719）、乾隆二十一年（1756）、嘉庆五年（1800）、嘉庆十三年（1808）、道光十八年（1838）七次向琉球派遣册封使团，致使有的琉球国王在位期间，并未得到清政府的及时册封。在清朝的册封使团中，还有不少向使团提供册封资助的福建商人。他们随使团前往琉球从事贸易活动，以作为提供海上交通工具的补偿。琉球则定期向清廷朝贡。根据顺治年间的规定，琉球朝贡使团的往来路线，取道福建。清朝政府在福州专门设立柔远馆，作为接待琉球使节的宾馆。其朝贡期限，每两年一次，其朝贡使团规模，初定为150人，康熙二十八年（1689）

---

① 参据《清世祖章皇帝实录》卷七六、卷八五。

又被允许扩大至 200 人。琉球朝贡使团进京人数，限定于正副使等 15 人，其余人员俱留福州柔远馆进行贸易活动。其朝贡使团所带货物，清政府概免征税。清代琉球朝贡贸易的一个显著变化，就是在其所带货物中，除其本土所产的硫黄和土布外，大部分则是海参、鲍鱼等日本产品，这是日本萨摩藩控制了琉球与清朝海上交通的结果。

与琉球相比较，暹罗、苏禄与清朝政府的海上交通则呈现单方面的往来特征。暹罗阿瑜陀耶王朝于顺治九年（1652）遣使来广州"请换给敕印勘合，以便入贡"①。清朝政府遂决定："准暹罗贡使所携货物，愿至京师贸易者，听其自运；其愿在广东贸易者，督抚委官监视。"② 广州便成为暹罗对清廷朝贡贸易的专港。乾隆二十五年（1760），清朝政府在广州专门设立"本港行，专管暹罗贡使及贸易纳饷之事"③。不过清朝政府对于朝贡使团所带货物，概免征关税。其进贡船只，以三艘为限，每艘不许逾百人，入京人员被限定于二十人。但暹罗王朝却将对清廷的朝贡贸易作为国家财政和王室收入的重要来源，不断在常贡外开展加贡活动，造成了清代暹罗对华海上交通的繁荣。清朝政府也一直将暹罗视为自己在海外的藩属，待遇宽厚。然而，对于暹罗王室的请封要求，清朝政府却一直没有向其派遣册封使团，而是将册封诰文和赐印交由暹罗贡使带回。清廷对南洋国家海外交通的态度，与明朝相较已大相径庭。

苏禄与清朝政府的直接交通开始于雍正四年（1726）。对于苏禄方面的主动朝贡，清世宗反应甚为积极，即旨令闽省官员，"苏禄国远在海外，隔越重洋，从来未通职贡，今输诚向化，甚属可

---

① 《清世祖章皇帝实录》卷七〇。
② 《皇朝政典类纂》卷二七。
③ 梁廷枏：《粤海关志》卷二五。

嘉。闽省起送来京之时，着沿途地方官护送照看，应用夫马、食物、着从厚支给，以示朕加惠远人之至意"①。清朝政府也专门做出规定，苏禄国五年一贡，贡道由福建。但苏禄国却往往突破清廷的这种朝贡交通限制。在雍正四年（1726）至乾隆二十七年（1762）的三十余年间，来清朝的苏禄朝贡使团竟达十一个之多。苏禄使团频频而至的原因，一方面在于这种朝贡贸易获利甚厚，正如1762年英国东印度公司职员亚历山大·达尔普林所指出的，苏禄"苏丹邦提兰不止一次地派遣使臣前往北京，确切地说，这是一种商业上的投机生意。因为，中国皇帝将使臣们带来的这些礼物视作藩臣进奉的贡品，所以也就非常慷慨地回赠礼物。邦提兰发觉这是一种有利可图的贸易。他的使臣们总是坐中国的帆船前往厦门"②。另一方面，福建海商与苏禄的海上交通也为苏禄政府发展对清朝的朝贡贸易提供了交通工具条件。浙闽总督杨廷璋曾在奏折中说："苏禄国蕃人因船只最小，不能驾赴天朝，从前凡来进贡，但系附搭内地船只前来。"③ 甚至福建海商和华侨还担任苏禄朝贡使节。对此，清朝政府于乾隆十九年（1754）专门通告福建官员，"知照该国王，嗣后凡内地在洋贸易之人，不得令承充正副使"④。这种禁令，使苏禄自乾隆二十八年（1763）后停止了对清廷的朝贡，而是派员随福建海商到厦门就港贸易。当时苏禄输入清廷的朝贡货物，除珍珠、玳瑁、燕窝、海参、螺乾、槟榔外，还包括该国手工业品如描金花布、苏山竹布、笼头花刀、夹花标枪等。而清廷赏赐的货物，则为各种绸缎、各色棉布、玉器和贵细瓷器。

---

① 《清世宗宪皇帝实录》卷四九。
② 转引自钱江《清代中国与苏禄的贸易》，《海交史研究》1988年第2期。
③ 中国第一历史档案馆：军机处录副奏折，第一二六一卷，第一二号，《乾隆二十五年十月二十一日浙闽总督杨廷璋奏折》。
④ 《清高宗纯皇帝实录》卷四五七。

清前期中国商民与亚洲国家的海上交通，先后经历了两个阶段。从清兵入关到康熙二十二年（1683）的四十年间，为东南沿海海上反清势力控制中国商民的海外交通阶段；自康熙二十三年（1684）清朝政府开放"海禁"后，为清朝政府控制中国商民海外交通阶段。

清军入关之际，中国的海外交通为掌握东南沿海地区制海权的郑芝龙势力所控制。顺治三年（1646），郑芝龙降清后，尽管清朝政府明确宣布允许商贾航海到海外市铜，当时中国海外交通的主要基地却依然在反清势力的控制之下，如拥奉鲁王抗清的黄斌卿、周崔芝集团掌握有浙江舟山，拥奉鲁王的另一势力集团郑彩则控制了金门和厦门两岛，清朝政府的航海市铜令并未获得显著效果。顺治七年（1650），原曾占据安平和南澳的郑芝龙子郑成功以武力并吞了郑彩，又以厦门和金门为基地，在沿海地区不断袭击清军，迫使清朝政府全面禁海。沿海商民却在郑成功势力和其他清朝沿海权贵势力的支持和掩护下，不断私通海外，贩运贸易。清圣祖曾经承认："向虽严海禁，其私自贸易者何尝断绝。"[①] 而郑成功集团更将海外通商作为解决抗清运饷的重要财源。清人郁永和曾指出："我朝严禁通洋，片板不得入海，而商贾垄断，厚赂守口官兵，潜通郑氏，于是海洋之利，惟郑氏操之，财用益饶。"[②] 可以说，郑成功若没有从事海外贸易，便很难维持长期的抗清斗争。

日本是这一阶段中国商民海外贸易的主要国家。1635 年，日本的江户幕府规定将长崎作为对外贸易的唯一港口，并只许中国和荷兰商船前往贸易。据统计，在顺治元年（1644）至康熙二十二年（1683）的四十年间，前往长崎的中国商船共有 1584 艘，其

[①] 《清圣祖仁皇帝实录》卷一百十六。
[②] 郁永河：《海上纪略》，裨海纪游汇刊本。

中最少年份是康熙二十年（1681），为九艘；最高年份为顺治二年（1645），达76艘；平均每年有39.6艘的中国商船航赴长崎。① 从这一阶段中国商船的出航地点看，多数来自于福建和台湾。据一位学者的考察，1644—1662年间，由福建起航的船只约占赴长崎的中国商船的70%上下。② 其中，大部分又由郑成功直接经营。据一位研究者的估计，郑成功每年对日贸易总额，约达白银216万两；其利润额，每年约有白银141万两。③ 另外，雄踞广东三十年的清朝平南王尚可喜父子，每年也派遣商船到长崎贸易；坐镇福建的清朝靖南王耿精忠，在康熙十三年（1674）公开叛清后，也迅速派船赴日贸易，并通知海商可来福州采购货物。④ 一些迫于生活的小本商人，甚至也参加了官商的对日走私贸易，如顺治十八年（1661）前往日本的一条商船，就搭载有32名小商人，其货物值，多者不过千两，少者只有几十两。他们分别来自福建、浙江、广东等省。⑤ 从当时中日贸易的商品看，生丝是中国商船输往日本最重要的商品，年平均输入量达十几万斤。加上丝织品，约占中国商船贸易额的十分之七。此外，从中国输往日本的商品还有砂糖、药材、矿产品、皮革、染料、书籍、文具、工艺品等。而中国海商从日本运回最多的是白银。在1648—1672年的二十五年间，中国商船从日本输入的白银约占从日本输入额的61%。另外，黄金占9%，货物占30%。这些货物主要包括军需物资（如乌铳、

---

① 参据［日］岩生成一《近世日中贸易数量的考察》，《史学杂志》第六二编第一一号；［日］木宫泰彦《日中文化交流史》第五编第四章、第五章。
② 据魏能涛《明清时期中日长崎商船贸易》，《中国史研究》1986年第2期。
③ 参据杨彦杰《一六五〇至一六六二年郑成功海外贸易的贸易额和利润额估算》，《福建论坛》1982年第4期。
④ 参据林春斋《华夷变态》卷二、卷四、卷五、卷七。
⑤ 据陈高华、吴泰、郭松义《海上丝绸之路》第五章第一节，海洋出版社1991年版。

腰刀、盔甲、硝铅）和俵物（如海参、乾鲍鱼、鱼翅等）。① 中国在这一阶段处于贸易的出超地位。

这一阶段的中日海上交通并不限于中国商船的赴日贸易，郑氏反清势力曾先后十余次派人往日本寻求军事援助。这种向日本乞师求援活动开始于郑芝龙部下崔芝。顺治二年（1645）十二月，崔芝派参将林高来到日本，请求借兵三千人，被德川幕府以"事属仓促"而婉拒。顺治三年（1646）八月，郑芝龙又派人前往日本借师三千人，坚甲二百领，但不久郑芝龙就投降清朝，德川幕府又以援兵已无济于事而拒绝。顺治四年（1647）间，又有南明唐王在舟山的旧部黄斌卿、周鹤芝三次派人赴日本求兵，均不得要领。郑芝龙降清后，其子郑成功继续抗清，也在顺治五年（1648）、顺治八年（1651）、顺治十五年（1658）、顺治十七年（1660）四次派人赴日本求兵求援，除得到日本方面给予的一些军事物资援助外，仍未请来日本援兵。郑经也曾于康熙六年（1667）派使节到日本求援，未获结果。另外拥戴鲁王的郑彩、黄宗羲、俞图南、朱舜水等人也曾委派他人或直接赴日本求援，皆未如愿。② 东南沿海地区反清势力之所以一再派赴人赴日本求援，一方面，是因为他们多是海外贸易走私商人出身，常常往来于日本，与日本军政阶层交往密切。另一方面，他们认为，"日本大国，人皆尚义，人皆勇，人皆训弓刃，人皆惯习舟楫"③，有援助能力。而日本德川幕府之所以没有派兵应援，并不是德川幕府完全泯没了以前丰臣秀吉侵略中国的计划，而是遭到一些与中国和朝鲜关系密切的藩侯的坚决反对。德川幕府在慎重考虑之后，也感到自身缺乏足够的军事和经济力量能向拥有强大武装力

---

① 据魏能涛《明清时期中日长崎商船贸易》，《中国史研究》1986 年第 2 期。
② 据［日］木宫泰彦《日中文化交流史》第五编第四章、第五章。
③ 林春斋：《华夷变态》卷一。

量的新兴的清王朝挑战。

　　清朝海禁期间，还有不少中国商船前往邻国朝鲜。其中，有赴日本贸易而路途遇风漂浮到朝鲜沿海者，有专门前往朝鲜贸易者。如康熙十二年（1673）就有中国商船停泊朝鲜富平境内，贩卖浙江砂器，以此收买朝鲜笠帽。① 朝鲜李朝政府对于入境的中国商民的态度，前后表现不一。顺治时期（1644—1661），李朝政府对于所捕获的中国商民，往往主动解送清朝。康熙六年（1667）六月，一艘遇风损坏的中国商船漂浮到朝鲜济州岛境内，被救的95人全来自福建，俱不剃发。李朝政府内即围绕是否将这批中国走私贸易商民押送清朝展开长时间争论。一种意见认为，将这批明朝遗民押送清朝，必然被清朝政府处以极刑。因此，押送他们有负明朝恩义。另一种意见则认为，一旦将明朝遗民放还而走漏风声，于国不利。十月，朝鲜显宗从防止后患立场出发，决定将这批漂流民押送清朝，但同时还指示沿海官员："此后漂到者，其船若完，则使其还送；其船已破，则留置其地可也。"② 康熙十一年（1672）五月，济州岛又有漂流的中国商民65人，济州牧使卢锭即秘密地将这批漂流商民送往日本长崎。③ 尤其在清朝发生"三藩之乱"后，李朝政府更明确地决定，对于入境的中国走私商民，"则不必执捉，使之任归。既捉汉人，则不可入送北京。若其破船，则其人处置极难，若给船则恐或漏泄于彼中，又不忍送于北京，惟故失一船，容彼窃去，佯若不知可也"④。但"三藩之乱"被平定后，李朝政府又转变了对中国商民的态度。康熙二十年

---

　　① 据吴晗《朝鲜李朝实录中的中国史料》第十册，中华书局1980年版，第4017页。

　　② 吴晗：《朝鲜李朝实录中的中国史料》第九册，中华书局1980年版，第3952页。

　　③ 同上书，第3968页。

　　④ 吴晗：《朝鲜李朝实录中的中国史料》第十册，第4026—4027页。

（1681）八月，朝鲜又将中国漂流商民高子英等 26 人押交清朝。[①] 李朝政府对于中国商民的这种畏清押解措施，严重抑制了中国商民对朝鲜的海上私运贸易。

1644—1683 年，中国商船赴东南亚地区的贸易，明显不及中日之间的海上贸易。据菲律宾学者基亚松（Serafin D. Quiason）统计，这阶段中国商船赴马尼拉的贸易呈衰退趋势。在明末的 1631—1640 年的十年间，赴马尼拉的中国商船曾达到 325 艘；而到 1641—1650 年，则下降到 162 艘；1651—1660 年，又下降到 68 艘；1661—1670 年，继续下降到 57 艘；1671—1680 年，再降至 49 艘。直到 1681—1690 年，才开始回升列 89 艘。[②] 关于中国商船在东南亚其他地区的情况，缺乏具体的数据。但据《巴城日记》记载，自 1644 年以后，每年都只有一两只中国商船开往巴达维亚。到 1655 年以后，每年才增加到十艘左右。[③] 这阶段中国商船活动地区，还包括东京（今越南北部）、广南（今越南中部）、柬埔寨、暹罗、北大年、柔佛等地。一般说来，大约平均每年有二十余艘中国商船前往东南亚进行贸易往来，其中大部分仍为郑成功及其部属所经营。从当时中国商船的贸易商品看，仍是以中国的生丝、陶瓷、茶叶等特产的输出和东南亚地区的香料等产品的输入。这一阶段还有不少中国商船从东南亚直接回航日本，开始进行中国、东南亚和日本之间的三角贸易，即把东南亚的香料等商品转运至日本，从日本再运回银铜黄金、军需物资和俵物，然后再从国内运输生丝、茶叶和陶瓷等商品往东南亚，进行新一轮贸易。尽管如此，清初四十年间，中国商船对东南亚地区的贸易仍不及对日本的贸易。其直接原因，还是由于对日本贸易的利润，

---

① 吴晗：《朝鲜李朝实录中的中国史料》第十册，第 4075 页。
② 据陈希育《清代中国与东南亚的帆船贸易》，《南洋问题研究》1990 年第 4 期。
③ 引据温广益等《印度尼西亚华侨史》，海洋出版社 1985 年版，第 85、87 页。

远远高于对东南亚贸易的利润。据研究,当时中国商船对日本贸易的利润率,在200%以上;而对东南亚贸易的利润率,则只在100%左右。[①] 而造成这种利润率极大差异的因素,除市场需求不同的原因外,也是与两地政治环境相关的。在日本,德川幕府除禁止日本本国商船出海外,又于1639年规定,禁止葡萄牙船只来日,只允许中国和荷兰商船进入长崎从事贸易活动。同时,德川幕府还应中国商人的要求,采取措施保护中国商船不受荷兰人的抢劫,从而有利于中国商船对日本的海上交通。而在东南亚地区,已基本上为西方殖民者所控制。西方殖民者不但在当地进行垄断贸易,而且还常常武装抢劫中国商船,从而不利于中国商人的贸易竞争。

清初"海禁"时期,国内不少人还搭乘商船移居东南亚和日本。一般说来,这时期移居到东南亚的侨民,多是在国内饱尝战乱和迁界之苦的沿海劳动人民,出于生活压力而偷渡出洋。但也有少部分政治移民,如郑成功部将杨彦迪、黄进、陈上川、陈安平等人率兵三千余人于康熙十八年(1679)乘船五十余艘移居到越南南方,"自陈以明国逋臣,义不事清,故来"[②]。还有不少商民和反清人士,为避变乱和屠杀而移居到日本。随着流离到海外的中国人的增多,这一阶段在日本和东南亚地区形成不少华侨居留地,如在日本的长崎,德川幕府于1688年专门设立唐人街;在越南南圻,暹罗的大城、洛坤、宋卡、北大年,荷属巴达维亚、万丹,菲律宾的马尼拉及其周围、宿务、三宝颜、和乐城等地,都形成了一些华人社区。这些华人社区不仅是华侨保持民族特性的特殊社会,而且在客观上也促进了中国文化对海外国家的传播。

---

① 据韩振华《一六五〇至一六六二年郑成功时代的海外贸易和海外贸易商的性质》,《厦门大学学报》1962年第1期。

② 《大南实录》前编,卷五。

康熙二十二年（1683），清朝统一台湾。次年，清朝政府即开放"海禁"，长期被压抑禁锢的中国商船的出海从事贸易活动，迅即出现大量增加的局面。在对日本贸易方面，康熙二十三年（1684）还只有 24 艘中国商船进入长崎，到康熙二十四年（1685）即增至 85 艘，康熙二十五年（1686）又跃升到 102 艘，康熙二十六年（1687）又达到 115 艘，康熙二十七年（1688）则猛增至 193 艘，该年随商船进入长崎的中国商民也高达 9128 人次。[①] 在对马尼拉的贸易方面，康熙二十三年到达该港的中国商船还只有 5 艘，康熙二十四年则增加到 17 艘，康熙二十五年又上升到 27 艘。至康熙五十五年（1716）的三十余年间，中国商船每年平均有 17.7 艘进入该港贸易。其中，康熙四十八年曾达到 43 艘的规模。[②] 在对巴达维亚的贸易方面，自开禁至 1740 年的五十余年间，中国商船进入该港也逐渐增多。康熙二十五年即达到十艘，1691—1700 年每年平均达 11.5 艘，1701—1710 年每年平均有 11 艘，1711—1720 年每年平均为 13.6 艘，1721—1730 年每年平均为 16.4 艘，1731—1740 年每年平均有 17.7 艘。[③] 另外，每年前往暹罗的中国商船也有十余艘，前往广南的中国商船则从开禁初的每年六七艘规模上升到 18 世纪初的十六七艘，到 1740 年又达到 80 艘的规模。[④] 一时间，中国商船辐辏海外，帆樯林立，不断地运去日本以及东南亚各国所需的生丝、丝织品、茶叶、瓷器、土布、食糖、中药材等中国土特产品，并从这些国家和地区运回香料、大米、洋铜等农产品和手工业产品。

清朝政府允许商民出海贸易，客观上也有利于东南沿海地区

[①] 据大庭修《江户时代的日中秘闻》，东方书店 1980 年版，第 30、241 页。
[②] 李金明：《清康熙时期中国与东南亚的海上贸易》，《南洋问题研究》1990 年第 2 期。
[③] 据陈希育《清代中国与东南亚的帆船贸易》，《南洋问题研究》1990 年第 4 期。
[④] 同上。

的社会经济的恢复和发展。如广东澄海，"自展复以来……象犀金玉与夫锦绣锦皮币之属，千艘万舶悉由澄分达诸邑……高牙错处，民物滋丰，握算持筹，居奇屯积，为海隅一大都会"①。福建龙溪，"大商巨贾，握算持筹，以外洋为亶壑，危樯高舰，出没驶风激浪中。脂腻所归，无所畏苦。而洒削卖浆者流来自外郡，刀锥之末，亦足自豪"②。在浙江，"自康熙二十三年台湾既入版图，海氛尽殄，乃差巡海大人弛各处海禁，通市贸易"，从此，"江海风清，梯航云集，从未有如斯之盛者也"。③ 海外交通的开放也促进了中国南方和北方沿海地区的经济联系。清人谢占士说："自康熙年间大开海运，始有商贾经过登州海面，直趋天津、奉天，万商辐辏之盛，亘古未有。"④ 另外，海外交通的开放也导致东南沿海地区农业生产的外向型经济成分的出现。如海南岛"诸州县亦皆以槟榔为业，岁售于东西两粤者十之三，于交趾、扶南十之七"⑤。广东番禺、东莞、增城、阳春等地，由于蔗糖"售于东西二洋"的缘故，"蔗田几与禾田等矣"⑥。在台湾地区，一些人亦专门"植蔗为糖，岁产二三十万，商舶购之，以贸日本、吕宋诸国"⑦。

在中国商船与亚洲国家的海上交通方面，开海后还呈现明显的区域对应性特征。在中日海上交通方面，江浙商船逐渐取代福建商船，处于垄断地位。如康熙三十九年（1700），进入长崎的福建商船只占7.5%，而来自江苏和浙江的商船则分别占41.5%和30.4%，其他地区占17%。⑧ 中日海上交通的这种变化，则是由于

---

① 李书吉等纂修：《澄海县志》卷八。
② 吴宜燮修：《龙溪县志》卷十。
③ 李卫等修：《浙江通志》卷八六。
④ 贺长龄等编：《皇朝经世文编》卷四八《海运提要序》。
⑤ 屈大均：《广东新语》卷二五、卷二七，中华书局1985年版。
⑥ 同上。
⑦ 郁永河：《采硫日记》卷下，丛书集成本。
⑧ 据魏能涛《明清时期中日长崎商船贸易》，《中国史研究》1986年第2期。

输入日本的中国商品，如生丝及丝织品，主要来自江浙地区。同时从江浙出海航赴日本，更有距离上的优势。而在中国商船与东南亚的海上交通方面，闽粤船只又占尽地理优势。清代有一种说法："走暹罗为广西洋，走吕宋为建西洋。"① 就是说，到中南半岛港口贸易以广东商船居多，到菲律宾群岛贸易以福建商船为主。

然而，与宋元时期相比，清朝前期中国商船的海外交通空间已经十分有限，除日本和东南亚地区外，中国商船已停止了对印度洋地区的航行，中断了与南亚、西亚和东非地区的海上交通。而且，即使在日本和东南亚等近邻地区，自18世纪中期以后，中国商船在上述地区的海外交通地位也不断遭到削弱。在对日本的海上贸易态度上，清朝政府鉴于日本条铜可以补充国内铸币原料不足，曾制定了一些鼓励商民航海日本采买洋铜的措施。但德川幕府从1689年起开始对中国商船进入日本数量进行限制，规定限额为每年70艘。1715年，德川幕府又担心用来补偿中国商船贸易的金银铜等资源枯竭，将每年限额降为30艘；1734年限额又降到29艘；1736年规定为25艘；1739年又改定为20艘；到1742年限额竟定为10艘。尽管如此限定，但中国商船在1791—1839年航赴日本的年平均数，只有9.1艘，未达到十艘的规模。② 中国商船航赴日本数量急剧减少的一个重要原因，是因为18世纪后，日本蚕丝和纺织业有了长足进步，制糖业也开始发展，迅速改变了它在贸易中的入超地位。而中国海商却再也拿不出可与日铜相匹敌的商品，除向日本输出一些药材、染料、颜料、矿物资、皮革等外，从1782年起，中国商船开始运载金银赴日本采购铜和俵物，贸易地位发生逆转。在与东南亚贸易方面，到18世纪中期，中国商船也显著减少。在马尼拉港，1731—1740年抵达的中国商船年

---

① 叶羌镛：《吕宋纪略》，小方壶斋本。
② 据［日］木宫泰彦《日中文化交流史》第五编第四章、第五章。

平均数为15.2艘，1740—1750年则下降到11.6艘，到19世纪初仅有每年十艘左右的规模。在巴达维亚港，18世纪40年代中国商船进港的年平均数已从30年代的17.7艘下降到10.9艘。[①] 此后一直下降，到19世纪20年代则只有七艘左右。另外，在19世纪20年代中国商船往苏禄贸易的每年有三四艘，到达加里曼丹岛的有13艘左右，到达苏拉威西及其附近岛屿的大约有两艘，到苏门答腊岛十艘左右，到马来半岛东岸六艘左右，到达新加坡的八艘左右。进入19世纪30年代后，中国商船前往新加坡进行贸易活动的却有增加，每年达到18艘左右。但据当时西方人的观察，这是由于中国商船受新加坡自由港优惠条件吸引而对印尼诸岛急剧减少的结果。[②] 中国商船对东南亚各岛屿贸易的减少，除了清朝政府对于本国海商政策的自我摧残因素外，西方殖民主义势力对中国商民的排挤、打击和迫害则是重要的原因。荷兰殖民者不仅在1740年于巴达维亚制造了屠杀万名华人的"红溪惨案"，而且对进港的中国商船课以重税，并限制中国商船到加里曼丹岛、香料群岛、苏门答腊、马六甲以及马来半岛的贸易。西班牙殖民者亦于1755年在马尼拉大量驱逐华侨，并在1762—1764年，对华侨进行第五次大屠杀。英国东印度公司趁机向马尼拉大量输入中国和印度商品，从而在海运贸易上又占夺了中国海商的传统市场。

  比较令人注目的是，19世纪20年代，在尚未被西方殖民者占领的越南和暹罗等中南半岛海域，中国商船仍然活跃。据记载，每年往来于中国与暹罗之间的商船近141艘，往来于中国与柬埔寨之间的商船9艘，往来于中国与越南之间的商船有80余艘。[③] 不过，在这些商船中，不少则是由东南亚华侨所经营。尤其是暹

---

  ① 参据陈希育《清代中国与东南亚的帆船贸易》；田汝康《十七至十九世纪中叶中国帆船在东南亚洲》，第35页。
  ② 据姚贤镐编《中国近代对外贸易史资料》第一册，第59、69页。
  ③ 同上。

罗华侨，这时已基本独占了中暹海运贸易。而由国内出航到暹罗的商船，每年只有九艘左右。航行于中越之间的商船，亦是以小型的海南船为主，其进行的属近海的轻舟贸易。显然，中国与亚洲国家之间的海上交通已经衰落。

第三节　清前期与西方国家的海上交通

　　清朝前期，中国与西方国家海上交通的一个显著特征是：只有西方国家的来华贸易和交通，却没有中国方面对西方国家的主动交往。这时期西方国家商船的来华贸易先后经历三个阶段："海禁"和"迁界"阶段，多口贸易阶段，广州一口贸易阶段。

　　清朝政府与西方国家的海上接触是从西班牙开始的。顺治三年（1646），清军入闽，遇西班牙的菲律宾殖民政府使节，顺治四年（1647），清世祖即令其回国持敕谕招谕该国王，[1] 但此后并未得到明确回应。清军平定广东后，两广总督佟养甲疏请准许澳门葡萄牙人到广州贸易，被朝廷所否，最后仍按明朝崇祯十三年（1640）旧例，禁止葡人入广州，"止令商人载货下澳贸易"[2]。顺治十二年（1655），清朝政府开始禁止内地商民的入澳门贸易，实施"海禁"措施。不久，清朝政府又对沿海地区人民实行"迁界"，但澳门的葡萄牙人却借坐镇广东的清朝平南王尚可喜之力，免于内迁。尚氏并据此进行对日本和东南亚的走私贸易。[3] 然而，澳门的葡萄牙人却极力争取与清朝政府之间的合法贸易，派人将澳门的穷困情形报告于葡萄牙印度总督。该总督即以葡王阿方索六世（Afonso Ⅵ）的名义，派遣撒尔达聂（Manoelde Saldanha）

---

[1]　参据《清世祖章皇帝实录》卷三二。
[2]　《清世祖章皇帝实录》卷三三。
[3]　参据郑德华《清初迁海时期澳门考略》，见《学术研究》1988 年第 4 期。

来华向清朝政府交涉。撒氏于康熙九年（1670）六月抵京。清廷除对其"从优赍赏"外，并未开放内地与澳门间的贸易。康熙十七年（1678）八月，又有葡萄牙使节本多白垒拉（Pinto Pereir）来京，诉澳门葡人"禁海困苦，赴部呈控"，但仍未如愿。①

荷兰殖民主义者早在明末就来到中国沿海并且占据了台湾。清初，他们以台湾为贸易基地，一方面与占据东南沿海的郑成功抗清势力进行贸易活动，换取中国的生丝、丝绸、瓷器、砂糖等货物；另一方面则将这些货物转运至日本、印度尼西亚、印度、波斯以及欧洲销售。为了取得中国货物，他们还常常从事海盗活动，肆意抢劫中国商船，甚至还掳掠中国水手和旅客为奴。此种罪恶行径曾引起郑成功的极大愤慨。1655年，郑成功"刻示传令各港澳并东西夷国州府，不准到台湾通商。由是禁绝两年，船只不通"②。于是，荷兰人又将通商目标转向清朝方面。

早在顺治十年（1653），就有荷兰使节华痕那（Zachrias Waggenaar）至广州，要求通商，被广东巡抚所拒绝。1655年，荷兰又派遣杯突·高啮惹（Peter de Goyer）等人来华谋求通商，最后清廷准其"八年一次来朝，员役不过百人，止令二十人到京。所携货物，在馆交易，不得于广东海上私自货卖"③。在与清朝直接于沿海通商的努力失败后，荷兰人再次转向郑成功以谋求贸易。1657年6月，"台高红夷酋长揆一（Von Coyett），遣通事何斌送外国宝物来求通商，愿年输饷五千两，箭杯十万枝，硫黄一千担，（郑成功）许之"④。但荷兰人在获准通商后又继续对中国商船进行海盗抢劫活动。1660年，郑成功再次禁止中国商人与台湾的荷兰人贸易。1661年，郑成功决定用武力驱逐台湾的荷兰人，以避

---

① 参据《清圣祖仁皇帝实录》卷三三；《清朝文献通考》卷二九八。
② 杨英：《从征实录》，中央研究院历史语言研究所影印本，第87页。
③ 《清世祖章皇帝实录》卷一〇三。
④ 阮旻锡：《海上见闻录定本》卷一，福建人民出版社1982年版。

免自己在金厦海岛两面受敌。四月，郑军自金门出发，出其不意地从鹿耳门登陆，紧紧困围住荷军。在从巴达维亚方面荷兰援军被击退后，窃据台湾的荷兰人只好于1662年2月向郑成功投降，退出占领近四十年的台湾。

然而，荷兰殖民者对于失去台湾并不甘心。同年八月，就有一支波特（Bethasar Bort）率领的荷兰舰队，进抵福州五虎门，向驻地清军将领声称，"前来协助大清国征剿郑逆"，并在信中强调要以准许其在中国自由贸易和恢复其对台湾占领为条件。① 此时，福建地方官正在筹议招抚台湾郑经，对此建议未予明确答复。次年七月，波特又率领一支由16只战舰组成的舰队来到福建沿海。由于招抚郑经的计划已告失败，福建官员接受了荷兰人的建议，双方联合进攻金门和厦门的郑军。但清朝方面不肯助荷攻台，荷兰人联清攻郑重占台湾的计划落空。同时，清朝政府对于荷兰人在闽粤沿海通商的要求，也多次明确拒绝。

郑成功在收复台湾后，加强了与荷兰以外的西方国家的海上往来。首先，他主动派遣其幕客天主教神父利西科（F. V. Ricico）赴吕宋送给西班牙菲岛总督一封檄文。内称："你小国与荷夷无别，凌迫我商船，开争乱之基。予今平定台湾，拥精兵数十万，战舰数千艘，原拟率师亲伐，惟念你等迩来稍有悔意，遣使前来乞商贸易条款，是则较之荷夷已不可等视，决意始赦尔等之罪，暂留师台湾，先遣神父奉致宣谕。倘尔及早醒悟，每年俯首来朝纳贡，则交由神父覆命，予当示恩于尔，赦你旧罚，保你王位威严，并命我商民至尔邦贸易。"② 不久，西班牙菲岛总督与郑经达成和约，开始了台湾与菲律宾之间的海上贸易。其次，英国东印

---

① 中国第一历史档案馆：《满文秘本档》，第一八七号，《兵部尚书明安达礼题本》。
② 转引自林金枝、韩振华《读郑成功致菲律宾总督书》，见《南洋问题》1982年第3期。

度公司也派遣小尾帆船和单桅帆船赴台湾进行贸易试探，并于1670年达成通商协议，郑氏对英船的进口货物征收3%的关税，出口货物免征。次年，该公司正式在台湾设立商馆。郑经从清朝手中夺回厦门后，英国又于1676年在厦门设立商馆，并将此馆作为它在华的总商馆，直接从伦敦派船前来厦门进行贸易活动，这是英国人在中国大陆立足的开始。

1684年，清朝政府解除"海禁"并设置粤、闽、浙、江四海关，西方国家商船也因贸易开放而纷至沓来，清朝前期中国与西方国家之间的贸易由此进入多口贸易阶段。在这一阶段，除以前已与中国开始海上交通的葡萄牙、西班牙、荷兰、英国等国外，法国、奥地利、丹麦、瑞典、普鲁士等西方国家也派遣商船参加对华贸易。

葡萄牙人所垄断的澳门贸易在清朝开放外国商船来华贸易后愈益衰落。本来，葡萄牙人为了自己对澳门贸易的独占地位，曾贿求广东地方官员禁止其他西方商船到澳门停泊。不料此举却弄巧成拙，其他西方国家商船被应允驻泊虎门口，后又改泊黄埔港，使澳门贸易更为不利。1685年，澳门葡人拥有出海商船十艘；到1704年，则仅有两艘。直到1718年南洋禁航令颁行时，清朝政府"以澳夷及红毛诸国，非华商可比，听其自往吕宋、噶喇吧"① 贸易。使澳门葡人一度独占贩洋之利，其商船曾增至25艘，往来于澳门至马尼拉、巴达维亚、印度、巴西等处。但在清朝政府解除南洋禁航令后，澳门葡人的海外贸易又复衰颓。1727年，葡萄牙国王特使麦德乐（Alexander Metello）赴京，试图求助清朝政府以挽救澳门地位，但毫无效果。1749年，清朝政府鉴于葡人在澳门杀害华人后拒不按内地律例处置，遂订澳门善后事宜十二条，加强了对澳门的管理。葡人认为此条例有碍其在澳门特权，再次派

---

① 印光任、张汝霖：《澳门记略》卷上。

员来清交涉，却未能如愿。西班牙人在这一阶段也间或派船从马尼拉进入澳门，或入广州，或入厦门进行贸易活动，以满足其开展的从马尼拉到拉丁美洲之间"大帆船贸易"对于中国商品的需要。

荷兰在清朝政府开放"海禁"不久就有使团来华。根据荷兰人所请，清朝政府准许其贡道从广东改由福建，并将朝贡期限从八年放宽至五年一贡。鉴于自身资本的不足和厦门的外贸商品的缺乏以及诸多贸易限制，荷兰东印度公司于1689年决定放弃到厦门的直接贸易，而专门依靠中国商船到巴达维亚的贸易来提供其经营欧亚贸易的货源。但南洋禁航令时，他们的货源渠道受阻，又开始从巴达维亚发船来广州直接采购中国商品。1729年，荷兰东印度公司决定直接从阿姆斯特丹派船来广州贸易，并在广州建立商馆。从此，荷兰每年有三四艘商船或从本土或巴达维亚前来广州从事贸易活动，将中国的茶叶、陶瓷等商品贩运欧洲销售。

英国商人则在这一阶段利用清朝政府开放多处口岸机会进行贸易比较。早在1682年10月，英国东印度公司董事会就明确指示其商船设法进抵广州并建立商馆，如果失败，则可以在福州、厦门或台湾等处试探。果然，对广东的贸易一直受到葡萄牙人的作梗，英国商船只好北上福建。1684—1688年的五年间，先后有13艘英国商船抵达厦门从事贸易活动。但他们在1689年发现，在厦门的贸易活动虽然很顺利，但丝绸质量不高，不若到宁波交易。然而，航抵宁波的行动，直到1700年才由"麦克尔斯菲尔德"号（Maccklesfield）和"伊顿"（Eatot）号所实现。在1701—1710年的十年间，又先后有12艘英国商船航赴宁波。1700年，英国东印度公司还派遣卡奇普尔（Allen Catchpool）为首任驻华商务监督，监督公署设于浙江定海，同时英王又任命他为驻华总领事。公司董事会指示他尽力寻找直接与南京贸易的机会，并且找到一个能输入英国毛织工业品的口岸。但是，卡奇普尔到定海考察后认为，浙海关关政腐败，勒索严重。所以，就贸易来说，广州比厦门好，而这两口都比舟山（宁波）合适。从 1711 年后，英船则很少来宁波而改往广州。英船直接到广州贸易开始于 1699 年。从 1704 年后，英船驶入广州的数量已多于驶往厦门和宁波的数量。1715 年，英国各商船的船货管理员在广州联合组成监理会（Council of Supercargoes），以统筹处理英国东印度公司的对华贸易具体事务。据不完全统计，在 1704—1753 年的五十年间，赴广州的英国商船达 160 余艘。[①] 1753 年，英国方面认为粤海关规礼甚重，关政腐败，决定重新采取北航宁波贸易的办法，以便接近丝茶原产地而降低贸易成本。1755—1757 年，不断有英国商船前来宁波。但清朝政府却担心宁波会变成粤省之澳门，影响海防，遂在 1757 年十二月正式决定禁止西方商船北上，只许到广州从事贸易活动。而英国东印度公司则不甘屈就，决定派员到北京状告粤海关。1759 年六月，英国驻广州商馆通事洪任辉（James Flint）受命乘"成功"号（Success）北上。在浙江海面遭清军拦截后，洪任辉留下一封汉文呈词，又瞒过清军直航大沽。在天津，他再次呈词状告粤海关和广州洋行商人。清高宗接获呈状后，特派朝铨、新柱前往广州会同两广总督李侍尧查办。结果，粤海关监督李永标被革职流放，洪任辉也被押往澳门圈禁三年，而清朝政府并没有因此而改变广州一口贸易的既定政策。

与葡、荷、英诸国的对华海上交通肇端于商人不同，法国的对华海上交通则肇始于天主教传教士。1685 年，法王路易十四（Louis XIV）决定派遣法国耶稣会士前往中国，以便驱逐葡萄牙势力。受令来华的张诚（Joannes Franciscus Gerbillon）、白晋（Joachim Bouvet）等五名法国传教士，为避免葡萄牙人的干扰，

---

① 参据［美］马士《东印度公司对华贸易编年史》（第一、二卷），区宗华译，中山大学出版社 1991 年版，第 133—296 页。

先由法国航海至暹罗，再从暹罗搭乘中国王姓商船，于1687年七月在宁波登陆抵华。1693年，清圣祖又派遣白晋回法国招募科学家来华。为了运送传教士直接来中国，白晋在法国多方呼吁与中国通商。1698年三月，"安菲利特"号（Ambbitrite）从拉罗谢尔启程，于十一月驶抵广州。这是法国派遣的第一艘来华贸易商船。至1751年的半个世纪间，先后约有四十余艘法国商船航赴广州贸易。①

1718年，属于奥地利哈布斯堡家族统治下的奥斯坦德（今属比利时）商人也派船来广州采购中国商品。1722年，他们组成"奥斯坦德公司"（Ostend Company），并得到哈布斯堡皇帝查理六世的贸易特许状。该公司每年派遣一艘至二艘商船前往广州，但此举即遭到英国、法国和荷兰的联合反对，并迫使查理六世吊销了该公司对华贸易特许状，该公司亦于1732年被解散。② 不过早在1730年，在广州的英国人却发现原先曾为奥斯坦德公司商船的"阿波罗"号（Apollo）现在却成为普鲁士商船来粤。1752年，普鲁士国王腓特烈二世特准设立"普鲁士王家埃姆登对华亚洲贸易公司"，派遣"普鲁士国王"号（Konig Von Preussen）航海来华。1752—1757年，该公司曾十余次派船从埃姆登到广州，使埃姆登成为普鲁士的中国商品专卖市场。③

位于北欧的丹麦和瑞典也在18世纪30年代分别派遣商船来华。1731年，一艘从哥本哈根起航的丹麦商船先后驶入澳门和黄埔。在1732年后的十二年间，丹麦东印度公司曾派遣32艘商船到中国。其中，回国的只有27艘。④ 此后，丹麦的对华贸易仍按

---

① 张雁深：《中法外交关系史考》，第一章，长沙史哲研究社1950年版。
② 参据［荷］约尔格（C. J. Q. Yoerge）：《瓷器与荷兰对华贸易》，第一章，海牙马丁·内伊霍夫公司1982年版。
③ 参据［德］施丢克尔《十九世纪的德国与中国》，三联书店1963年版。
④ 转引自姚贤镐编《中国近代对外贸易资料》第一册，第122页。

每年以一艘至二艘的规模继续进行。瑞典对华贸易的第一艘商船是1732年驶入广州的"费雷德里克王"号（King Fredrik）。此后每年常常有一艘至二艘的瑞典东印度公司商船在哥德堡至广州之间航行。1741年，该国进广州的商船，曾达到四艘的规模。[①] 当时清朝政府分别称丹麦和瑞典为㕸国和瑞国，俗称则分别为黄旗国和蓝旗国。

在多口贸易阶段，西方国家来华贸易商船实际上已表现出集中广州的趋势。西方国家商船除带有少量西方出产的布匹、黑铅以及印度和东南亚产品外，还需要携带大量银圆来华，以采购其所需的茶叶、陶瓷、生丝及丝织品、糖、土布、矿产品（白铜、明矾等）、中药材（大黄、麝香等）等中国产品。因此，中国处于绝对的出超地位。从当时各国来华商船数量看，英国已居西方国家之首。但其商船载重量却还不占优势。以18世纪30年代商船吨位为例，英国来华商船多为440—195吨，法国商船则为550—700吨，荷兰、瑞典、奥地利、普鲁士等国商船都为400—750吨，丹麦商船则为700—800吨。澳门葡萄牙人商船吨位也在500吨以上，只有西班牙人所经营的马尼拉至澳门间的商船吨位为200吨。[②]

自1757年清朝政府实行将外国来华商船集中到广州一口后，西方国家的来粤商船与年俱增。据马士（H. B. Morse）的不完全统计，在1775—1784年的九年间，西方来粤商船有289艘；1785—1794年，有613艘；1795—1804年，有632艘；1805—1814年，有71艘；1815—1824年，有836艘；1825—1833年，则有1181艘。[③] 而据粤海关的统计，在道光十四年（1834）至道

[①] 马士：《东印度公司对华贸易编年史》第一、二卷，第283页。
[②] 参据马士《东印度公司对华贸易编年史》第一、二卷，第196—272页。
[③] 据马士《东印度公司对华贸易编年史》，第二、第三、第四卷数字统计。

光十八年（1838）的四年间，在黄埔港进港的西方商船就达833艘。①这一阶段西方来华商船在载重量方面也有惊人发展。以英国东印度公司的来华商船为例，在1753年，其吨位还在500吨以下；到1777年，其来粤的九艘商船吨位则为723—864吨，平均吨位为784吨；1793年，其来粤商船吨位为560—1252吨不等，平均吨位为994吨；1800年后，其来粤商船吨位多在1200吨左右；1821年后，又多为1200—1400吨；1831年来粤的"劳瑟城堡"号（Lowther Castle）则达到1562吨。②这与当时中国出海商船的平均吨位约300吨相比，其商船吨位已相当于中国商船吨位的4—5倍。从西方商船对华贸易值看，1764年，西方商船对广州输入的货值为白银1908704两，从广州输出的货值为白银3637143两；到1830—1833年，年平均值则分别达到9192608两和13443641两，③输入值和输出值都有数倍的增长。然而，贸易顺差仍在中国一边。

在这一阶段，刚刚建国的美国即迅速派船参加了对华贸易。1783年美国正式取得独立时，波士顿商人就集资装备了"哈里特"（Harriet）商船前往中国。但该船在途中因英船作梗而中途返回。次年二月，纽约和费城的商人也集资装备了载重360吨的"中国皇后"号（Empress of China）驶往中国，获得成功。从此，通过印度洋航线或太平洋航线，中、美之间的海上交通日益频繁。美国商船输往中国的货物，包括美国的人参、棉花、皮毛以及从欧洲贩运的棉毛织品、金属制品和从东方沿途收购的胡椒、檀香木、棉花、咖啡等，而从中国运回茶叶、土布、生丝及丝织品、陶瓷等商品。同其他西方国家一样，美国对华贸易也存在巨大逆

---

① 据梁廷枏《粤海关志》，卷二十四数字统计。
② 据马士《东印度公司对华贸易编年史》，第二、第三、第四卷数字统计。
③ 据严中平等《中国近代经济史统计资料选辑》，科学出版社1955年版，第4、5页。

差，美国商人不得不向中国输入大量白银。19世纪初，当白银匮乏成为对华贸易巨大障碍时，美国商人开始积极参与对中国的鸦片走私贸易。美国政府极其重视对华贸易，早在1786年就任命山茂召（SamueI Shaw）为驻广州领事，并通过法令给予本国经营对华贸易者以优惠津贴和关税保护，使美国的对华贸易很快就后来居上。在1789年，美国来华商船达到15艘规模，已超过荷兰和法国等国，成为仅次于英国的西方第二大对华贸易国家。据统计，1784—1833年，美国先后有1166艘商船来华，占1775—1833年西方来华商船总数4263艘的27.35%。① 美国商船在广州的输入值和输出值，在1830年，分别达到白银1766692两和3321296两，占同年西方国家总值中的19.2%和24.7%。②

荷兰等西方国家的对华贸易在这一阶段已经衰落。据马士的不完全统计，1775—1833年，来广州的荷兰商船有131艘，法国商船75艘，丹麦商船82艘，瑞典商船57艘，奥地利商船9艘，德国（包括普鲁士和汉堡）商船12艘，意大利（包括热那亚和撒丁岛）商船8艘。另外还有数艘来自墨西哥、夏威夷和新西兰。③ 俄国也派商船于1805年来广州从事贸易活动，虽被广东地方官员应允，但清廷认为，俄国向例在恰克图陆地通商，不可再在海上交通，并明确规定："嗣后遇有该国商船来广贸易者，惟当严行驳回，毋得擅准起卸货物，以昭定制。"④ 在18世纪末19世纪初，西班牙人仍凭借马尼拉与广东的距离邻近，不断派船来粤贸易。而葡萄牙人也继续维持了澳门与印度果阿等港口之间的返运贸易。

英国通过七年战争（1756—1763），掌握了海上霸权，其对华

---

① 据马士《东印度公司对华贸易编年史》，第二、第三、第四卷数字统计。
② 据严中平等《中国近代经济史统计资料选辑》，科学出版社1955年版，第4、5页。
③ 据马士《东印度公司对华贸易编年史》，第二、第三、第四卷数字统计。
④ 《光绪大清会典事例》卷六二八。

贸易亦扶摇直上。在马士所统计的1775—1883年的4263艘西方国家来华商船中，英国就有2682艘，占62.9%。在对华贸易货值方面，英国也超过其他西方国家的总和。1764年西方国家对华输入货值为1908704两，其中英国是1207784两，占63.3%；从中国输出货值为3637143两，其中英国是1697913两，占46.7%。到18世纪末，其所占比重曾分别高达90.9%和72.1%。[1]英国已执西方国家对华贸易的牛耳。

英国在18世纪末已进入产业革命。为了给本国工业品和印度殖民地土产品寻找市场，并平衡其对华贸易，1787年，英国政府派遣国会议员喀塞卡特（Charles Cathart）率使团来华。但喀塞卡特病逝途中，使团只好折回。1792年，英国政府又派遣马戛尔尼（George Macartney）率使团来华。为了避免使团的商业色彩，英国政府特备有英王乔治三世祝贺清高宗八十三岁寿辰的贺函一封，并带有价值15610英镑的礼物；同时为了争取清朝政府对英国使团的重视，英国政府特选择若干名科技人员为使团成员，并配装有64门火炮的"狮子"号（Lion）兵舰作为大使座舰，以显示英国的文明水准和威力。使团一行700余人于1793年8月到达天津大沽口岸，受到直隶总督梁肯堂等人的专门迎接。九月，清高宗在热河避暑山庄接见了英国使团的主要成员，并赏赐了丰厚礼品。祝寿活动结束后，马戛尔尼即向清政府提出了一系列要求：第一，请允许英商至舟山、宁波、天津等地从事贸易活动；第二，请允许英商照俄国之例在北京设立商馆；第三，请划舟山附近一小岛归英商存放货物使用；第四，请在广州附近拨一处地方归英商居住；第五，请免去或降低英商自澳门至广州货税；第六，请禁止

---

[1] 据严中平等《中国近代经济史统计资料选辑》，科学出版社1955年版，第4、5页。

海关对英商征收除正税外的其他税收,并颁布税则以资存照。① 上述要求均遭到清朝政府的驳斥和拒绝,马戛尔尼一行只好由广州取船怏怏回国。1816 年,英国政府又派遣阿美士德(William Pitt Amherst)为首的使团来华,目的仍在于谋求英商在华的商业特权,但也毫无结果。于是,英国开始了侵略中国的准备。1832 年二月,英国派出"阿美士德"号(Lord Amherst)间谍船从澳门北上,对中国沿海主要岛屿和港湾如南澳、厦门、福州、舟山、宁波、上海、登州等地进行政治、经济、军事、文化等情况的详细调查,并且测量中国沿海港湾河道,绘制航海图。1835 年,曾在该船主持侦察活动的林德赛(中文化名胡夏米,Hamiton Lindsay),即根据其搜集的情报向英国政府提出了一份对华作战方案。

到 18 世纪后期,在英国享有对华贸易垄断权的东印度公司,为了平衡其对华贸易的巨额逆差,解决其对华贸易投资,并避免自己经营印度产品对华贸易的风险和损失,曾决定将印中贸易交由英国私商来经营。这批商人即清朝文献中的"港脚商人"(Country Merchant),他们不但通过鸦片走私贸易造成大量白银从中国外流,引发清朝财政金融危机,而且还通过对华贸易的代理业务与英国国内工商界密切联系,并凭借英国国内工商界之力,促使英国国会决议,自 1834 年四月起,正式废去东印度公司对华贸易垄断权和管理权。1834 年七月,由英国政府直接任命的驻华商务总监督律劳卑(Willam John Napier)来华,以代替东印度公司的驻广州特别委员会主席(即清人所称的"大班"),代表英国政府处理英商在广州的事务。律劳卑一心要对中国采取强硬路线,不等清朝政府应允,他就私自乘船从澳门来到广州。他又撇开传统与广州洋行商人联系的途径,直接派人与清朝官员通信联络,并且用汉文在广州城内张贴布告,直接指责两广总督。此举迫使

---

① 马士:《东印度公司对华贸易编年史》第二卷,第 225 页。

清朝政府停止了英商在粤贸易。律劳卑急令英国军舰闯入黄埔港，试图以武力迫使清朝政府就范。清朝政府也调兵遣将，并切断了英国商馆的食物供应，终于迫使律劳卑从广州退回澳门。不久，律劳卑病死于澳门。

律劳卑事件发生后，由鸦片贩子所组成的旅华英商公会，立即向英王请愿，要求英国政府派出"足够的武装力量"，"如果需要采取强制行动的话，就要把中华帝国对外对内大部分贸易停顿下来，截断向首都北京贡纳税收，并且占据所有武装船只"，以"迅速地迫使中国政府向我们所提出的公平和合理的条件屈从"。[①] 1836年六月，英国政府任命义律（Charles Elliot）为驻华商务总监督。他一方面采取灵活的外交手段保护英国商人的不法贸易，另一方面则要求本国政府对清朝采取强硬政策。而清朝政府面对着西方商人所进行的日益猖獗的鸦片走私贸易，开始采取严厉的禁烟措施，并派遣林则徐作为钦差大臣到广东负责查禁，收缴外国商人所运进的鸦片。英国政府不甘心于本国鸦片商人所遭受的重大损失，于1839年十一月正式决定对华战争。1840年六月，英国远征军到达广州海面，立即封锁珠江口，并继续北上，连续攻陷定海、虎门、厦门、镇海、宁波、乍浦、吴淞、上海、镇江等沿海重镇。1842年八月，英军兵临南京城下。腐朽的清朝政府已经丧失抵抗信心和能力，被迫签订丧权辱国条约，开放一些沿海口岸，从而打破了中西海上交通集中于广州一口的局面。

第四节　鸦片战争后的条约港口与海外交通

鸦片战争的失败，使清朝政府的闭关自守政策再也不能维持。

[①] 广东省文史研究馆译：《鸦片战争史料选译》，中华书局1983年版，第32—36页。

在西方资本主义列强的胁迫下，清朝政府与他们签订了一系列不平等条约，被迫开放众多沿海港口。从此，中国海外交通的局面发生了重大的变化。

鸦片战争后的海外交通港口，先是1842年中英《江宁条约》所规定的广州、福州、厦门、宁波、上海等五处。另外，清朝政府还必须割让香港作为英国商船的往来基地。其他西方国家在次年中、英双方所达成的《五口通商附粘善后条款》中，根据条款中所确立的"一体均沾，用示平允"原则，毫不费力地取得了在上列五口的通商权。从此，"一国所得，诸国安坐而享之；一国所求，诸国群起而助之。遂使协以谋我，有固结不解之势"①。在第二次鸦片战争后的1858年六月间，俄、美、英、法诸列强又分别与清朝政府订立《天津条约》，逼迫清朝政府续开台湾（今台南）、琼州（今海口）、潮州（今汕头）、牛庄（今营口）、登州（今烟台）、淡水（今基隆）等六处港口。两年后，在《中英北京条约》中，清朝政府又被迫开放天津港口。1876年签订的《中英烟台条约》又规定中国开放温州、北海两处海港以及一些内河口岸。尤其是甲午战争失败后所签订的《中日马关条约》，中国不但要开放杭州等口岸，而且还必须割让辽东半岛、台湾全岛及其附近各岛屿、澎湖列岛与日本。尽管后来俄、德、法列强迫使日本归还辽东半岛，但俄国在《旅大租地条约》中，强租中国旅顺口和大连湾及其附近水面，并将大连辟为通商口岸。同时，德国通过《胶澳租界条约》，强占胶州湾，并将青岛辟为通商口岸；英国也强行租借威海卫和九龙；法国则强行租借广州湾。为了防止西方列强继续侵占中国的其他沿海港湾，清朝政府于1898年和1905年分别自行开放了秦皇岛、三都澳、海州（连云港）。至此，从南到北，中国沿海及其岛屿上的主要港口都已通过不平等条约对外

---

① 《李文忠公全书·奏稿》卷三八《朝鲜通商西国片》。

开放。

一些条约港口开放后,广州港在清后期海外交通中的地位明显衰落,而上海港开始成为中国海外交通的最大港口。1844年,广州港与英国的贸易总值为33400000美元,上海港则只有4800000美元;但到1852年,广州港降至16400000美元,上海港则升到16000000美元,两港基本持平;翌年,广州港为10500000美元,上海港为17200000美元,① 远远超出广州。此后,上海港在进出口贸易总值上一直居全国首位(见表5-2)。

表5-2　　　上海港进出口货值在全国进出口总值所占比重②　　(单位:海关两)

年份	上海进出口货值	全国进出口总值	比重(%)
1870	85966	118988	72.2
1880	92225	157177	55.7
1890	98993	214237	46.2
1900	204129	370067	55.2
1910	373958	843798	44.3

当时曾有人指出:"盖上海一埠,就中国对外贸易言之,其地位之重要,无异心房。其他各埠则与血管相等耳。"③

上海港之所以在大量条约港口开放后迅速超出广州港,这是由于上海港与广州及其他港相比较,无论在出口商品货源方面,还是在进口商品运销方面,都占有显著的优势条件。作为当时大宗出口商品的生丝和茶叶的原产地的苏、浙、皖地区,在地理上靠近上海港;而该港周围有纵横交错的内河交通运输网,又扼中

---

① 参据陈柏坚主编《广州外贸两千年》,广州文化出版社1989年版,第311页。
② 引自李荣昌《旧中国的江海关》,载《中国近代经济史研究资料》第九册,上海社会科学院出版社1989年版。
③ 班恩德:《最近百年中国对外贸易史》,海关总税务司统计科译印1931年版,第106页。

国黄金水道长江的咽喉,并处于中国海岸线的中心,在地理位置和交通运输上的条件得天独厚,港口腹地异常广阔。

广州港在清后期海外交通中的衰落,亦是与香港的兴起和发展直接相关的。香港位于珠江口,扼华南门户。英国割取香港后,即将其开辟为东方的海上航运基地和货物转运站,从而将大批出入到广州黄埔港的商船吸引到香港。1848年,进入该港的海船有700艘;1854年,则有1100艘;1859年,船数达到2179艘;1854年,竟增至4558艘。① 而在广州,1854年进港商船仅320艘,香港已超出它2.4倍;1860年进入广州的商船数为540艘,与香港上一年数字比较,后者已超出它3倍。② 两者之间在进港商船数量上的差距开始拉大。

厦门、福州、宁波诸南方港口的开放,也削弱了广州港在海外贸易中的地位。厦门开放后,原来出产于福建南部的工夫、乌龙、小种和安溪等茶叶则直接从厦门出口,而出产于武夷山的茶叶则直接由福州出口,产于浙、皖的部分茶叶和生丝亦经宁波出口。温州港开放后,产于浙南地区的红茶亦从此运销海外。

随着烟台等条约港口的开放,在一定程度上加强了北方港口在海外交通上的作用。到19世纪末,北方的烟台、天津、大连等港口已开通了前往朝鲜、日本以至东南亚、非洲、欧洲、美洲等地的海上航线,外国商船进入北方海港的也逐渐增多。如牛庄港,1862年进港的外国商船有86艘,1863年增加到201艘,1864年又增加到302艘。在烟台港,1882年进入该港的轮船有1158艘,到1891年则增至2373艘。③

鸦片战争后,清朝原曾用以负责处理对外通商事务的广州行

---

① 思达科特:《香港史》,第126页。引据聂宝璋《中国近代航运史资料》第一辑,上册,上海人民出版社1983年版,第146页。
② 引据聂宝璋《中国近代航运史资料》第一辑,上册,第148—149页。
③ 同上书,第391—393页。

商制度被废除。清朝政府于道光二十四年（1844）开始设立五口通商大臣，以办理广州、福州、厦门、宁波、上海等五口的外交和通商事务。五口通商大臣始由两广总督兼任，咸丰八年（1858）后改由两江总督兼领，驻扎上海。咸丰十年（1860），清朝政府又设立三口通商大臣，驻扎天津，专管牛庄、天津、烟台三口对外通商事务。同治九年（1870），三口通商大臣改称北洋通商大臣，五口通商大臣则改称南洋通商大臣。

与此同时，清朝政府对于海关制度也有重大更张，在各条约港口普遍设置新式海关，当时称作洋关或新关。新关专办洋税，老关仍收商课。清朝政府设立的新关有江海关（上海）、浙海关（宁波）、闽海关（福州）、厦海关（厦门）、粤海关（广州）、台海关（台南）、琼海关（海口）、潮海关（汕头）、山海关（营口）、东海关（烟台）、淡海关（基隆）、津海关（天津）、瓯海关（温州）、北海关（北海）、胶海关（青岛）、福海关（三都澳）等。根据1842年中英《江宁条约》第十款的规定，英国商人"应纳进口出口货税、饷费，均宜秉公议定则例"①。使得中国海关失去了自由调节关税率的自主权。而1843年中、英两国所达成的《五口通商章程：海关税则》，又明确规定海关货税率原则上为5%。同时确定英国商船进口报关，必须先赴该港英国领事馆投递报单，然后才由该国领事官员行文通知当地海关，按例纳税，从而又为英国领事夺取中国海关行政权提供了条件。1853年，英、美两国驻上海领事即利用小刀会起义军曾攻击江海关之机，派兵占领江海关，并宣布实行由领事代征关税。1854年六月，清朝政府被迫同意成立江海关关税管理委员会，由英、美、法三国领事分别提名一人与江海关监督一起共同负责洋关行政事务。不久，英国委员就独揽了江海关税务权。1858年，英、美、法三国又在

---

① 王铁崖编：《中外旧约章汇编》第一册，三联书店1957年版，第32页。

与清朝政府订立的《通商章程善后条约：海关税则》中，具体规定清朝政府邀请西方人来华帮办清朝海关税务，从而以条约形式肯定了西方人对于中国海关的管理权。另外，清朝政府还丧失了港务管理权、引水权、沿海航运主权等。这样，清后期的中国海外交通局面就发生了一些根本性的逆转。

其一，西方国家通过不平等条约和造船技术革新，不断在中国扩张航运势力，使中国海运业遭到重大打击。最初在中国沿海活动的是西方飞剪船。这是一种纵帆式帆船，船身长，宽度窄，吃水浅，篷帆多，速度快，顺风和逆风都能行驶。在鸦片战争前，西方商人曾用它进行自印度至中国之间的鸦片走私贸易。鸦片战争后，西方商人又用此装运茶叶。在1864年，涌入中国各口岸的西方帆船竟达8839艘，总吨位达3315761吨。[①] 西方轮船虽在19世纪30年代就来到中国沿海，但开始一直作为西方对华贸易的辅助性运输工具。这是因为它续航能力差，容积小，运输成本高。此后，随着轮船制造技术的革新，特别是1869年苏伊士运河的开放，从中国至伦敦的航程，轮船已比帆船快两倍，西方国家的对华贸易遂以轮船为主。在1870年，轮船吨位即占西方对华贸易商船总吨位的73.19%，而帆船仅占26.81%。[②]

西方商人不仅利用其海洋运输工具的不断进步来进行对华贸易扩张，而且在鸦片战争后又以战胜者地位非法经营中国沿海的转口贸易。早在1843年，英国商船就在厦门非法装载中国土货转口。1850—1860年，往来于上海的十分之七英国商船都从事于在中国沿海的转口贸易。[③] 他们甚至还将这种转口贸易扩大到一些尚未对外开放的口岸。1858年，通过中英《天津条约》和《通商章

[①] 转引自彭德清主编《中国航海史（近代航海史）》，人民交通出版社1989年版，第70页。
[②] 据聂宝璋《中国近代航运史资料》第一辑，上册，第647页。
[③] 莱特：《中国关税沿革史》，三联书店1958年版，第187页。

程善后条约》，外国商人正式取得了在中国沿海进行贩运贸易的特权，从而加速了西方航运势力在华扩张。1871年，在往来于国内各口的商船中，本国商船只占总吨位的0.5%，而英国则占38.5%，美国占51.8%，法国占0.9%，德国占5.3%，其他国家占3%。① 对此，上海《申报》同治十二年十二月二十六日的一篇评论曾指出："自通商以后，（外国）夹板船兴，而沙卫等船减色矣；火轮船兴，而沙卫等船更失业矣。"② 西方商船之所以能在中国沿海航运业中迅速排挤中国商船，除了商船技术因素本身，还在于鸦片战争给中国社会秩序所带来的巨大冲击，造成沿海大量贫民沦为海盗，而中国商船又往往成为其抢劫对象。西方商船则乘机推出"护航"的办法，对中国商船进行敲诈勒索，使一些中国商人索性直接租用西方商船来运输货物；同时西方商船的快捷和保险业务的开展，也吸引了越来越多的顾客。

中国商船在国内沿海运输业如此受到西方商船的竞争，在远洋贸易方面更是受其直接排挤。如在中国至菲律宾的航线上，原来一直由福建商船占主导地位。到1866年，很多人纷纷改坐定期往来于厦门与马尼拉之间的英国中日轮船和拉布安煤炭有限公司的轮船，使中国商船于1870年完全停止了对马尼拉的航行。③ 在对新加坡贸易方面，1844—1845年，仅有32艘中国商船前往该港，这个数字还不及1839年的84艘的五分之二。对此，连新加坡的英国殖民者也深感担忧，认为"若长此以往，新加坡刚开辟的贸易市场将要受到极严重的打击"④。在对暹罗贸易方面，中国

---

① 据聂宝璋《中国近代航运史资料》第一辑，上册，上海人民出版社1983年版，第331页。
② 转引自彭德清主编《中国航海史（近代航海史）》，人民交通出版社1989年版，第81页。
③ 据［菲］欧·马·阿利普《华人在马尼拉》，载《中外关系史译丛》第一辑，上海译文出版社1984年版。
④ 转引自田汝康《十七至十九世纪中叶中国帆船在东南亚洲》，第39页。

商船在 19 世纪 40 年代曾有增加，借此摆脱在其他国家贸易衰退的影响。但随着暹罗与英国在 1855 年签订新的通商条约，西方轮船纷纷进入暹罗，中国商船遂丧失了这个东南亚地区的最后海外交通基地。据海关贸易报告记录，1857 年，中国商船前往海外的仅有 12 艘，总吨位 8741 吨，只占该年往来外洋的中外商船总吨位的 0.4%。[①]

　　中国商船在海外交通上的衰竭，除了西方势力的直接排挤等因素外，根本原因还在于长期以来清朝政府未曾提供给中国海外交通业一个适宜的发展环境，使中国帆船在制造技术和经营方式上长期停留在落后水准上。及至条约港口开放后，中国帆船业不堪冲击，迅速凋零衰败。面对着海运交通的这些急骤变化，也引起了中国社会内部一些有识之士的反省和思索，尤其是对航速快、载重量大的轮船的注意和重视。自 19 世纪 50 年代起，就有上海、宁波商人购买外国小型轮船，作为护航使用。但不久又被清朝政府收作军用。此后，一些商人便将自己购买的轮船挂寄于外商名下。1867 年，曾留学美国的容闳提出设立新轮船公司的建议，未得到官方反应。直到 1872 年，清朝政府在洋务派官员李鸿章等人的要求下，才同意试办轮船招商局。1873 年，轮船招商局在官督商办体制下正式成立，首批购进轮船四艘。当年八月，招商局就派"伊顿"号轮航驶日本神户、长崎，这是中国商轮首次开辟的国外航线。年底，"伊顿"号轮又驶往菲律宾等地。此后，招商局又派轮船航驶越南、暹罗、新加坡、槟榔屿（马来西亚）、印度等东南亚和南亚地区，甚至还派"和众"号轮先后航驶檀香山、旧金山、伦敦等欧美港口。但此举即遭到西方势力的刁难，旧金山海关强行对"和众"轮重征吨位税。1881 年三月十九日，该轮又被英国兵舰撞沉。至此，招商局的外洋航线仅存越南一处。1884

[①] 据聂宝璋《中国近代航运史资料》第一辑，上册，第 328 页。

年中法战争爆发，在法国舰威胁下，此航线亦被切断，中国海外交通事业再次遭到重大挫折。

  其二，随着海关主权的丧失，清朝海外贸易开始表现为半殖民地性质。鸦片贸易问题鲜明地体现出清朝海外贸易性质的变化过程。早在中英《江宁条约》签订之际，英国政府即要求将鸦片贸易合法化，但清朝代表碍于朝廷体面，坚持不肯明文列入条约，而私下却保证，清朝政府对于鸦片将不予查问。所以鸦片战争后，"鸦片在海关关员的面前公开的通过，而且是唯一不受检查的进口货品"①。即使如此，英、美的鸦片贩子们还是不甘心清朝政府对国内官民的查禁，极力谋求鸦片贸易合法化。通过第二次鸦片战争，英国政府终于迫使清朝政府同意取消以前所颁布的关于鸦片进口的一切禁令，并在《通商章程善后条约：海关税则》中明文规定"洋药准其进口，议定每百斤纳税银叁拾两"②。海关已成为满足西方列强对华掠夺的工具。据统计，在1849年，江海关的鸦片进口值达白银13404230两，而一般进口商品值却只有5804793两，即鸦片进口值超过其他货物进口总值的1.3倍。在1854年七月至1855年六月的一年间，进口的鸦片货值竟超出一般进口货值的两倍多，该年进口鸦片货值是9113454两，而一般商品货值却只有3507542两。③在其他口岸，甚至很多未被开放的口岸，鸦片贸易亦很兴隆。鸦片战争后，外国贩子们依靠香港为大本营，然后利用各种船只沿着中国海岸线到处兜售鸦片，使鸦片贸易量呈上升趋势。据马士估计，从印度输入到中国的鸦片，1842年为

---

  ① 斯卡思：《在华十二年》，第297页。转引自姚贤镐编《中国近代对外贸易史资料》，第一册，第422页。
  ② 《清朝条约全集》第一卷，黑龙江人民出版社1999年版，第207页。
  ③ 引据黄苇《上海开埠初期对外贸易研究》，上海人民出版社1979年版，第88页。

28508 箱，1847 年为 33250 箱，1857 年达 60385 箱。① 但在另一方面，随着中外贸易的增长，鸦片进口值在进口总值中的比重，自第二次鸦片战争后逐渐下降。据海关年度报告统计，1867 年鸦片进口值占全部进口货值的 46.15%，1873 年占 39.23%，1883 年占 34.45%，1893 年占 20.94%，② 1901 年占 12.5%，1911 年占 11%。③ 尽管如此，鸦片货值在进口货值中仍占有重要地位。清后期数十年间的鸦片贸易，鲜明地体现了西方国家对华贸易的掠夺性质。

在其他进口货物中，以西方工业品为主。《江宁条约》刚签订，英国签约代表璞鼎查（Henry Pottinger）即告诉英国商人，说是他"已为他们的生意打开了一个新的世界。这个世界是这样的广阔，倾兰开夏全部工厂的出产也不够供给他一省的衣料。"④ 因此，除鸦片外，西方国家向中国输入的商品绝大部分是棉毛织物等工业品。如 1850 年在江海关的进口商品中，除 54% 为鸦片外，有 40% 是棉织品，而剩余的 6% 商品中仍有很大一部分为毛织品。⑤ 根据海关历年报告的统计，1867 年各种工业品进口值占进口总值的 37.4%，仅次于鸦片（鸦片所占比重前已有述）；1873 年各种工业品进口值所占比率已上升为 46.98%，开始超过鸦片货值；1883 年进口工业品值的比率又上升为 48.47%，1893 年则达到 48.98%，⑥ 一直居于首位。

在出口结构方面，则是中国的农副产品和工业原料，其中以生丝和茶叶为主。如 1850 年在江海关输出的总货值中，52% 是生

---

① 马士：《中华帝国对外关系史》第一卷，三联书店 1957 年版，第 626 页。
② 据姚贤镐编《中国近代对外贸易史资料》第二册，第 1058—1059 页。
③ 据徐雪筠等译编《上海近代社会经济发展概况（一八八二至一九三一）——"海关十年报告"译编》，上海社会科学出版社 1985 年版，第 327、328 页。
④ 转引自列岛编《鸦片战争史论文专集》，三联书店 1958 年版，第 70 页。
⑤ 据黄苇《上海开埠初期对外贸易研究》，上海人民出版社 1979 年版，第 84 页。
⑥ 据姚贤镐编《中国近代对外贸易史资料》第二册，第 1058—1059 页。

丝，46%为茶叶，剩有的2%为其他农副产品和工业原料。[1] 19世纪60年代以后，根据海关年度报告，1867年农副产品（茶叶、生丝、棉花等）占出口货值的90.68%，而作为中国工业品的丝织品、砖茶、糖等货值却只有7.9%，其他出口值占1.42%。在1873年、1882年、1893年三年中，农副产品出口值所占出口总值的比率分别为90.24%、79.71%、70.55%，仍处于出口主体地位。清朝后期海外贸易的进出口商品结构说明，西方国家已将中国作为其工业品的销售市场和工业原料的供应基地，表现出当时资本主义宗主国与其殖民地贸易的基本特征。

清后期的海外贸易，虽然在贸易总额方面呈上升趋势（见表5-3），但从1880年后，却常常出现入超现象。

表5-3　　　　　清末输出输入概况[2]　　　　　单位：海关两

年份	输入货值	输出货值	贸易总额	入超或出超
1870	63693268	55294866	118988134	入超
1876	67803247	68912929	136716167	出超
1880	79293452	77883587	157177039	入超
1885	88200018	65005711	153205729	入超
1890	127093481	87144480	414237961	入超
1895	171696715	143293211	314989926	入超
1900	311070422	158996752	370076174	入超
1902	315283905	214081584	529465489	入超
1904	344060608	239486683	583547291	入超
1906	410270082	236456739	636726821	入超
1908	349505478	276660403	626165881	入超
1910	462964894	380992814	843798215	入超
1911	471503943	377338166	848842109	入超

---

[1] 据黄苇《上海开埠初期对外贸易研究》，第84页。
[2] 据黄乃隆《清代对外贸易的发展》，载《文史学报》1975年第5期。

特别是进入1900年以后的十余年间，每年入超额都在1亿海关两左右。造成入超的原因，除了中国产业水准落后的因素外，其中一个重要因素则是清朝政府已丧失了海关主权，不能抵制西方资本主义列强的产品倾销。另外，西方资本主义列强还乘清朝政府大举借取外债之机，利用债权国地位大量向中国出口工业产品。

其三，鸦片战争后，虽然中国与海外国家的交往范围不断扩大，却处于受压迫的不平等地位。自1842年英国迫使清朝政府签订不平等的《江宁条约》后，1844年七月三日，美国也与清朝政府订立了《望厦条约》，法国于同年十月二十四日与清朝政府订立了《黄埔条约》，相继取得了在中国的领事裁判权以及其他特权。到19世纪70年代初为止，瑞典、挪威、德国、葡萄牙、丹麦、比利时、荷兰、西班牙、意大利、奥地利、日本等国，亦相继与清朝政府订立通商条约，并以"利益均沾"为依据，互相援例迫使清朝政府承认他们在中国的各种特权。如在1887年，已经贫弱的西方小国葡萄牙，竟通过担任清朝海关总税务司的英国人赫德（Robert Hart），与清朝政府签订了《和好通商条约》，又迫使清朝政府承认了葡萄牙人对于澳门的永居权和管理权。另外，随着世界形势的发展，清朝政府自1874年以后，还先后与秘鲁、巴西、朝鲜、刚果、墨西哥签订了海上通商条约。

西方资本主义列强通过不平等条约，还大肆拐骗和掠卖契约华工到各殖民地和半殖民地国家充当苦力，使这种契约华工形式的移民成为清后期向海外移民的主要形式。本来，在西方殖民主义者初来东方的16世纪，他们就已开始在中国东南沿海地区掳掠人口，但规模不大。鸦片战争后，西方的人口贩子们开始以清朝条约港口以及香港和澳门为基地，以契约形式诱骗华民出国。一旦诱骗成功，他们即把这些华民集中监禁到肮脏不堪的"猪仔馆"，然后以押送囚犯形式航运出国。在航海过程中，华工的死亡率一般都在14%—30%。① 然而，这种掳掠人口活动在鸦片战争后签订的条约中并无依据，仍属非法。于是，英、法列强在第二次鸦片战争后，通过《北京条约》，终于迫使清朝政府承准华民出洋打工。此后，美国在1868年的《续增条约》中也取得了类似特权。西班牙、秘鲁等国也在英、美列强支持下要挟清朝政府签订"招工"条约，虽被清朝政府所拒绝，但契约华工却早已通过西班牙、葡萄牙等国强行设立的"招工公所"而流入西属美洲殖民地和已经获得独立的秘鲁。清后期契约华工的分布范围，已从东南亚的英荷殖民地扩及澳大利亚、新西兰、西萨摩亚、斐济、夏威夷各岛，从整个南北美洲到非洲大陆。据估计，从鸦片战争至20世纪30年代，至少有700万名契约华工被作为苦力而贩运到世界各地。② 可以说，传统的"海上丝绸之路"，在鸦片战争后，已变成"华工苦力贸易之路"。

　　面对契约华工在海外的悲惨遭遇，清朝政府出于稳定自身统治的目的，于1873年派遣调查团，到西班牙殖民地的古巴，对华工受虐待情况进行调查，并于1877年与西班牙达成旨在保护古巴华工的《会订古巴华工条款》。另外，清朝政府还先后与秘鲁、美国等国家就华工问题进行过交涉。从1877年开始，清朝政府又先后在海外华人聚居的国家设立领事馆，包括新加坡、横滨、汉城、马尼拉、仰光、巴达维亚、旧金山、哈瓦那、檀香山、纽约、温哥华、韦腊克鲁西、利马、巴拿马、惠灵顿、墨尔本、南非、莫桑比克等地。至清朝被推翻为止，它曾在海外共设有46个领事馆。与此同时，清朝政府还数次派专使到南洋等海外华人社区巡视和募捐，期望取得华侨的经济支持和政治效忠。另外，清朝海

---

① 据姚贤镐编《中国近代对外贸易史资料》第一册，第479页。
② 据郭梁《华侨出国史述略》，载郑民、梁初鸣编《华侨华人史研究集》第一集，海洋出版社1989年版，第125页。

军舰队也先后七次（1876年、1887年、1890年、1894年、1907年、1909年、1911年）巡历东南亚地区，以此"宣慰华侨"。然而，中国在海外交通上的屈辱地位不改变，海外华侨的悲惨境遇就难以从根本上得到改观。

第五节 清代海外交通与中外文化交流

随着清代海外交通的频繁和广泛，中外文化交流的相互影响与相互促进的趋势进一步加强。一方面，以贸易渠道和华侨为主要文化载体，中国文化在海外的传播更为广泛和深入；另一方面，在西风欧雨的影响下，西方文明也从中国沿海港口逐渐扩散到内地。

中国商品的大量外销，曾对欧美社会的饮食以及服装文化有着一定的影响。欧美国家在华茶输入后，从17世纪下半叶开始，饮茶的风气逐渐流行起来，使茶叶成为清代大宗出口商品。中国茶叶作为一种温和而无害的兴奋饮料，它不但成为欧美人的普遍消费品，而且还曾给人们的生活劳动提供了很大帮助。英国诗人达提曾在一首诗中热情地赞美这种饮食时尚："茶，消散了我的愁苦；它，使欢乐调剂了严肃；这饮料给我们带来了多少幸福；它增加了我们的智慧和愉快的欢呼。"[①] 中国陶瓷在大量贩运到欧洲后，曾普遍取代了传统的金属食具，法王路易十五甚至下令将宫廷中所有金银食器融化以充作他用。英国著名文人爱特生在谈到中国瓷器对欧洲社会的作用时，曾说："如果没有海外贸易输入各种物品、食品，英国将会成为一个多么干枯乏味的社会！我国的船载满了舶来的酒与油，房间里摆满了金字塔式的中国瓷器，怪

---

① 转引自王国秀《十八世纪中国的茶叶和工艺美术品在英国的流传状况》，载《华东师大学报》（人文科学版）1957年第1期。

不得人们称中国是我们的瓷器制造者了。"① 色泽艳丽、光滑柔软的中国丝绸，也是欧美社会人们的热门衣料。甚至中国生产的棉布，还是19世纪初的英国绅士们时髦服装和法国市民流行长裤的不可缺少的用料。

这一时期，中国文献典籍在海外传播的规模、范围和影响更是前所未有。日本自8世纪以来就是中国文献典籍输出的主要国家，并且构成中、日两国之间文化交流的重要内容。与以前以贵族知识分子和禅宗僧侣为主体的传播形式不同，清代中国文献典籍东传日本列岛，主要是通过前往长崎的中国海商来承担的。根据日本德川幕府的长崎书物改役（书物检查官）向井富氏编汇的1693—1804年的《商舶载来书目》，在这一百一十一年间，中国海商共运去中国文献典籍4781种。而书籍种类，约占中国出版图书目的"十之七八"②。日本学术界在德川幕府锁国政策下，正是通过中国海商输入的大量汉籍，源源不断地获取清朝的文化信息。一些学者认为，江户时期的一些学派，如荻生徂徕及其"古文辞学派"、伊藤仁斋及其"古义学派"，都是与清朝考据学风和古文运动相关的。日本考证学派著名人物太田锦成（1765—1825），其学术深受顾炎武《日知录》、朱彝尊《经义考》、毛奇龄《西河集》、赵翼《廿二史札记》等著作的影响。他曾说："得明人之书百卷，不如清人之书一卷。"③ 日本社会对中国的科学技术著作也十分重视。明朝朱橚的《救荒本草》在清初传入日本后，日本知识界先后于1716年、1788年、1842年多次刊印，而且还出现了

---

① 转引自王国秀《十八世纪中国的茶叶和工艺美术品在英国的流传状况》，载《华东师大学报》（人文科学版）1957年第1期。

② 转引自严绍璗《汉籍在日本的流布研究》，江苏古籍出版社1992年版，第61页。

③ 转引自中村久四郎《近世中国对日本文化的影响力》，载《史学杂志》第25编第二号。

一些类似著作，如佐佐木朴庵的《救荒植物数十种》、杉田勤的《备荒草木图》、馆饥的《荒年食粮志》、混沌舍的《备荒图谱》等。宋应星《天工开物》在17世纪末由中国商船输入长崎后，曾引起人们的竞相传抄。1771年，和刻本《天工开物》在浪华（大阪）问世；1830年，又有重印本发行，该书成为江户时期风行一时的技术教科书，甚至在学术界还形成"开物学"。日本经济思想家佐藤信渊（1769—1850）解释说："夫开物者乃经营国土、开发物产、富饶宇内、养育人民之业者也。"[①] 与此同时，李时珍《本草纲目》在传入日本后，日本学术界从本草学研究发展成日本的博物学。另外，元人朱世杰《算学启蒙》于1663年传入日本后，松村茂清即在研究后写成《算俎》一著；明人程大位《算法统宗》于1675年传入日本后，铃木重次即据此于1694年著成《算法重宝记》。保井算哲曾根据传入日本的中国《授时历》，结合日本实际情况，编造成《贞享历》，于1684年被德川幕府所采用。

  清朝前期，传入日本的中国方志和通俗文学作品的书籍最为丰富。据调查，仅德川幕府所采购的中国方志书籍就达600种。[②]中国文学作品在传入日本后，日本知识界即对此进行训点、翻印、改编或模仿。如日本元禄年间（1688—1703），本于中国《梁武帝演义》的《通俗南北朝军谈》、本于《皇明英烈传》的《通俗元明军谈》、本于《开辟演义》的《通俗十二朝军谈》，本于《精忠说岳》的《通俗两国志》等书相继问世。尤其是《三国演义》《水浒传》《金瓶梅》《西游记》《红楼梦》《古今小说》等中国小说输入后，在日本社会更是风靡一时，影响巨大，一些人专门进行改编和模仿。如模仿《水浒传》的作品就有《本朝水浒传》《日本水浒传》《依波吕水浒传》《女水浒传》《倾城水浒传》《俊

[①] 转引自潘吉星《天工开物校注及研究》，巴蜀书社1989年版，第120页。
[②] 据严绍璗《汉籍在日本的流布研究》，江苏古籍出版社1992年版，第229页。

杰水浒传》《水浒太平记》等。①

中国通俗文学在东南亚地区也有普遍的魅力。清代传入东南亚地区的中国文学作品，主要有《三国演义》《聊斋志异》《水浒传》《西游记》《梁山伯与祝英台》《今古奇观》等。最初这些作品只在东南亚华人中传播。通过当地华人的翻译介绍，和一些中国戏班随同商船前往东南亚演出根据上述文学作品改编的戏剧，亦诱发了当地人民对于中国文学的兴趣。在泰国，就有根据《三国演义》改编的《献帝出游》《吕布除董卓》《周瑜决策取荆州》《周瑜吐血》《孙夫人》《貂蝉诱董卓》等剧目相继问世；曼谷王朝还专门组织华人翻译中国文学作品成泰文，由此在泰国形成了社会上层喜欢看"三国"书，平民百姓喜欢看"三国"戏。在印尼诸岛、柬埔寨、马来半岛等地亦都有上演中国戏的剧院。在爪哇，为了迎合观众的爱好，有人还曾根据中国故事编成皮影戏。因此，伍子胥、蔺相如、关云长、曹孟德、宋江、李逵、张生、红娘、孙悟空、猪八戒都是当时东南亚人民所熟悉的艺术形象。马来西亚学者穆罕默德·萨勒·宾·柏朗（1841—1915）在1894年曾写信给一位华侨说："我非常喜欢读中国故事书，尤其喜欢《三国演义》，因为它包含着许多有价值的东西，书中的暗示和寓言，连为王室效忠的那些官员也应该洗耳恭听。"②

清朝前期，中国文献典籍流入欧洲主要是通过耶稣会传教士努力的结果。1697年，白晋返回法国时，向路易十四转交了清圣祖赠送的41部中国书籍。此后，返回欧洲的耶稣会士们带去了更多的中国文献典籍。仅1722年，耶稣会士运达法国的中国书籍就达4000种，它构成了今日法国国家图书馆东方手稿部的最早特藏。

---

① 参据梁容若《中日文化交流史论》，商务印书馆1985年版，第18页。
② 转引自苏梦《中国传统文学在亚洲》，载《中外关系史译丛》第三辑，上海译文出版社1986年版。

耶稣会士还翻译介绍了许多中国经典。他们的目的，是要从中国典籍中发掘上帝与上天的资料和从中找到中国古代圣贤们的尊天重道言论，以对抗其他天主教教派对他们采取通融中国礼仪传教政策所进行的攻击，在客观上却促进了中国文化在欧洲的传播。据戈尔逊《中国学书目》所列，在1645—1742年的近百年间，欧洲传教士们所翻译并出版的中国著作就有262种。① 其中包括对《四书》和《五经》的翻译。相比之下，耶稣会士们对于中国通俗文学作品却不甚关注。直到1761年英国伦敦出版《好逑传》，才在欧洲刊印出第一部中国小说。这部英译本是从一位曾在广东侨居多年的英国商人威尔金森（James Willkinson）的私人文件中发现的。此后，《今古奇观》《红楼梦》等中国小说作品又陆续传入欧洲。鸦片战争后，中国文献典籍流入海外，尤其在欧洲国家的更多。如1876年5月1日，清朝驻英国副使刘锡鸿在参观大英博物馆时看到该馆所收藏的中国书籍，"其书之最要者，则有《十三经注疏》《七经》《钦定皇清经解》《二十四史》《通鉴纲目》《康雍上谕》《大清会典》《大清律例》《中枢政考》《六部则例》《康熙字典》《朱子全书》《性理大全》、杜佑《通典》《续通典》《通志》《通考》《佩文韵府》《渊鉴类函》殿版四书五经、《西清古鉴》等类。其余如群儒诸子、道释杂教、各省府州县之志、地舆疆域之纪、兵法律例之编、示谕册帖尺牍之式、古今诗赋文艺之刻、经策之学、琴棋图画之谱、方技百家、词曲小说，无不各备一种"②。欧洲学术界在18世纪还曾根据耶稣会士们所介绍的中国文化展开了对封建专制和神学的批判。德国的莱布尼兹（Gottfried Wilhem Leibniz，1646—1716）在阅读中国方面材料后认为："在我

---

① 参据朱谦之《中国哲学对于欧洲的影响》，福建人民出版社1985年版，第192页。

② 刘锡鸿：《英轺私记》，岳麓书社1986年版，第147—148页。

看来，我们目前的情况，道德腐败，漫无止境，我几乎认为有必要请中国派遣人员来教导我们关于自然神学的目的及实践。"① 为此，他在德国倡议将中国列为科学院研究科目。他本人还曾根据中国《易经》中的阴阳二元论提出二进制数学。法国的伏尔泰（Voltaire，1694—1778）和他的百科全书派学者们，则公开声称中国的伦理道德是一切具有理性的人的唯一宗教。法国的魁奈（Francois Quesnay，1694—1774）则从中国历代君主重视农业的文献记载中受到启示，在欧洲社会提倡以农为本，并形成"重农学派"。耶稣会士们亦曾应重农学派学者们对中国农业和农艺学研究的要求，专门收集中国的农业资料、种子和工具，并送往欧洲。

在欧洲，由于中国瓷器、漆器和丝织品的大量输入，引起了欧洲厂商的仿造热潮。在瓷器制造方面，德国人波特格（S. F. Bottger）于 1708 年在德累斯顿率先成功烧造出第一炉欧洲白瓷，并在白瓷上饰有模仿中国风格的人物、花卉、鸟兽浮雕。而法国厂商则通过该国在华传教士昂特雷科莱（P. F. Z. Enrtecolies，汉名殷宏绪）获取了中国景德镇瓷器制造的配方及其工艺流程资料。昂特雷科莱曾在景德镇侨居七年，倾力收集制瓷情报。1712 年 9 月，他在寄回国内的一封信中对瓷器制作的整套工艺流程作了具体而细致的描述；1722 年 1 月，他又在寄回法国的信中对景德镇制瓷流程作了更具体的补充，并首次介绍了制瓷的重要原料——高岭土的知识。1771 年，法国里摩日附近发现高岭土矿后，从此开始了硬质瓷的烧造。② 英国政府亦不甘落后，于 1744 年授予厂商以仿造中国瓷器的特许权。普利茅斯瓷厂也在 1768 年制造出硬质瓷器，并极力模仿中国瓷器的饰纹、浮雕和彩绘图案。在漆器

---

① 参据利奇温《十八世纪中国与欧洲文化的接触》，商务印书馆 1962 年版，第 71、20—39 页。

② 参据熊寥《中国陶瓷与中国文化》，浙江美术学院出版社 1990 年版，第 447—448 页。

仿造方面，法国则领欧洲各国之先。1730年，法国漆师马丁（Robert Martin）的仿华漆器在欧洲市场上就已能与中国漆器相竞争。此后，德国、英国、荷兰、意大利等国的漆师们纷纷仿效，并加绘上中国山水画和人像。在仿中国丝织品和织物染色技术方面，法国同样领先。18世纪的里昂已是欧洲丝织业仿华产品的中心，甚至完全按中国范本刺绣图案花式。英国则利用其棉织业的优势，仿造出中国的"印花布"以及壁纸。① 欧洲厂家这股模仿热与当时社会上层的消费时尚是密切联系的。这股时尚就是17世纪末发端于法国，并在18世纪盛行于欧洲的"罗可可"（Rococo）风尚。"罗可可"本意为堆砌假山的石作，它无疑是受了中国文化的影响。一时间，欧洲庭园盛行模仿中国式园林，修筑中国式钟楼、石桥、假山、亭榭，室内则布置以中国式漆器家具，装饰以中国图案壁画，摆设以中国陶瓷；人们热衷于穿着中国丝绸衣料，甚至贵妇人亦以中国式轿舆为交通工具。这种中国癖风尚还曾跨越大洋波及美洲上层社会。

清代迁居到海外的中国移民，在向海外国家人民介绍和传播中国科学技术文化方面有突出的贡献。在日本，清初的中国移民对其医学影响最为显著。曾于日本庆安年间（1648—1651）迁居日本的陈明德、王宁宇等人，在国内皆擅长医术。陈明德以儿科见长，移居长崎后改名颍川入德，在当地行医，并著有《心医录》。王宁宇到日本后行医于江户，并且收徒授业。此后他的门生中还有人专门担任幕府医官。1653年移居到日本的杭州人戴笠，也精于医术，尤以痘科见长。他曾将医术传授给池田正直、高大溦、北山道长等人。后来池田氏即以痘科在日本大著于世，子孙相承，其曾孙池田瑞仙并因此而被擢为幕府医官。高天溦和北山道长本为华裔。高天

---

① 参据利奇温《十八世纪中国与欧洲文化的接触》，商务印书馆1962年版，第71、20—39页。

漪曾著有《养生编》，亦得到幕府聘问。北山道长著有《北山医案》《北山医话》《医方大成论抄》《首书医方口译集》《名医方考绳愆》等医著，医誉远播。由于华医一时大显于日本，德川幕府极为重视，还经常托中国海商回国代聘中国良医赴日本。在1719—1727年间，就有吴载南、陈振先、朱来章、朱子章、周岐来、赵淞阳、刘经光等人先后东渡。直到1803年，仍有中国医师胡兆新应德川幕府之聘前往长崎。[①] 另外，一些移居到日本的佛教僧侣和南明使臣，对日本的佛教革新和学术思想亦有积极影响。如1654年东渡日本的隐元隆琦，原是福建福清黄檗山万福寺住持，到日本长崎各寺开法时曾使日本诸学僧纷来参谒求教。1661年，他在幕府赐予的宇治地方再建万福寺，创立日本黄檗宗，使已经在日本衰弱了的禅宗，又恢复了生机。万福寺还以其新颖建筑样式和佛像造型艺术，一改原来日本佛教寺院的那种朴素的南宋风格，引起了日本建筑匠和雕匠的仿效。1659年定居于日本的朱舜水，曾应水户侯聘请，前往水户讲学，积极宣扬大义名分和尊王贱霸的中国传统思想，促进了"水户学派"的形成。

在东南亚地区，随着大批中国移民的进入，使得中国工农业技术在这一地区迅速传播。在农业技术方面，一些中国式的农业生产工具，如水车、水磨、铁黎、镰刀的制造及使用方法，因华侨的带入而推广，从而提高了东南亚人民的农业劳动效率。一些水果、蔬菜以及经济作物品种如莲、梨、西瓜、菠菜、茶等也从中国传入东南亚的一些地区，华人还教会了苏禄人接枝和改良水果品种的技术。华侨对于东南亚的土地开发和商品农业，做出了举世公认的贡献。他们利用先进的耕作技术和勤劳，曾开垦出越南南方、泰国、马来西亚、印度尼西亚等国的大片荒芜土地，不但带去牲畜为当地牲畜业打下了基础，而且还引种了许多作物品

---

① 参据[日]木宫泰彦《日中文化交流史》，第706—708页。

种。如在马来西亚和泰国的一些地方，中国移民大面积种植甘蔗、胡椒、橡胶等经济作物，使该地商品农业迅速发展起来。在爪哇，当地一些人曾在福建移民帮助下，"学种闽茶，味颇不恶"①。在制茶、制糖技术方面，菲律宾、泰国、印度尼西亚等地的一些糖坊，先后采用了华侨所介绍的中国蔗糖制造法，并利用水力转磨，使糖产量迅速增加。如在雅加达，在使用中国制糖法后，该地1653年的产量即从过去的196石猛增至1.2万石。②爪哇的一些茶场从19世纪30年代开始，也直接从广东、福建等地聘请中国制茶技术人员前往制茶。另外，华侨还将甘蔗酿酒法、榨花生油法传入该地。在造船及航海技术方面，清代中国人在东南亚造船的现象十分普遍。这不仅因为清朝政府对国内海船制造业政策的苛刻严厉，还由于东南亚地区富有造船木材，造船费用低廉。这种造船现象对于中国造船技术在东南亚地区的传播亦有促进作用。在18、19世纪的东南亚船只亦开始使用中国式的尾舵，并采用中国式风帆的设计。泰国曼谷王朝还专门从中国雇请船匠为王室制造大船，甚至将自己的船队也交给中国水手驾驶。在中国水手的影响下，泰国以及其他东南亚国家的航海业，亦采用中国制造指南针和牵星过洋法。在采矿业和金属器皿制造技术方面，清代曾有大批中国人前往东南亚地区开采金锡等矿，如18世纪60年代，在西加里曼丹地区，就有18个承租开采当地金矿的华侨公司组织。华侨不但通过采矿业促进了当地经济的繁荣，而且还传入了中国的金、银、锡、铜等金属器皿的制造工艺，包括制造宗教活动的各种神器和各种实用器具。③在建筑技术方面，这一时期菲律

---

① 徐继畲：《瀛环志略》卷二。
② 据周一良主编《中外文化交流史》，河南人民出版社1987年版，第221页。
③ 参阅周一良主编《中外文化交流史》中《历史上中国和印度尼西亚的文化交流》《回顾中国与马来西亚文莱文化交流的历史》《中国和菲律宾文化交流的历史》《一九四九年以前的中泰文化交流》《中国和越南、柬埔寨、老挝文化交流》等篇。

宾、印度尼西亚等地的民用建筑，在华侨的影响下，很多亦采用了中国式的砖瓦石砌房屋技术，并出现有一些中国式的牌楼。东南亚国家的很多宫廷建筑，也聘请中国工匠设计监造。如出自中国工匠之手的泰国曼谷王朝皇宫及其城墙与缅甸曼德勒皇城及其宫廷花园，都典型地反映了中国式建筑风格。此外，清代中国与东南亚地区的海上交通和华人移入，还使中国丝纺织技术、棉纺织技术、制瓷制陶技术、冶炼铸造技术等手工业技术，继续在当地深入传播。甚至东南亚人民的语言、饮食、服装等日常生活以及风俗习惯亦深受中国文化影响。[1]

　　清代，尽管中国的海外交通事业已经衰落，但由于西方国家对华海上交通的扩张，引起了中国社会内部一些有识之士的重视，他们将耳闻目睹的一些海外国家的风土、习俗、政治、经济、历史、地理等情况记录下来，从而加深了当时的中国人民对海外国家的了解。《海国闻见录》和《海录》是鸦片战争前清人撰写的两部海外交通著作。《海国闻见录》成书于雍正八年（1730），作者陈伦炯自幼随其父出入东西洋，后又任清朝水师将领，"尤留心外国夷情土俗及洋面针更港道"[2]。该书共分上、下两卷，上卷收《天下沿海形势录》《东洋记》《东南洋记》《南洋记》《小西洋记》《大西洋记》《昆仑》《南澳气》八篇，下卷收地图六幅。在《南洋记》中，他对中西航海技术做了一些比较，"中国洋艘，不比西洋呷板用混天仪、量天尺较日所出，刻量时辰，离水分度，即知为某处。中国用罗经，刻漏沙……各各配合，方为确准"[3]。《海录》是清人杨炳南根据水手谢清高口述而笔录，成书于嘉庆年

---

[1] 参据周一良主编《中外文化交流史》中《历史上中国和印度尼西亚的文化交流》《回顾中国与马来西亚文莱文化交流的历史》《中国和菲律宾文化交流的历史》《一九四九年以前的中泰文化交流》《中国和越南、柬埔寨、老挝文化交流》等篇。
[2] 引自李长传《"海国闻见录"校注》，中州古籍出版社1985年版，第2、49页。
[3] 同上书，第2、45页。

间。全书未分卷，分别记述东南亚、印度洋沿岸、大西洋东岸和欧美地区等国家的情况，其中对于西欧诸国记述尤详。鸦片战争失败后不久，魏源根据一些中外文献资料，迅速编著成《海国图志》，叙述世界各国的地理分布和历史政情，尤其对西方资本主义国家的经济和政治情况做了肯定性的介绍，并提出了"师夷长技以制夷"的抵御外侮之道。该书出版后，不但对国内士人产生了积极的影响，而且迅速传入日本，并为日本知识界所特别重视。仅在1854—1856年的二年间，日本就刊印有《海国图志》的各种选本21种，[①] 促进了日本开国思想的成长。

通过海外交通，清代又有菜豆、菠萝、花菜、西洋苹果、陆地棉等海外农作物传入中国。菜豆，又称季豆，原产于美洲中南部，18世纪传入我国沿海；菠萝，又名露兜子，原产于南美，清代传入广东；花菜又称菜花，原产于地中海东部，光绪时期（1875—1908）从欧洲传入上海；西洋苹果于1870年前后由美国传教士从美国引植到烟台。棉花虽早已引进到我国，但当时的品种纤维短，不便于纺织。19世纪中叶，有人又从美国引种陆地棉于上海，它是一种长绒棉。[②] 这些海外农作物的引进，对于我国近代的饮食和服装文化起了积极的作用。

鸦片战争前，西方的科学技术对于我国社会也有一定的影响。尤其在作为当时中西海上交通的两个口岸的澳门和广州，一些西方科技由于海外交通而传入该地。如当时广州的一些工匠已能根据机械原理对从英国进口的自鸣钟进行维修，甚至独自制造。不久，苏州的工匠们亦能仿制出自鸣钟，从此，自鸣钟有"广钟"和"苏钟"之别。1805年，英国医官皮尔逊（Alexander Pearson）

---

① 参据王晓秋《近代中日文化交流史》，中华书局1992年版，第34页。
② 据闵宗殿《海上丝绸之路与海外农作物的传入》，载《中国与海上丝绸之路》，福建人民出版社1991年版，第114页。

在广州行医,并招收学徒,教授其种牛痘法;广州洋行商人郑崇谦翻译并刻印《种痘奇书》,予以配合。时有梁辉、邱熹、张尧、谭国等四人学习种痘技术。1810 年,洋行商人伍敦元、潘有度、卢观恒等人集资请谭国、邱熹为人传种牛痘,以预防天花。[①] 1820 年,英国新教传教士马礼逊(R. Morrison)在澳门创办一所医院;1827 年,英国东印度公司的郭雷枢(T. R. Colledge)又在澳门建立起眼科医院;1835 年,美国传教士伯驾(P. Parker)也在广州建立起眼科医院。至 1838 年,郭雷枢、伯驾以及另一名美国传教士裨治文(E. C. Bridgman)等人在广州联合发起成立教士医学会,对于西方医学在中国的传播起了一定作用。1824 年创办于广州的学海堂书院,也在西方文化影响下,突破了传统教育内容的旧框架,开设有数学、天文、地理、历法等新的自然科学的科目。一些西方新教传教士亦在鸦片战争前夕来到澳门和广州办学,直接传播西方文化。如美国人布朗(Samuel Robbins Brown)于 1839 年在澳门办起马礼逊学堂,招收儿童进行西式教育。中国近代改良派人物容闳(1828—1912)就是由该学堂学习英语后而于 1847 年赴美国留学,成为中国最早的留美学生。另外继明末以后,进入中国内地的天主教传教士,在介绍和传播西方文化方面,包括基督教教义和科学技术以及文学艺术诸方面,都有一定的作用。但康熙时期清朝政府与罗马教廷之间发生的"礼仪之争",尤其是雍正时期驱逐西方传教士政策的确立,将留华的西方传教士严格限定于宫中服务,从而又阻断了西方文化在中国社会的进一步传播。

鸦片战争后,西方文明再次通过通商口岸扩散到中国内地。如电灯照明技术于 1879 年传入中国,首先是从英国商人创办的上海电光公司架设路灯照明开始的。后在 1893 年,公共租界工部局收回自办,并推广电灯用户,住在外滩一带的中国绅商、买办争

---

① 参据陈柏坚主编《广州外贸两千年》,第 238 页。

相使用电灯照明。另外，广州（1888）、北京（1890）、天津（1902）等城市亦相继使用电灯照明。自来水也首先创办于上海。1881年上海成立自来水公司。此后，天津，广州等城亦相继建立自来水厂。电报技术首先是由福建巡抚丁日昌于1877年引进到台湾。1879年，李鸿章在大沽与天津之间架设电报获得成功，便又开始在津沪间架设电报线。此后十余年间，上海至广州、长江沿岸城市、东北、西南、西北各地的电报线相继架设，一时官商称便。电话业首先由轮船招商局于1875年创办于上海。1879年，天津亦开始架设电话线路。1905年，京、津之间电话开通。此后，电话业在各地迅速发展。无线电业是由法国人于1904年在秦皇岛首先设立。其后，广东地方政府聘用丹麦人承办无线电事业，作为督署与海防要塞以及军舰进行联络的工具。1905年，袁世凯在天津正式开办无线电报学堂，为无线电业培训专门人才[①]。即使是近代教育本身，也是从条约口岸开始的。先由西方传教士在此办学，设置西学课程；继而中国官民效尤，使各类新式学堂如雨后春笋般地建立起来。显然，沿海地区通商口岸所具有的海外交通的便利条件，已使它们成为近代中国引进西方文明的窗口，传播西方文化的摇篮。

总而言之，清代中外海上交通的频繁，已为中外文化交流开拓了更加广阔的渠道。遗憾的是，鸦片战争前，清朝政府并未能很好利用海外交通所形成的中西文化联系的纽带，充分吸收西方的文明成果，从而丧失了有利的历史机遇，失去了在经济、军事和文化上抗衡西方资本主义列强的实力，导致清后期海外交通性质的根本性变化。历史表明，一个民族、一个国家是否在对外交通中充分吸取外界营养来充实、发展自己，已是影响到这个民族兴衰和国家强弱的重要因素。

---

① 见陈振江《通商口岸与近代文明的传播》，载《近代史研究》1991年第1期。

《当代中国学者代表作文库》书目

已出版
《老子古今——五种对勘与析评引论（修订版）》 刘笑敢著
《哲学的童年》 杨适著
《宗教学通论新编》 吕大吉著
《中国无神论史》 牙含章、王友三主编
《清代八卦教》 马西沙著
《甲骨学通论（修订本）》 王宇信著
《中国天文考古学》 冯时著
《原史文化及文献研究（修订本）》 过常宝著
《中国文明起源的比较研究》 王震中著
《"封建"考论（修订版）》 冯天瑜著
《世界经济中的相互依赖关系》 张蕴岭著

近期出版
《中国近代史学学术史》 张岂之主编
《中国海外交通史》 陈高华、陈尚胜著
《希腊城邦制度》 顾准著
《老北京人的口述历史》 定宜庄著
《元代白话碑集录》 蔡美彪主编
《古籍版本鉴定丛谈》 魏隐儒等编著
《词籍序跋萃编》 施蛰存主编
《中国文学理论批评史》 敏泽著
《中国文字形体变迁考释》 丁易著
《王国维美学思想研究》 周锡山著